KB267619

알파
고객을
잡아라

알파 고객을 잡아라

이성동 지음

고객 가치 창조,
알파고객에서 찾아라!

지구상에 똑같은 고객은 한 명도 없다. 어디 그뿐인가. 고객은 진화하고 있고, 더 똑똑해지고 있으며, 다양한 지식과 정보를 활용해 더욱 풍요로운 삶을 위한 선택과 결정을 하고 있다. 고객을 모르면 기업을 운영하고, 사업을 운영하기 어려운 이유가 바로 여기에 있다.

이 책은 고객 중에서 최고의 고객인 알파고객이 도대체 어떤 존재이고, 그들을 붙잡을 수 있는 방법이 무엇인지 아주 구체적으로 제시한다. 아울러 단기적인 고객 만족을 넘어 장기적이고 일관성 있는 고객 가치 창출을 통해 인프라를 구축할 것을 제안한다.

경영의 역사에서 보자면, 지금은 그 어느 때보다 치열한 경쟁 속에 놓여 있다고 할 수 있다. 앞으로도 이러한 환경은 개선되기는커녕 더욱 치열해질 것이다. 그렇다면 이렇게 어려운 상황에서 기업은 어떤 선택과 의사결정을 해야 할까? 모든 선택과 의사결정의 중심을 고객에게 두고, 모든 것의 답을 고객에게서 찾아야 한다.

그런 의미에서 이 책은 기업이 고객 중심 경영에 대한 정확한 통찰과 고객 가치 창출을 통해 어떤 선택과 의사결정을 해야 하는지 그 해법을 제시한다. 저자는 그 해법으로 새로운 고객을 창출하기보다는 기존 고객의 유지와 로열티 강화를 통해 충성고객을 넘어 알파고객으로 진화시켜야 한다고 강조한다. 오랜 강의와 컨설팅으로 현장을 누벼온 저자가 전하는 생동감은 많은 사례를 통해 더욱 강력한 메시지를 전한다.

고객은 진화하기 때문에 목표고객을 잡는 것도 중요하다. 그러나 멀리 보면 목표고객이 아닌 고객도 목표고객으로 만들 수 있는 확산의 기술 또한 중요하다. 이 책의 저자는 자신이 현장에서 직접 체험하고 발견한 것을 묶어서 경영과 마케팅의 수비와 공격, 양수겸장의 지혜를 보여준다.

고객을 움직이는 기업은 강한 기업이다. 그러나 고객을 알고, 열렬한 팬으로 만드는 기업은 위대한 기업이다. 부디 많은 경영자와 실무진이 이 책을 활용하여 위대한 기업의 길을 찾기 바란다.

김정남

한국마케팅연구원장, 전 성균관대 경영대학원 교수

지속 가능한 기업이 되려면
알파고객을 만들어라!

이 세상 모든 사람들은 성공을 꿈꾼다. 그중에는 소박하고 작은 성공이 아니라 원대한 성공을 꿈꾸는 사람들도 있다. 대통령이 되려는 사람, 국회의원이 되려는 사람, 대기업의 CEO가 되려는 사람, 거부가 되려는 사람들이 바로 그런 사람들이다.

원대하진 않지만 나름대로 성공을 꿈꾸는 사람들도 많다. 부자가 되려는 사람, 자신의 분야에서 최고 전문가가 되려는 사람, 판매왕이 되려는 사람, 자신이 담당한 프로젝트가 성공하기를 바라는 사람 등이 그러하다.

기업들은 한 순간의 성공을 뛰어넘어 지속 가능하기를 원한다. 비단 영리를 추구하는 기업들만 그런 것은 아니다. 병원, 대학, 미술관, 재단법인이나 사단법인, 정당, 사회봉사 단체들도 마찬가지이다.

그렇다면 기업이나 사회단체가 성공하기 위해, 지속 가능하기 위해 가장 중요한 것은 무엇일까? 기술력이나 품질, 생산성, 원가 우위 경쟁력, 브랜드 파워일까? 아니면 최고의 인재를 확보하는 것일까?

이것들보다 더 중요한 것이 있다. 바로 고객 확보이다. 이것은 단지

고객을 많이 확보해야 한다는 의미가 아니다. 기업에서 만들어 판매하는 상품과 서비스에 로열티를 갖는 고객이 많아야 한다는 뜻이다. 최고의 품질과 R&D 역량, 브랜드 파워 등도 결국 고객에게 지속적으로 선택받기 위한 수단에 불과하다. 병원이나 대학, 회계법인이나 로펌, 프로 스포츠 구단이나 협회, 정당 역시 마찬가지이다. 고객에게 지속적으로 선택을 받아야 지속 가능할 수 있다.

개인 역시 마찬가지이다. 대통령이나 대기업의 CEO와 같이 큰 성공을 꿈꾸는 사람부터 분식집을 운영하는 소박한 자영업자에 이르기까지 그들을 성공으로 이끄는 공통 키워드는 바로 고객들로부터 지속적으로 선택받는 것이다. 이처럼 법인이든 개인이든, 원대하든 소박하든 그 꿈을 이루기 위해, 그 꿈을 지속 가능하게 만들기 위해 가장 중요한 것이 바로 충성고객과 알파고객(알파고객의 정의는 제 5장을 참조 바람) 확보이다.

그렇다면 필자는 왜 이렇게 충성고객과 알파고객이 중요하다고 강조하는 것일까? 고객이 갑(甲)이고, 모든 법인과 개인은 을(乙)이기 때문이다. 이 세상의 모든 인과관계는 갑(甲)과 을(乙)의 관계로 맺어져 있다고 해도 결코 과언이 아니다.

대통령이나 국회의원이 되려는 정치인들 역시 을(乙)이다. 자신의 갑(甲)인 유권자, 즉 고객들에게 선택을 받아야 하기 때문이다. 그들 또한 한 번 선택을 받았으면 평생 동안 변치 않는 충성고객과 알파고객이 많아야 한다. 김영삼, 김대중, 노무현 전 대통령이 바로 그런 을(乙)이었지 않은가.

정당, 자치단체, 병원, 프로 스포츠 구단, 자영업자도 모두 을(乙)이긴 마찬가지이다. 영리를 추구하는 기업은 두말할 나위가 없다. 그러나 이 세상 모든 을(乙)이 성공을 하는 것은 아니다. 잠시 성공했다가 실패의 나락으로 떨어지기도 한다. 그들 중 소수만이 지속적인 성공을 한다.

그렇다면 성공과 실패의 분기점은 어디에 있을까? 성공하지 못한 을(乙)들은 왜 실패한 것일까? 실력이 없어서일까? 인맥이 별로라서 그럴까? 품질이나 브랜드 파워가 떨어지기 때문일까? 아니면 운이 없거나 돈이 없어서일까?

그보다 더 근본적인 것이 있다. 바로 자신들의 갑(甲), 즉 고객에게 선택받지 못했기 때문이다. 한두 번은 선택받았더라도 지속적이지 못했기 때문이다. 따라서 성공을 꿈꾸는 이 세상 모든 을(乙)이 최우선적으로 해야 할 것이 있다. 바로 자신들의 갑(甲), 즉 고객의 마음을 얻는 것이다.

다음과 같이 항변하는 을(乙)도 물론 있을 것이다. "지금까지 고객의 마음을 얻기 위해 노력을 안 한 것이 아니다. 고객을 만족시키기 위해 얼마나 열심히 노력했는데⋯⋯"라고 말이다.

그러나 고객 만족만으로는 안 된다. 만족을 시켜도 떠나는 고객이 있기 때문이다. 만족을 시켰으면 그다음 단계로 갑(甲), 즉 고객을 어떤 상태로 만드는 것이 중요하다. 여기서 어떤 상태란 무엇을 의미할까? 한 번 고객이 되면 이탈하지 않고 지속적으로 재구매를 하거나 지지를 보내고 주변 사람을 적극 추천해 주는 그런 상태를 말한다.

고객 만족은 사실 강을 건너기 위한 수단에 불과하다. 고객을 열정적으로 지지하는 상태로 만들겠다는 최종 목표가 없다면 앙꼬 없는 빵과 다를 바 없다. 필자는 이 책에서 당신 곁을 영원히 떠나지 않는 고객, 더 나아가 주변 사람을 당신에게 데려다 주고 당신의 열렬한 팬이 되는 고객을 알파고객이라 칭한다.

　알파고객을 만들기 위해서는 근본적으로 패러다임을 바꿔야 한다. 고객 만족을 뛰어넘고, 고객 중심 경영도 진화시켜야 한다. 또한 고객 로열티를 높여 고객이 영원히 떠날 수 없도록 만드는 방법을 당신과 당신 조직의 DNA에 이식시켜야 한다. 알파고객을 만드는 것이야 말로 지속 가능 기업을 위한 가장 핵심적인 조건임을 명심하기 바란다.

고객경영연구소에서

이 성 동

1장

고객 만족 경영의
패러다임 변화

1. 고객 만족은 수단일 뿐이다

2. 고객 만족을 뛰어넘어야 하는 4가지 이유

3. 고객 진화론과 고객의 진화 단계

4. 고객 중심 경영의 진화 방향

고객 만족은
수단일 뿐이다

이 세상에 존재하는 모든 법인과 개인의 궁극적인 목적은 고객 가치를 충족시켜 수익을 극대화하고, 지속적으로 성장하는 것이다. 여기서 고객 가치를 충족시켜 경영의 모든 관점을 고객 중심에서 생각하고 실천해야 한다는 개념이 바로 고객 만족 경영, 고객 중심 경영이다. 고객을 최우선으로 해야 고객의 마음을 사로잡을 수 있고, 지갑도 열 수 있기 때문이다. 기업은 물론 병원, 프로 스포츠 구단, 정당과 같은 법인은 물론 자영업자, 영업인과 같은 이 세상의 모든 을(乙)에게도 이는 마찬가지이다.

그렇다면 수익 극대화와 지속적 성장이라는 궁극적인 목적을 달성하기 위해 가장 중요한 것은 무엇일까? 이 질문에 많은 사람들이 고객 만족을 떠올린다. 그러나 고객 만족은 강을 건너기 위한 배, 즉 수단에 불과하다. 고객 만족 자체가 수익을 극대화하거나 지속 가능성을 보장해 주지 않기 때문이다. 만족한 고객들도 다른 상품이나 브랜드, 매장, 기업 또는 다른 정당으로 이탈한다. 고객 만족의 한계가 여기에 있다. 그런데도 대부분의 을(乙)들은 여전히 고객 만족을 강조한다. 이렇게 많은 사람들이 강조하다 보니 고객 만족이 최종 목적이 돼 버린 법인이나 개인들이 대부분이다.

예나 지금이나 많은 사람들이 강을 건넜고, 건넌다. 사람들은 강을 왜 건널까? 이유는 사람들마다 제각각이다. 어떤 사람은 출근하기 위해, 어떤 사람은 학교를 가기 위해, 어떤 사람은 친구를 만나거나 모임에 참석하기 위해, 어떤 사람은 집에 가기 위해 강을 건넌다. 물론 강을 건너야 목적지에 도달할 수 있고, 맡은 일도 끝마칠 수 있다. 하지만 어쨌든 강을 건너는 것 자체는 다음 행위를 위한 수단에 불과하다.

고객 만족 역시 진정한 고객 중심 경영을 실천하기 위한 수단일 뿐이다. 고객 중심 경영의 궁극적인 목표가 고객이 인식하는 가치를 충족시켜 높은 수익을 창출하고, 지속적으로 성장하는 것이기 때문이다. 이런 관점에서 본다면 고객 만족 경영의 모든 활동은 그 상위 개념을 이루기 위한 하나의 수단일 뿐이다. 그 상위 개념이란 고객 만족을 뛰어넘어 어떤 상태로 만드는 것을 말한다.

그렇다면 어떤 상태란 무엇을 말하는 것일까? 기업 입장에서는 고객이 자사의 상품이나 서비스를 반복적으로 재구매하거나 이탈하지 않고 지속적으로 사용하면서 지갑 점유율도 높은 상태를 말한다. 정당 입장에서는 유권자들이 다른 정당으로 이탈하지 않고 선거 때마다 자신의 정당에 반복적으로 표를 줄 수 있는 상태를 말한다. 병원, 학교, 프로 스포츠 구단, 자영업자 등 이 세상 모든 을(乙)들 역시 모두가 자신의 고객들을 이런 상태로 만들어야 한다.

그러나 고객들을 이러한 상태, 즉 반복적으로 재구매하거나 이탈하지 않고 점유율도 높은 상태로 만들기 위해 전략적으로 노력하는 을(乙)들은 그리 많지 않다. 고객 만족 그 자체를 궁극적인 목표로 삼고 있는 경우가 대부분이다. 물론 일부 기업이나 자영업자들은 이러한 상태를 만들기 위해 노력하고 있다.

그러나 이들 역시 목표보다는 수단의 성격이 강한 편이다. CRM을 도입한 기업들 대부분도 여기에 해당된다. CRM을 도입하는 이유는 재구매율이나 고객 유지율, 고객 추천율, 교차 구매나 추가 구매를 높여 매출과 수익을 극대화하기 위해서이다. CRM은 이를 실행하기 위한 수단에 지나지 않는다.

하지만 대부분의 기업들은 CRM 자체가 궁극적인 목표가 되어 버린 경우가 많다. 배를 타고 강을 건너는 것 자체를 궁극적인 목표로 삼는 것처럼 수단과 목표가 바뀌어 버린 것이다. 국내에서 CRM을 도입한 많은 기업들이 시행착오를 겪거나 기대 이하의 성과를 내고 있는 가장 큰 이유 중의 하나가 바로 이것 때문이다.

한국능률협회컨설팅에서 마케팅 팀장으로 근무하던 1992년에 필자는 국내 최초로 '고객 만족 경영'을 주제로 2일 동안 세미나를 개최한 적이 있었다. 당시 국내 기업들이 경쟁력을 가지려면 고객 만족 경영이 절실하다고 판단했기 때문이었다. 이후 1993년부터 많은 기업들이 앞다퉈 고객 만족 경영을 도입했다.

지난 20여 년 동안 기업은 물론 병원, 대학, 정부 부처와 자치단체, 자영업자들까지 대부분의 을(乙)들이 경쟁적으로 고객 만족 경영을 도입했고, 열심히 실천하고 있다. 이로 인해 제품 품질과 고객 서비스 수준은 과거와 비교할 수 없을 정도로 향상되었으며, 고객 만족의 수준 역시 상당히 높아졌다.

그러나 아직도 고객 만족을 뛰어넘지 못하고 있다는 것이 문제이다. 강을 건넜으면 배를 버려야 하듯이 이젠 고객 만족 경영을 버려야 한다. 고객 만족을 뛰어넘지 못하면 기업이든 개인이든 강을 건넌 후, 배를 둘러메고 전투에 참가하는 병사들처럼 경쟁에서 뒤쳐질 것이 뻔하기 때문이다.

고객 만족을 뛰어넘어야 하는 4가지 이유

그렇다고 하더라도 여전히 의문점이 가진 이들이 많을 것이다. 그럼 왜 고객 만족을 뛰어넘어야 하는지 알아보자.

첫째, 고객은 만족하면서도 이탈하기 때문이다. 만족을 하지 못한 것에 비해서는 덜하지만 고객들은 만족하면서도 이탈한다. 고객들은 만족하면서도 왜 이탈하는 것일까? 다음과 같은 이유 때문이다.

1. 더 뛰어난 품질 · 디자인 등을 갖춘 상품이 출시되기 때문이다.

2. 더 싼 가격의 유혹을 받기 때문이다.

3. 더 많은 포인트나 마일리지를 적립해 주는 곳이 있기 때문이다

4. 더 유리한 거래 조건을 제시하는 곳이 있기 때문이다.

5. 더 이용하기 편리한 곳에 새로운 점포가 출점하기 때문이다.

6. 연고관계나 회사의 방침 등 어쩔 수 없는 상황 때문이다.

7. 더 감동적인 서비스를 제공하는 곳이 있기 때문이다.

8. 더 뛰어난 전문가가 있기 때문이다.

이런 이유 때문에 고객들은 만족하면서도 이탈한다. 실제로 고객 만족을 아주 열심히 실천하는데도 고객 이탈율이 높아서 고민하는 기업들이 많다. 대표적인 업종이 손해보험 분야이다. 자동차 보험을 판매하는 손해보험사들은 자동차에 문제가 발생하면 전국 어디든 1시간 이내에 달려가 문제를 해결해 준다든지, 사고가 났을 때 모든 것을 다 처리해 주는 서비스를 경쟁적으로 제공하고 있다. '애니카', '하이카', '프로미' 등이 대표적이다. 고객 입장에서 본다면 불편함이 거의 없을 정도로 정말 훌륭한 서비스를 제공하고 있다.

그럼에도 불구하고 고객들 중 30% 정도는 매년 보험회사를 바꾼다. 물론 고객마다 이유가 있을 것이다. 대개는 더 싼 가격이나 연고 관계인의 부탁, 더 감동적인 서비스를 제공받기 때문일 것이다. 어쨌든 이런저런 이유로 자동차 보험에 가입한 고객들이 매년 평균 30%씩 이탈하고 있다. 현재 가입한 자동차 보험에 대체로 만족하고 있는 고객들조차도 말이다.

이런 현상이 비단 자동차 보험사에만 나타나는 것은 아니다. 학습지나 이동전화, 자동차, 은행, 백화점, 초고속 인터넷 등 거의 전 업종에서 나타난다. 이런데도 불구하고 대부분의 기업들은 여전히 고객 만족만을 강조하고 있다.

둘째. 매출·수익 등 재무적 성과와 상관관계가 약하다. 고객 만족 경영의 성과는 대부분 고객 만족도로 평가된다. 고객 만족도는 품질, 디자인, 성능, 서비스 등에 대해 매우 만족, 만족, 불만족 등의 상태를 측정해서 100점 만점 또는 1,000점 만점에 몇 점과 같은 방식으로 나타난다. 여기서 문제는 매출, 수익, 현금 흐름 같은 재무적 성과와 고객 만족도의 관련성을 찾기가 쉽지 않다는 것이다. 고객 만족도가 높아졌는데도 오히려 매출과 수익이 떨어지는 경우가 있기 때문이다.

매년 2회 이상 고객 만족도를 정기적으로 측정하고 있는 A 보험사도 실제 이런 상황을 경험했다. 2004년 상반기에 측정한 고객 만족도는 2003년 상반기에 비해 높았지만, 해약율은 높아졌고 매출과 수익은 떨어졌다. 이처럼 고객 만족도는 재무적 성과와 다르게 움직일 수 있다.

따라서 매출이나 수익성과 밀접한 상관관계를 가지면서도 고객과의 관계를 정확하게 측정할 수 있는 새로운 지표가 필요하다. 이러한 지표로는 고객 유지율, 재구매율, 지갑 점유율, 교차 구매율, 고객 추천율 등이 있다. 이들 지표는 관계가 더욱 강화되고 있는 고객이 몇 퍼센트이며, 수익 기여도가 높은 고객이 몇 퍼센트인지를 측정하게 해준다.

셋째. 진정한 고객 만족 경영을 실천하지 않는다는 것이다. 우리 주변에는 말로만 고객 만족을 부르짖는 기업이나 자영업들이 많다. 마치 간을 빼줄 것처럼 거창한 구호와 슬로건을 내세우지만 막상 고객과의 관계에서는 자신들의 입장과 이익을 최우선으로 하는 사례를 주변에서 쉽게 볼 수 있다. 고객들에게 만족을 주는 경우가 없는 것은 아니다. 너무 만족했다며 구전 마케팅의 전도사가 되는 사람들도 더러 있다. 그러나 이런 사람들은 소수에 불과하다. 좋지 않은 경험을 한두 개쯤 가진 고객들이 대부분이다. 게다가 무덤덤하게 자신의 속마음을 표출하지 않는 고객들은 수없이 많다.

그렇다면 고객 만족을 강조하는데도 이런 현상이 지속적으로 나타나는 이유는 무엇일까? 대부분 기업의 가장 중요한 평가 기준이 재무적 성과이기 때문이다.

사람은 누구나 평가를 받는다. 자신의 직위 또는 맡은 업무에 따라 평가 기준은 조금씩 다르지만 말이다. 말단 사원이나 신입 사원의 평가 기준은 태도가 큰 비중을 차지한다. 영업직은 매출·수익 목표 달성률 등의 재무적 성과가 큰 비중을 차지한다. 부서장이나 임원, CEO 등 지위가 높은 사람들에게도 재무적 성과는 가장 중요한 평가 기준이 된다.

대부분의 기업들은 고객 만족도를 평가 기준에 물론 반영하고 있다. 그러나 영업직이나 부서장, CEO 등은 재무적 성과가 자신이 평가를 받는 데 있어 가장 중요한 요소라고 생각하며, 실제 평가도 그렇게 이루어진다. 이것이 바로 대부분의 임직원들이 고객 만족도 평가는 '그저 평균 이상만 받으면 된다'라고 생각하는 주된 이유이다.

이렇다 보니 그들 대부분은 재무적 성과의 포로가 될 수밖에 없다. 당연히 그들에게 고객 만족이나 고객 가치 창출은 그다음 과제가 된다. 이런 환경과 문화 속에서 고객 만족을 강요받는 사람들이 과연 진정으로 고객 만족 경영을 실천할 수 있겠는가?

그리고 고객 만족 경영을 실천하지 않는 또 다른 이유는 대부분의 기업들이 고객 만족도 1위나 'OO 고객 만족상 수상' 등 외부의 평가기관의 평가 결과를 마케팅 수단이나 성과급을 받기 위한 지표로 활용하는 데 더 큰 관심을 가지기 때문이다. 한국능률협회컨설팅과 한국생산성본부는 K-CSI(한국 산업의 고객 만족 지수)와 N-CSI(국가 고객 만족도)를 측정하여 매년 또는 분기별로 발표하고, 업종별 1위를 차지한 기업을 시상한다. 이 평가에서 업종별 1위를 차지한 기업들은 대개 신문이나 TV 등 언론 매체에 광고를 한다.

미국 기업들도 마찬가지이다. 미국에서도 'JD 파워'라는 고객 만족도 전문 평가 기업이 있어 산업별 고객 만족도를 조사하여 기업별, 브랜드 별로 순위를 발표한다. 미국의 자동차 회사들 역시 JD파워에게 좋은 평가를 받은 것을 언론 매체에 광고한다. JD파워에서 매년 발표하는 미국 자동차 회사들의 고객 만족도는 80점에서 90점에 육박하는 수준이다. 하지만 자동차 재구매율은 평균 40% 중반이다. 뭔가 문제가 있지 않는가?

정부 부처나 자치단체, 공기업 역시 비슷한 실정이다. 몇 년 전부터 공공 부문의 성과를 평가하는 기준도 고객 만족도가 큰 비중을 차지하고 있다. 고객 만족도를 공공 부문의 CEO 평가나 임직원들의 성과급을 차등 지급하는 지표로 활용하기도 한다. 고객 만족 경영을 제대로 실천해서 고객 만족도가 높게 나왔다면 물론 바람직하겠지만, 제사보다는 젯밥에 더 관심이 많은 경우가 제법 많은 편이다.

넷째. 고객 만족도라는 숫자의 함정에 빠져 있다. 고객 만족도가 기업의 성장성과 수익성을 제대로 반영한다든지, 고객과의 관계를 측정하는 지표로 가장 유용한 방법이라면 별로 문제될 게 없다. 그러나 앞에서 언급한 것처럼 고객 만족도는 이런 성과를 측정하는 데 유용한 지표라고 보기 어렵다. 게다가 고객 만족도를 높이기 위한 왜곡된 활동들이 다양하게 전개되고 있다는 것도 문제이다.

미국의 자동차 회사들은 대부분 자동차 영업인의 고객 만족도를 성과급 지급 시 평가 기준에 반영하고 있다. 이렇다 보니 신차를 판매하고 나면 고객에게 "향후 6개월 내에 본사에서 고객 만족도를 측정하기 위하여 전화나 이메일, 우편으로 연락이 갈 것입니다. 저를 봐서 설문에 잘 응답해 주십시오."라고 부탁하는 영업인이 많다고 한다. 심지어는 딜러들이 영업인에게 고객 만족도 평가에서 좋은 점수를 받기 위한 방법을 교육하기도 한다.

이런 일은 미국뿐 아니라 국내에서도 일어나고 있다. IT 기업인 B사는 자사의 프로젝트에 대한 만족도를 평가해서 컨설턴트의 성과급에 반영하고 있다. 그런데 고객 만족도를 성과급에 반영한 시점부터 문제가 나타났다. 만족도 평가에서 좋은 점수를 받기 위해 고객사에 로비를 하는 일이 자주 발생한 것이다.

2007년에는 D공사가 공기업 만족도 평가에서 좋은 평가를 받기 위해 직원들을 일반인으로 둔갑시켜 큰 파문이 일기도 했다. 이것은 비단 D 공사만의 문제가 아니다. 이런 사례는 정도의 차이만 있을 뿐 업계에서는 공공연한 일이 된지 이미 오래이다. 이와 같은 고객 만족도 평가 결과의 왜곡은 온라인 조사에서는 더욱 빈번하게 이루어지고 있다. 이렇게 산출된 고객 만족도 점수를 과연 신뢰할 수 있겠는가?

그리고 너무 자주, 너무 많은 질문 항목으로 인해 고객을 짜증나게 하는 것도 문제이다. 필자도 가끔씩 전화나 이메일 또는 우편으로 고객 만족도 조사에 관한 설문지를 받는다. 처음 한두 번은 성의 있게 응한다. 하지만 최근 들어 이런 요청 전화가 오면 곧바로 끊어 버린다. 너무 자주, 너무 많은 항목을 묻기 때문이다.

대부분의 기업은 1년에 1번에서 4번까지 고객 만족도에 대한 설문 조사를 실시한다. 또한 한국생산성본부나 한국능률협회컨설팅 같은 고객 만족도 평가기관들도 설문 조사를 실시한다. 이처럼 잦은 설문 조사를 접하면 짜증이 날 수밖에 없다.

질문 항목이 너무 많은 것도 문제이다. 한 생명보험사가 2007년 상반기에 실시한 고객 만족도 설문지는 질문 항목이 정확하게 50문항,

자료 분류용 질문까지 포함하면 56문항이나 됐다. 이 회사는 최근에도 똑같은 문항으로 고객 만족도 조사를 실시했다. 이런 설문을 받는 순간, 고객을 만족시키겠다는 설문이 오히려 불만을 야기한다. 이렇게 측정된 고객 만족도가 과연 고객의 만족 수준을 제대로 반영할 수 있을까?

모든 고객들을 대상으로 만족도 조사를 할 수 없기 때문에 고객들이 제외되거나 귀찮아서 대답을 거부할 경우, 만족도 조사 결과에 통계의 오류가 발생할 수 있다는 것도 문제이다. 대부분의 고객 만족도에 대한 조사는 전수조사보다는 임의로 표본을 추출하는 방법으로 선정된 표본 고객을 대상으로 한다. 이런 방식 또한 고객 만족도가 진정한 재무적 가치를 반영하지 못하는 이유가 된다. 모든 고객들이 균등하게 가치를 제공하지는 않기 때문이다.

업종이나 기업마다 조금씩 다르겠지만, 상위 20%의 고객이 매출과 수익의 80% 이상을 기여하는 곳들이 많다. S백화점의 경우, 상위 4%의 고객이 매출의 46%를 차지하기도 한다. 은행이나 신용카드사 같은 곳들도 마찬가지이다. 이런 기업들이 고객 만족도와 재무적 가치의 상관관계를 찾기 위해서는 임의 표본추출만로는 한계가 있다.

20%의 고객이 매출과 수익의 80%에 영향을 미친다면, 상위 20% 고객의 만족도 평가치가 전체 만족도에 미치는 영향을 80%의 비율로 해야 고객 가치를 제대로 반영했다고 할 수 있다. 이처럼 상위 몇 퍼센트 이내의 고객이 매출과 수익의 상당 부분을 기여하는 기업의 경우, 제대로 고객 가치를 반영하려면 만족도 조사의 표본을 할당 방식으로 해야 할 것이다.

또한 고객 만족도는 조사 대상자의 의견만을 측정하기 때문에 미래의 구매 태도나 행동에 대한 신뢰성 있는 예측 지표가 되기 어렵다. 그들에게 구매나 추천 의향을 물어 답을 했더라도 반드시 그렇게 행동하는 것도 아니다. '반드시 그렇게 하겠다'는 응답자뿐 아니라 '그렇게 하겠다'라는 응답자까지 포함시키기 때문이다. 그렇기 때문에 더 뛰어난 품질과 기능, 더 멋진 디자인, 더 유리한 가격을 제시하면 마음이 바뀌는 고객들이 많은 것이다.

게다가 실제 고객이 아닌 사람까지 만족도 조사에 참여하는 경우도 많다. 고객 만족도를 제대로 측정하려면 해당 기업의 제품이나 서비스를 실제 사용한 사람을 대상으로 해야 한다. 하지만 실제 고객이 아닌 사람이 조사에 응하는 경우가 많다. 이것으로 과연 고객과의 관계를 제대로 측정할 수 있을까?

고객 만족도는 이처럼 고객과의 관계를 측정하는데 많은 한계가 있다. 그럼에도 불구하고 대부분의 기업이 고객 만족도를 높이는 것에 몰두한다. 일부 공기업들은 심지어 어떻게 하면 고객 만족도 평가에서 높은 평점을 받을까 연구하기도 한다. 이제는 고객 만족도라는 함정에서 빠져나와야 한다. 또한 고객 만족도 뛰어넘어야 한다. 강을 건넜으면 배를 버려야 하는 것처럼 당신도 고객의 진화 속도에 한 발 앞서 진화해야 한다.

고객 진화론과 고객의 진화 단계

1_ 고객 진화론

진화란 생물이 조금씩 변화하여 보다 복잡하고, 우수한 종으로 발전하는 일 또는 사물이 보다 좋고, 보다 고도(高度)의 상태로 발전하는 것을 말한다. 이 세상의 모든 생물과 사물은 환경 변화에 살아남기 위해 진화를 한다. 당연히 인간도 진화를 하고, 기업도 진화를 한다. 환경 변화에 대응하지 못하면 살아남을 수 없기 때문이다.

국내 기업의 생존율이 매우 낮은 편이라는 기사가 발표된 적이 있었다. 월간 〈현대경영〉이 1965년 매출액 100위권에 있던 국내 기업 중 2004년까지 생존한 기업을 조사했더니 겨우 12개뿐이었다고 한다. 생존율이 겨우 12%밖에 되지 않는다. 미국의 경우에는 1955년 포춘 500대 기업 중 1994년까지 생존한 기업이 160개로 32%가량 되었다고 한다.

이처럼 기업 생존율이 낮은 이유는 무엇 때문일까? 여러 가지 이유가 있겠지만, 가장 큰 이유는 고객의 진화 속도를 따라잡지 못해서다.

그렇다면 고객은 왜 진화하는가? 그리고 어떻게 진화하는 것일까? 고객이 진화하는 이유로는 두 가지를 들 수 있다. 하나는 고객 스스로 진화하려는 욕구를 가지고 있다는 것이고, 다른 하나는 기업들이 고객을 진화하도록 만든다는 것이다.

그렇다면 고객도 일반 생물이나 사물처럼 진화할까? 고객의 진화는 일반 생물이나 사물의 진화와는 다르다. 고객 스스로가 보다 우수한 종 또는 보다 좋은 상태로 진화하기도 하지만, 자신은 진화하지 않고 보다 우수한 상품이나 서비스를 원하는 쪽으로도 진화하기도 한다. 후자의 경우를 말할 때, 우리는 고객의 니즈·선호·성향이 진화한다고 말한다. 고객의 마음을 얻어야 하는 을(乙)의 입장에서 볼 때, 대응하기 어려운 이유가 여기에 있다.

기업과 개인은 이러한 고객의 진화에 대응하기 위해 끊임없이 새로운 상품·브랜드·서비스를 선보인다. 고객의 니즈·선호·성향이 진화하는 속도만큼 빨리 대응하지 못하면 시장에서 퇴출당할 수밖에 없기 때문이다. 이는 기업이든, 프로구단이든, 연기자든, 정치인이든 고객을 상대로 상품이나 서비스를 팔거나 관심을 받아야 생존하는 을(乙)이라면 누구든 예외일 수 없다.

그렇다면 보다 우수한 상품이나 서비스 쪽으로 고객의 진화를 이끄는 가장 중요한 동인은 무엇일까? 그리고 고객의 니즈·선호·성향의 기대 수준을 높이는 원천은 무엇일까? 가장 중요한 동인으로는 지식과 정보의 발전을 들 수 있다.

21세기의 고객은 인류 역사상 가장 많은 지식과 정보로 무장한 사람들이다. 오늘날 커뮤니케이션 매체의 발달은 지식을 습득하고, 정보를 전파시키는 데 있어 가히 혁명을 불러왔다고 할 수 있다. 지금 이 시간에도 세계 곳곳은 수많은 정보로 넘쳐나고 있다. 이로 인해 이 시대의 고객은 어느 때보다 똑똑해졌고, 눈높이 또한 높아졌다.

안방에서 리모콘 하나로 수만 킬로나 떨어져 있는 잉글랜드의 프리미어 리그나 미국의 메이저 리그 경기를 시청할 수 있는 세상이 된 지 이미 오래다. 이런 변화는 축구나 야구 시청자들의 눈높이와 기대 수준을 높게 만들었다. 프리미어 리그나 메이저 리그 수준의 경기력을 보여주지 못하면 시청자에게 외면받을 수밖에 없고, 결국에는 시장에서 퇴출당할 수밖에 없다. 이런 변화가 축구나 야구만의 문제는 아니다. 상품이나 서비스 역시 마찬가지이고, 정치인이나 정당, 학교, 병원, 영업인 등 고객으로부터 선택받는 모든 을(乙)들 역시 마찬가지이다.

대우받고자 하는 인간의 기본적인 욕구 또한 고객의 진화를 이끄는 중요한 동인이다. 경쟁이 치열할수록 기업은 고객들에게 더 나은 서비스를 제공하기 위해 노력한다. 문제는 제공받는 서비스에 대한 고객들의 기대 수준이 갈수록 높아진다는 것이다.

대부분의 고객들은 자신에게 제공되는 우대 서비스에 고마움을 느낀다. 거기에 감동하는 고객들도 있다. 하지만 고마움과 감동을 느끼는 것은 잠시 뿐이다. 일정한 시간이 지나면 당연한 것으로 받아들인다. 항생제에 내성이 생기는 것처럼 말이다. 오히려 더 파격적인 서비스를 기대하기도 하고, 너무 진부한 서비스라며 불만을 표출하기도 한다.

여기서 더 큰 문제는 고객이 진화한다는 사실을 간과하고 있다는 것이다. 대개 고객 니즈·선호·성향의 진화에만 관심을 갖기 때문이다. 어떤 을(乙)이든 다양한 고객들을 가지고 있다. 잠재고객, 가망고객, 만족고객, 단골고객 등과 같이 말이다. 이것을 별다른 의미 없이 그저 고객별 특성을 나타내는 유형이라고 생각할 수 있다. 그래서 대부분의 을(乙)은 그 중요성을 간과한다.

나비는 알에서 유충, 번데기를 거쳐 성충, 즉 나비가 된다. 완전히 탈 바꿈을 하는 것이다. 고객 역시 마찬가지이다. 잠재고객에서 가망고 객·고객으로, 고객에서 만족고객·불만족고객, 이탈고객으로 완전히 탈바꿈한다. 이런 과정을 1년에 1번 거치는 고객이 있는가 하면 2~3번 되풀이하는 고객, 심지어는 한 달에 2~3번 탈바꿈하는 고객도 있다. 더 향기롭고 달콤한 꿀을 찾아 날아가는 나비처럼 말이다. 이런 고객을 나비고객이라 한다.

대부분의 사람들은 고객의 이런 완전 탈바꿈 현상에 대해 그다지 관 심을 기울이지 않는다. 오직 매출을 올리는 방법과 고객 만족에만 관 심을 기울인다. 어떻게 하면 매출을 올릴 수 있을지만 고민하고, 고객 만족을 위한 아이디어를 내고 실천하며 평가한다.

이것은 우리 축구 대표팀이 승리에만 집착하는 것과 크게 다르지 않 다. 이기기만 하면 물론 사람들은 즐겁고 만족할 수도 있을 것이다. 어 떤 사람들은 승리에 감동받을지도 모른다. 하지만 승리만으로 모든 것 이 해결될까? 승리 못지않게 중요한 게 있다. 관중이 많아야 한다는 것 이다. 특히 프로 축구단의 경우, 승리도 중요하겠지만, 매 경기마다 관 중들로 넘쳐나는 것이 더 중요하다고 할 수 있다.

잉글랜드 프리미어 리그의 맨체스터 유나이티드나 첼시같은 팀들의 경기는 매번 5만~7만 명의 관중들로 넘쳐난다. 그러나 K리그 경기장엔 평균 몇 천 명에서 1만 명 내외의 관중만이 입장하고 있다. 왜 이런 차 이가 나는 것일까? 물론 여러 가지 이유가 있을 것이다. 프리미어 리그 팀들은 100여 년이 넘는 전통을 가진 곳도 있는데다 세계 최고의 스타

플레이어들이 기량을 뽐내는 모습을 직접 볼 수 있기 때문일 것이다.

그러나 이런 이유들 말고 더 중요한 것이 있다. 프리미어 리그 팀들은 승리에만 연연하지 않는다는 것이다. 그들은 한 번 경기장을 찾은 고객들이 다시 찾게끔 만들기 위해 많은 노력을 기울인다. 그리고 어떻게 하면 그들이 다른 고객을 데리고 경기장을 다시 찾도록 할 것인가에 모든 역량을 집중한다.

이렇게 노력한 결과, 프리미어 리그는 3시간 동안 버스를 타고 원정경기 응원에 나서는 열렬한 지지자가 많다. 어디 그뿐인가. 팔구십 대의 노부부에서 손자에 이르기까지 3대에 걸쳐 충성하는 고객들도 부지기수이다. 그에 비해 국내 프로 축구팀에 대한 고객 충성도는 많이 떨어지는 것이 사실이다. 축구협회나 프로 팀마다 나름대로 이유를 대겠지만, 가장 근본적인 문제는 승리와 고객 만족에만 집착하고 있기 때문은 아닐까?

2_ 고객의 진화 단계

그렇다면 고객은 어떤 형태로 진화할까? [그림 1-1]과 같은 형태로 진화를 거듭한다.

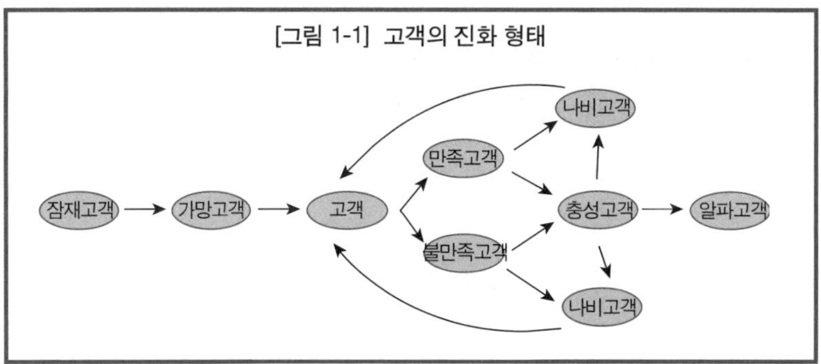

지금까지 가장 이상적인 고객 진화 모델은 잠재고객 → 가망고객 → 고객 → 만족고객 →충성고객이었다. 그런데 문제는 고객 중에서 불만족고객으로 진화하는 고객이 나타난다는 것이다. 지난 십수 년 동안 고객 만족을 부르짖고, 실천해도 불만족고객은 어김없이 나타났다. 그들은 더 달콤한 꿀을 찾아 이리저리 날아다닌다. 나비고객으로 진화하는 것이다. 자신만 나비고객이 되는 것이 아니라 주변 사람에게도 나비고객이 될 것을 권한다. 저 언덕 너머 꿀과 젖이 흐르는 땅이 있다며 주변 사람을 유혹한다.

그런데 이보다 더 큰 문제는 만족고객 중에서도 나비고객이 나타난다는 것이다. 지금까지 수많은 전문가들이 그들의 논문과 칼럼, 저서, 강연을 통해 고객 만족의 중요성을 역설하고, CEO들 역시 고객 만족을 고객 중심 경영의 최고 목표로 삼아야 한다고 강조해 왔지만, 이 일을 어쩌랴. 고객을 만족시키고 고객의 만족도가 높아져도 밑 빠진 독에 물 붓기처럼 고객들이 지속적으로 이탈하고 있으니 말이다. 고객의 진화 단계에 조금만 관심을 기울였다면 고객 만족 경영을 위해 지금까지 들인 노력과 비용만으로도 몇 배나 높은 성과를 거두었을 텐데 말이다.

따라서 이제 고객 중심 경영의 최종 목표는 궁극적으로 충성고객, 더 나아가 열렬한 팬과 같은 알파고객을 만드는 것이어야 한다. 나비가 알·유충·번데기를 거쳐 성충이 되듯이, 고객은 마지막 진화 단계인 충성고객을 거쳐 알파고객으로 진화하기 때문이다.

고객 중심 경영의 진화 방향

더 향기롭고 달콤한 꽃을 찾아 떠나는 나비처럼 고객은 언제나 떠날 준비를 한다. 따라서 고객 중심 경영도 고객 만족에서 열렬한 팬인 알파고객 만들기로 진화해야 한다. 고객 중심 경영의 진정한 목표는 두 가지이다. 하나는 고객에게 최고의 상품과 서비스를 제공해 고객 가치를 충족시키는 것이고, 다른 하나는 이를 통해 최고의 경영 성과를 창출하는 것이다.

그런데도 대부분의 을(乙)들은 아직도 고객 중심 경영의 목표를 고객 만족에 두고 있다. 고객을 만족시켜서 위의 두 가지 목표를 달성할 수 있다면 물론 문제될 것이 없다. 그러나 현실은 어떠한가. 미국 기업을 분석한 마케팅 연구 결과에 따르면, 5년이 지나면 평균적으로 고객의 절반이 이탈한다고 한다. 국내에서도 학습지의 경우에는 평균 고객 유지 기간이 1년 미만이고, 자동차 보험의 고객 이탈율은 연평균 30% 정도라고 한다.

그렇다면 왜 고객은 이렇게 끊임없이 이탈하는 것일까? 결론은 고객 로열티, 즉 충성도가 낮기 때문이다. 그렇다면 고객 로열티는 왜 낮은 것일까? 고객을 만족시키는 데만 관심을 갖기 때문이다. 그래서 고객들은 전반적으로 특정 브랜드나 기업에 만족하면서도 더 좋은 상품, 더 싼 가격, 더 유리한 거래 조건을 제시하면 미련 없이 떠난다.

그런데도 여전히 기업들은 고객 만족을 부르짖고, 고객 만족도가 높은 것을 최고의 가치로 여긴다. 고객의 이탈은 고객 중심 경영의 두 가지 목표를 모두 달성할 수 없음을 뜻한다. 아무리 고객 만족도가 높아져도 이는 마찬가지이다.

뒤에서도 설명하겠지만, 하버드 비즈니스 스쿨의 〈Service Profit Chain〉이란 논문은 기업에 지속적으로 수익을 창출해 주는 가장 중요한 경영 원천으로 고객 로열티를 꼽았다. 이 논문에 따르면, 브랜드 파워를 키우고 기술 혁신과 인재 육성, 품질 향상, 원가 절감 등은 물론 고객 만족조차도 궁극적으로는 고객 로열티를 높여 자사의 상품과 서비스를 이탈하지 않고 재구매하거나 지속적으로 사용하도록 만들기 위한 수단에 불과하다는 것을 알 수 있다.

이런 관점에서 본다면 고객 중심 경영도 당연히 고객 만족 경영에서 그다음 단계인 고객 로열티 경영으로 진화해야 한다. 코카 콜라, 나이키, 마이크로소프트, 구글과 같은 거대 기업은 물론 루이뷔통, 샤넬, BMW, 렉서스, 파브, 휘센과 같은 파워 브랜드를 가진 기업 역시 헌신적으로 충성하는 고객을 확보했기 때문에 초일류 기업의 자리에 오를 수 있었다. 만약 그런 고객이 없었다면 이들은 기억 저편으로 사라졌을 것이다.

기업뿐 아니라 개인도 마찬가지이다. 누구든 성공하려면 자신의 알파고객을 많이 만들어야 한다. 대통령, 정치인, 연예인이나 운동선수는 물론 CEO, 세일즈맨, 자영업자, 의사, 변호사, 교수 등 이 세상 모든 분야에서 성공한 사람들의 공통점 역시 그들을 열렬히 지지하는 알파고객을 많이 만들었다는 데 있다.

노무현 전 대통령의 알파고객은 '노사모'이고, 박근혜 대통령의 알파고객은 '박사모'이다. 한류 바람을 일으키며 일본 여성 팬들의 사랑을 한 몸에 받고 있는 배용준도 그들을 열렬히 지지하는 열성 팬, 즉 알파고객이 있었기에 성공할 수 있었다.

보험업계의 살아있는 전설, 예영숙 전무 역시 마찬가지이다. 예영숙 전무가 성공할 수 있었던 가장 큰 원동력도 자신의 고객 대부분을 알파고객으로 만들었기 때문이다. 이 노하우가 3만여 명이 넘는 쟁쟁한 경쟁자들을 물리치고 예 전무가 삼성생명의 판매왕 타이틀을 10연패할 수 있었던 가장 중요한 원천이었다.

총각네 야채가게나 민들레 영토, 예치과, 육일약국도 마찬가지이다. 자신들의 가게나 병원, 약국을 고객이 다시 찾게 만들 수 있었기에 성공할 수 있었다. 이처럼 모든 을(乙)에게 있어 고객 로열티를 확보하는 것이야말로 생존을 넘어 지속적으로 성장할 수 있는 블루오션이라 할 수 있다.

다시 한번 강조한다. 기업이든, 병원이든, 프로 스포츠 구단이든, 자영업자든, 비영리 법인이든, 식당이든, 미장원이든, 영업인이든 이 세상 모든 을(乙)은 이제 진정한 고객 중심 경영을 실천하기 위해 고객 만족에서 고객 로열티 경영의 단계로 진화해야 한다. 고객을 대하는 고객 접점 관련 부서의 임직원들에게만 이런 과제를 부여해서는 안 된다. CEO부터 고객센터의 상담원, 연구소, 디자이너 및 생산, 구매, 물류 현장의 사원에 이르기까지 전 임직원이 혼연일체가 되어 고객 로열티 경영의 단계로 진화해 가야 한다.

2장 

고객 로열티가
지속 가능 기업의
핵심 원천이다!

코닥의 몰락, 닌텐도의 성공과 실패가 주는 시사점

1881년 설립되어 130여년이 넘은 기업! 1976년에는 미국 필름 시장 점유율이 90%에 달했던 기업! 코닥이 바로 그 주인공이다. 한때는 미국 사회에서 오랫동안 '기록하고 싶은 순간'을 'Kodak moment(코닥의 순간)'라고 부르기도 했고, 1970~80년대까지만 해도 지금의 애플이나 구글같은 기업으로 평가받던 기업인 코닥이 파산 위기에 몰렸다.

주가는 주당 1달러 밑으로 떨어진 지 오래이고, 2012년 1월 3일에는 뉴욕증권거래소로부터 "6개월 안에 주가를 1달러 위로 못 끌어올리면 시장에서 퇴출시키겠다"라는 경고까지 받았다. 현재 코닥은 파산을 피하기 위해 보유 중인 특허권을 팔기 위해 안간힘을 쓰고 있다고 한다.

그렇다면 코닥의 몰락은 무엇 때문일까? 신기술 개발이 늦었기 때문일까? 그렇지 않다. 코닥의 몰락을 가져온 디지털 카메라를 처음 개발한 회사가 바로 코닥이기 때문이다. 코닥은 1975년 디지털 카메라를 개발하고도 이 기술로 돈을 벌지 못했다. 디지털 카메라 시장이 급속도로 커질 것을 생각하지 못했기 때문이다. 스마트폰 시장의 확산에 대응하지 못한 노키아, 모토롤라와 같은 실수를 저지른 것이다.

그렇다면 사업 다각화에 소홀했기 때문일까? 이것 또한 아니다. 1980~90년대 코닥은 화학·의료용품을 비롯해 욕실 세정제에 이르기까지 여러 사업에 진출했다. 물론 실패했지만 말이다. 그리고 프린터 시장에 진출했지만, 결과는 역시 신통치 않았다. 2011년 기준, 코닥의 프린터 시장 점유율은 2%대에 불과했다.

일부 전문가들은 코닥의 몰락 원인으로 퇴직한 종업원들에게 과도한 복지 혜택을 준 것이 재무적 리스크를 가중시켰다고 말하기도 한다. 모두 맞는 말이다. 그러나 가장 근본적인 원인을 꼽으라면 코닥이라는 브랜드에 충성하는 고객을 확보하지 못했다는 것이다. 카메라 필름에 대한 수요가 줄어들면 디지털 카메라가 됐든, 프린터가 됐든, 화학이나 의료용품이 됐든 고객으로부터 지속적으로 재선택받을 수 있는 역량을 구축했어야만 했다. 닌텐도나 제록스처럼 말이다.

닌텐도는 코닥과 달랐다. 1889년 화투를 만드는 조그만 상점으로 출발해 트럼프와 장난감을 거쳐 게임업체로 끊임없이 신규 사업에 진출해 고객으로부터 지속적으로 선택받는데 성공했기 때문이다. 이런 성공에 힘입어 닌텐도야말로 지속 가능 기업의 모델이라고 평가하는 이들이 적지 않았다.

그러나 세계적 초일류 기업으로 평가받으며, 일본의 대표적인 지속 가능 기업으로 꼽혔던 닌텐도가 2011년에 9,400억원에 달하는 적자를 기록했다. 닌텐도는 2008년 하반기에 불어닥친 글로벌 금융 위기 속에서도 토요타, 소니, 파나소닉의 휘청거리는 모습과는 대조를 이루면서 독야청청하는 모습을 뽐내기도 했었다.

불과 2~3년 전까지만 해도 이명박 전 대통령까지 나서서 "우리도 일본의 닌텐도 게임기 같은 것을 개발해 볼 수 없느냐"고 주문했을 정도로 닌텐도는 수많은 기업의 벤치마킹 대상이었다. 그런 닌텐도가 2011년, 30년 만에 적자를 기록한 것이다. 물론 한 해 적자를 냈다고 해서 닌텐도가 당장 망하는 것은 아니다.

이번 위기도 닌텐도를 위협했던 이전의 경우처럼 멋지게 극복하리라는 의견이 더 많다. 빚도 거의 없고 1조 5천억 엔에 달하는 자산과 70억 유로가 넘는 풍부한 현금을 보유한 기업이라는 점을 꼽으면서 말이다. 그럼에도 불구하고 닌텐도의 위기는 많은 것을 시사한다. 고객 니즈의 진화를 충족시키지 못해 고객에게 지속적으로 선택받지 못하는 기업은 언제든지 시장에서 퇴출당한다는 진리 말이다.

그렇다면 닌텐도의 위기는 왜 발생한 것일까? 모바일 게임과 같은 오픈마켓 시장에서 밀렸기 때문일까? 맞는 말이다. 닌텐도의 위기는 보수적인 조직과 폐쇄성에 있다는 전문가들의 목소리가 높다. 언론과의 접촉도 피하는 닌텐도가 최근 오픈마켓 시장과 정면으로 충돌하며 시장에서 고립됐다는 분석이다.

이런 이유를 들며 닌텐도에서는 이제 새로운 아이디어가 나오기 어려울 것이며, 신선한 제품을 찾아보기도 힘들 거란 지적도 있다. 이를 다른 관점에서 보면 빠르게 변화하는 고객 니즈에 대응하지 못한 결과, 닌텐도에 지속적으로 충성하는 고객을 확보하지 못한 것으로 볼 수 있다.

"나이키의 경쟁자는 닌텐도다"라는 말이 있듯 닌텐도의 경쟁자는 소니가 아니라 애플, 삼성전자 등 스마트폰 제조업체와 모바일 게임업체라 할 수 있다. 경쟁의 패러다임 자체가 다르게 전개되고 있는 것이다.
이렇게 급변하는 고객 니즈의 진화 속도에 맞게 프레임을 바꿔 지속적
으로 고객의 로열티를 확보할 수 있는 기업만이 지속 가능 기업이 될
수 있는 것이다.

고객 로열티와 충성고객의 정의

고객으로부터 지속적으로 선택받고 고객의 마음을 열광시키기 위해 가장 주요한 원천이 바로 고객 로열티(Customer Loyalty)라고 앞에서 언급했다. 그렇다면 고객 로열티란 무엇이며, 어떤 상태를 말할까? 필자가 만난 사람 중에는 로열티(Loyalty)를 기술 특허나 저작권 등의 사용 대가로 지불하는 Royalty와 혼동하기도 하고, 왕의 권위나 위엄 등을 뜻하는 Royal이 아니냐고 묻기도 했다. 고객 만족이나 CS하면 모르는 사람이 없을 정도지만, 고객 로열티는 이처럼 용어조차 생소하게 여기거나 용어는 알더라도 그 개념에 대해 명확하게 이해하고 있는 사람이 아직도 적은 편이다.

고객 로열티는 '특정 회사의 상품이나 서비스를 지속적으로 재구매하거나 이용하면서, 지갑 점유율도 높고 주변인에게 적극 추천하거나 추천할 의향을 가진 상태'를 말한다. 우리말로는 흔히 고객 충성도라 부르며, 충성도가 높은 고객을 충성고객이라 한다. 로열티란 개념은 1908년 하버드 대학의 철학 교수인 Josiah Royce가 〈Philosophy of Loyalty〉라는 책에서 처음 언급했다. 그러나 거의 한 세기 동안 비즈니스뿐 아니라 학문적으로도 별다른 주목을 받지 못했다.

그러다 1980년대에 들어 Brand Loyalty라는 개념으로 연구되기 시작하였고, 고객 로열티라는 개념으로 발전한 것은 미국에서도 1990년대 중반 이후부터이다. 이때부터 고객 만족 경영의 한계를 뛰어넘을 새로운 경영 원천으로 로열티가 본격적으로 연구됐다고 할 수 있다.

하지만 국내 기업들은 아직도 고객 로열티에 대한 관심이 부족한 것이 현실이다. 고객 로열티를 높이는 전략이 지속 가능 기업으로 가는 지름길인데도 말이다. 고객 로열티를 높이면 경쟁사의 어떤 프로모션에도 반응하지 않는 고객을 만들 수 있다. 그리고 그들을 당신 회사의 상품과 서비스를 주변 사람에게 홍보하거나 적극 소개해 주는 구전 마케팅의 전도사로 만들 수도 있으며, 고객 만족 경영이 안고 있는 여러 한계들을 해결할 수도 있다.

현재 고객 만족 경영을 도입한 많은 기업들은 이 한계를 극복할 상위의 비전과 슬로건을 정해 경쟁자들과의 차별화를 시도하고 있다. '고객 감동', '고객 졸도', '고객이 OK 할 때까지', '고객 속으로', '고객 행복' 등의 개념이 이에 해당한다.

그러나 이들 기업 역시 앞서 설명했던 고객 만족 경영이 안고 있는 한계들을 극복하지 못하고 있다. 고객 로열티를 측정하는 가장 중요한 지표는 재구매율이나 고객 유지율, 고객 지갑 점유율이다. 재구매율이나 고객 유지율을 100%로 만든다는 것은 고객을 한 사람도 이탈시키지 않는다는 것을 의미하며, 모든 사람을 로열티가 높은 고객으로 만

들 수 있음을 뜻한다. 만족도가 높은 기업과 고객 로열티가 높은 기업
과의 사이에는 이렇게 큰 차이가 존재한다. 고객 로열티를 높이기 위
한 전략을 실행해야 하는 가장 큰 이유이다.

고객 로열티가
왜 지속가능 기업의
원천인가?

"IMF 때보다 더 어렵다"고 하소연하는 기업과 사람을 주변에서 많이 보게 된다. IMF 외환 위기를 완전히 극복했다고 한 지가 한참이나 지났는데도 말이다. 이런 기업이나 사람이 왜 많은 것일까?

사회 전반에 양극화가 트렌드로 자리 잡았기 때문일까? 2008년 글로벌 금융 위기와 2011년 유럽발 재정 위기의 여파가 아직 가시지 않았기 때문일까? 기업의 구조조정과 중국 등으로 생산 기지가 이전됨에 따라 일자리가 줄어들었기 때문일까? 기업의 생산성 향상으로 고용 없는 성장이 지속되고 있기 때문일까? 저출산으로 인해 수요 자체가 감소하기 때문일까?

모두 맞는 말이다. 일부 업종이나 기업 또는 사람들은 호황을 누리지만, 아직도 많은 사람들이 경제적인 어려움에 고통받고 있다. 지역에 따라 물론 다르겠지만 자고 나면 신축 건물이 하나씩 늘어나고 있다. 이런 건물에는 병원, 약국, 학원, 식당 등 다양한 업종의 상점들이 어김없이 신규 출점을 한다.

최근에는 여러 가지 이유로 인해 새로운 경쟁자들이 폭발적으로 증가하는 추세이다. 몇 년 전까지 고소득의 대명사로 불리던 의사나 변호사도 간호사 월급과 임대료 등을 걱정하는 이들이 점차 늘고 있다. 의대 졸업생과 사법고시 합격자가 지속적으로 증가했기 때문이다. 게다가 부동산 가격은 3~5년을 주기로 어김없이 폭등했다. 일자리가 줄고 경쟁자는 늘고 집값은 뛰고 신용 불량자는 증가하는 현상이 IMF 외환 위기 직후부터 계속되고 있다.

그렇다면 유럽발 재정 위기가 수습되고, 국내 경기가 회복되면 대부분의 업종이나 기업, 자영업자들도 온기를 느낄 수 있을까? 그렇지는 않을 것이다. 경기가 살아나더라도 구조적인 공급 과잉이나 수요 감소를 벗어나기 힘들기 때문이다. 음식점, 부동산 중개업소, 학원, 병원, 미장원 등은 경쟁자가 많은 업종들이고, 산부인과나 분유, 유치원 등의 업종은 수요가 감소하는 업종들이다. 동네 서점이나 제과점들은 이미 한차례 구조조정되었고, 슈퍼마켓도 문 닫는 곳들이 속출하고 있다. 2012년 한 · 미 FTA가 발효되면서 농가에도 구조조정의 회오리가 불어닥칠 것이다.

이런 환경에 직면한 기업이나 자영업자는 이제 경쟁자와 차별화된 상품과 서비스로 재무장하지 않으면 IMF 외환 위기 때보다 더 어려운 상황을 맞을 수밖에 없다. 이런 상황에서 생존하고 성장하기 위한 방법은 무엇일까? 가장 이상적인 방법은 경쟁이 없는 블루오션을 창출하는 것이다. 그러나 경쟁이 없는 완전한 블루오션을 창출하는 것은 결코 쉽지 않다. 따라서 당장 실현 가능한 블루오션을 찾는 것이 효과적이다. 그것은 바로 자사와 자신의 고객이 이탈하지 않고, 자사와 자신의 상품을 지속적으로 선택하도록 만드는 것이다.

기업이든 개인이든 고수익·고성장을 지속하기 위한 방법은 두 가지로 요약할 수 있다. 하나는 끊임없이 새로운 고객을 만드는 것이다. 그리고 다른 하나는 고객을 이탈시키지 않고 평생 동안 유지·성장시키는, 즉 자사의 상품을 지속적으로 선택하도록 만드는 것이다. 이런 상태를 만들기 위해 가장 중요한 원천 중 하나가 고객 로열티이다. 품질이나 브랜드 파워, 기술력, 가격 경쟁력, 고객 만족 등도 결국은 고객 로열티를 높이기 위한 수단과 방법에 지나지 않는다.

하버드 비즈니스 스쿨은 장기간 고수익을 내면서 고성장을 하는 기업들의 경쟁력을 분석하여 〈Service Profit Chain〉이라는 보고서를 내놓았다. 그리고 이 기업들이 매년 고수익, 고성장을 할 수 있었던 원천들로 최고의 품질이나 생산성, 서비스, 고객 만족 등도 있지만, 가장 중요한 원천은 고객 로열티라고 발표했다.

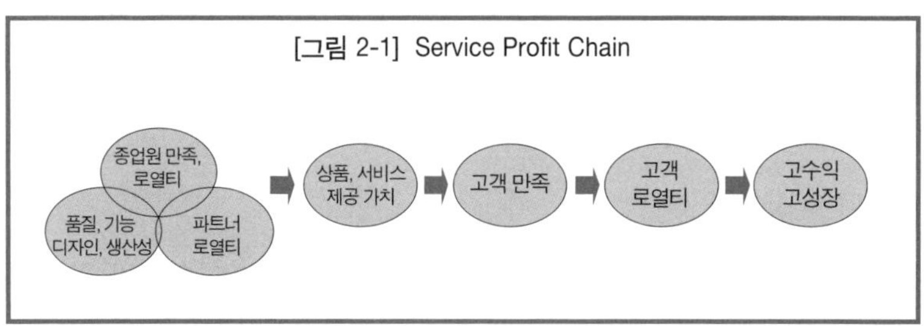

[그림 2-1]은 〈Service Profit Chain〉을 흐름도로 만든 것이다. 이 모델에 의하면 모든 을(乙)들이 지속적으로 수익을 창출하고 성장하는데 있어, 즉 지속 가능 기업이 되는 데 있어 가장 중요한 원천이 바로 고객 로열티라는 것을 알 수 있다.

고객 로열티가 지속 가능 기업의 원천인 또 다른 이유는 기업의 미래 가치를 측정하는 유용한 지표로 활용될 수 있다는 것이다. 기업 가치는 주로 자산 가치와 시장 가치, 수익 가치를 기준으로 평가한다. 시장 가치를 기준으로 평가하는 방법에는 PER, EV, EVA, MVA 등의 지표가 활용된다.

여기서 PER(Price Earning Ratio ; 주가 수익률)는 해당 기업의 주가를 주당 순이익으로 나눈 값이다. 그리고 EV(Enterprise Value ; 기업의 총가치)는 기업의 미래 수익을 창출할 수 있는 능력을 현재 가치로 환산한 것이다. 즉 기업이 앞으로 벌어들일 총수익을 이자율(평균자본비용)로 할인해 현재 시점에서 그 기업의 가치를 산출한 값이다. 이 수치가 현재 시점의 주가보다 높은 기업은 앞으로 주가가 오를 것이라고 생각한다.

또한 EVA(Economic Value Added ; 경제적 부가가치)는 주주 및 채권자의 자본 비용과 기업의 수익을 비교해 주주의 부(富)라는 관점에서 기업 가치를 평가하는 것, MVA(Market Value Added ; 시장 부가가치)는 CEO가 한 해의 시작 시점에 주어진 자본으로 최종 시점까지 회사의 시장 가치를 얼마나 늘렸는가를 보여 주는 값이다.

그러나 이 4가지 측정 지표는 기업의 미래 가치를 측정하기보다는 과거로부터 현재까지의 가치를 측정하는데 유용한 지표이다. 물론 EV는 미래의 수익 창출 능력을 기준으로 하고 있지만, 사람의 주관적인 판단 기준으로 미래의 수익을 추정해야 한다는 한계가 있다. 미래 가치를 측정하는 또 다른 방법으로 해당 기업의 기술력과 성장성, 수익 창출 역량 등을 말하기도 한다. 이것 역시 기업의 현재 가치를 측정하는 데는 유용하지만, 미래 가치를 측정하는 데는 한계가 있다.

그러나 고객 로열티를 측정하는 주요 지표인 재구매 의향이나 교차 구매 의향, 고객 추천 의향 등은 고객이 과거와 현재뿐 아니라 미래에도 해당 기업의 제품이나 서비스를 계속 구매하겠다는 태도를 반영한다. 기업 내부 인력이나 금융사의 애널리스트와 같은 사람들의 주관적 판단이 아닌 해당 기업 고객들의 미래 태도를 측정하기 때문에 미래 가치를 측정하는 선행 지표라 할 수 있다.

미래에 특정 기업의 제품이나 서비스에 대해 재구매 의향이나 고객 추천 의향 등이 높다는 것은 고객들의 로열티가 높음을 의미한다. 앞에서도 말했지만, 그런 기업이 고수익·고성장을 하고, 지속 가능 기업으로 우뚝설 수 있다.

품질과 고객 만족, 고객 로열티의 상관관계

다음은 품질과 고객 만족, 고객 로열티의 관계를 잘 설명해 주는 일화이다.

1993년 미국 미시간 대학교 비즈니스 스쿨에서 개최한 한 세미나에서 있었던 일이다. 세미나가 시작되자, 일반적으로 그러하듯이 참석자들이 저마다 자신의 회사와 담당하는 업무를 소개했다. 이때 〈포춘〉 100대 기업에 속하는 한 기업의 참석자가 자신을 '고객 만족 매니저'라고 소개했다.

그러자 세미나를 진행하던 마이클 존슨 교수가 "1980년대 후반에는 기업에 품질 매니저라는 사람들이 많았는데, 그들은 지금 어떻게 되었나요?"라고 질문했다. 그랬더니 그 참석자는 "우리 회사에서 품질은 한물갔고, 지금은 고객 만족이 가장 큰 핵심 이슈입니다"라고 대답했다.

5년쯤 지난 후 미시간 대학교에서 마이클 존슨 교수가 다시 세미나를 진행하게 되었다. 이전과 마찬가지로 참가자들이 자기 소개를 하는데 그는 아주 흥미로운 사실을 발견했다. 세미나 참석자들 중 상당수가 자신을 '고객 로열티 매니저'라고 소개했기 때문이다.

그래서 마이클 존슨 교수는 참석자들에게 다음과 같이 물었다. "5년 전에는 대부분의 사람들이 자신을 고객 만족 매니저라고 소개했는데, 그들은 지금 어떻게 되었나요?"라고 말이다. 그랬더니 참석자들이 "아, 고객 만족 매니저요? 지금 저희 회사에서는 고객 로열티가 가장 큰 핵심 이슈이기 때문에 고객 만족 매니저라는 직제는 이제 사용하지 않습니다"라고 대답했다.

앞서 하버드 비즈니스 스쿨의 〈Service Profit Chain〉이라는 논문을 소개하면서 고객 로열티를 높여야 하는 이유를 설명했었다. 고객 로열티를 높이기 위해서는 고객을 만족시켜야 하고, 고객을 만족시키기 위해서는 품질 또한 매우 중요하다는 것도 설명했다.

마이클 존슨 교수도 고객 로열티와 고객 만족, 품질이 각각 별개의 개념이 아니라는 것을 당시의 세미나 참석자들에게 상당 시간 할애해서 강조해야만 했다고 한다. 위의 사례는 새로운 경영 혁신 기법이 등장하면 과거의 기법들은 팽개치고 마치 유행처럼 새로운 트렌드만을 좇는 기업들의 행태를 잘 보여 준다.

어떤 이들은 '고객 로열티도 일시적 유행으로 끝날 경영 혁신 트렌드가 아닐까?'라고 생각할 수도 있다. 그러나 고객 로열티는 일시적인 유행이나 패션이 아니다. 고객 가치를 창출하기 위한 가장 근원적인 경영 사상이자 지속 가능 기업이 되기 위한 가장 중요한 원천이기 때문이다.

이와 같은 고객 로열티의 가치를 인식한 미국이나 유럽의 우량 기업들은 마케팅이나 CS, CRM 조직을 Customer Loyalty Team으로 편제하고, Customer Loyalty Manager 등의 직제를 만들어 고객 로열티 경영을 기업 전략의 핵심으로 전환하고 있다. 하지만 국내 기업들은 조직 체계나 직제에서 CS나 CRM, 고객 지원 등의 개념을 여전히 많이 사용하고 있다. 다만 최근 들어 SK텔레콤이나 KT, 아모레 퍼시픽 등에서 로열티 마케팅팀, 로열티 기획팀과 같이 편제를 개편한 것을 보면 국내 기업들도 머지않아 고객 로열티 경영의 중요성을 인지할 것으로 예상된다.

이제는 모든 영역에서 품질과 고객 만족을 기반으로 고객 로열티를 높일 수 있는 역량을 구축한 기업이나 개인만이 지속적으로 생존하고 성장할 수 있다는 것을 다시 한 번 명심하기 바란다. 이런 의미에서 고객 만족과 고객 로열티의 관계를 좀 더 구체적으로 조명해 보자.

먼저 고객 만족과 고객 로열티의 관계를 [그림 2-2]를 보면서 설명하겠다.

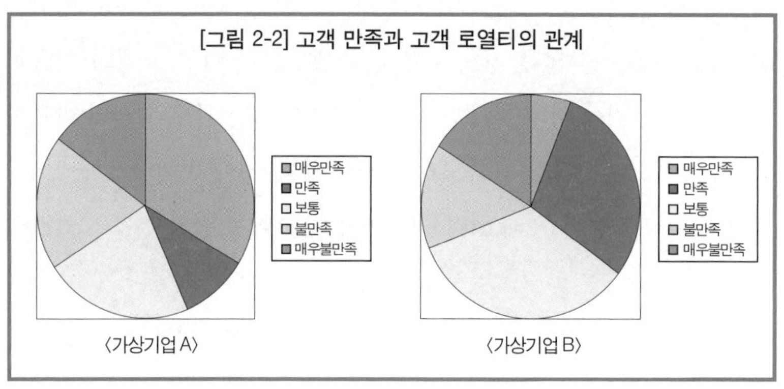

[그림 2-2] 고객 만족과 고객 로열티의 관계

대부분의 측정 모델들은 [그림 2-2]와 같이 매우 만족과 만족한 사람들의 비율을 반영하여 고객 만족도를 산출한다. 이런 방법으로 고객 만족도를 산출하면 가상기업 A와 B의 고객 만족도는 87점으로 같다. 그러나 고객 로열티를 측정하는 지표 중 공통적으로 사용되는 재구매율을 분석한 연구 자료에 따르면, 가상기업 A의 재구매율은 52.4%인데 반해 가상기업 B의 재구매율은 19.2%밖에 되지 않는다고 한다. 그리고 매우 만족한 고객들의 재구매율은 만족한 고객들보다 제록스의 경우에는 6배, 롯데 캐논의 경우에는 7배, AT&T의 경우에는 50%나 높았다고 한다.

앞서 잠깐 언급했듯이 국내의 A생명보험사도 비슷한 경험을 했다고 한다. 이 회사는 매년 수억 원을 들여 분기별로 고객 만족도를 측정한다. 2004년 1/4분기 고객 만족도 조사를 한 결과, 2003년 1/4분기 보다 고객 만족도가 분명히 상승했지만, 해약율은 오히려 더 높아졌다고 한다. 그 원인을 찾아보니 국내 경기가 불황이라 계약자들이 보험료를 낼 돈이 없어 해약율이 높아졌다는 것을 알게 됐다.

그러나 그것 하나만으로는 뭔가 부족하다는 생각이 들어서 고객 만족도 조사 결과를 다시 분석해 보았다. 그 결과 A사는 놀라운 사실을 발견했다. 2004년 1/4분기에 매우 만족했다고 응답한 고객의 비율이 2003년 1/4분기에 비해 낮아진 반면 만족했다고 응답한 고객의 비율이 높아졌던 것이다. 고객 만족도가 2003년 1/4분기에 비해 2004년 1/4분기에 더 높아졌는데도 왜 해약율이 높아졌을까? 불황의 영향도 있었겠지만, 매우 만족한 고객들의 비율이 줄어들었기 때문이었다.

고객 만족도는 대개 매우 만족과 만족에 응답한 표본만으로 산출한다. A생명보험사의 경우에는 전년 동기 대비 고객 만족도는 상승했지만, 매우 만족한 고객의 비율은 감소했다. 이들 대부분은 고객 만족도가 매우 만족에서 만족으로 한 단계 낮아졌던 것이다. 가상기업 A와 B

혹은 제록스, 롯데 캐논, AT&T처럼 매우 만족한 고객의 비중이 감소했기 때문에 전체적인 고객 만족도는 상승했음에도 불구하고 해약율이 높아졌던 것이다. 고객 만족도가 상승해도 매우 만족한 고객의 비율이 감소하면 수익과 성장에 영향을 주는 고객 로열티는 정체되거나 하락할 수밖에 없다는 것을 보여 주는 사례들이라 하겠다.

그리고 고객 만족과 고객 로열티의 관계는 경쟁 요인과 정도에 따라 영향을 받는다. 고객 로열티를 고객 유지율이나 재구매율로 정의한다면 전기·수도·가스 등 독과점적인 산업의 경우에는 선택의 대안이 없기 때문에 만족하지 않더라도 계속 사용하거나 반복적으로 재구매하게 되므로 높게 나타날 수밖에 없다.

반면에 경쟁이 치열한 분야에서는 매우 만족한 고객들의 비율을 높여야만 고객 로열티를 높일 수 있다. 물론 매우 만족하지 않은 경우에도 특정 기업의 상품이나 서비스를 지속적으로 이용하거나 반복적으로 재구매하는 경우들을 볼 수 있다. 가격이나 입지 등 어떤 조건에 충성하는 유형의 고객들이 대표적이다. 이처럼 어떤 조건에 충성하는 고객에 대해서는 4장에서 설명할 것이다.

고객 로열티와
경제적 효과

그렇다면 고객 로열티가 높아지면 정말 고수익·고성장을 하고 지속 가능 기업이 될 수 있을까? 과연 그 근거는 무엇일까?

한 마케팅 연구 결과에 의하면, 고객의 60~80%는 만족하면서도 이탈한다고 한다. 그래서 기업은 새로운 고객을 더 많이 유치하기 위해 더 많은 마케팅 비용을 지출한다. 그러나 기업에 지속적으로 수익을 안겨주는 고객은 신규고객이나 이탈고객보다는 반복적으로 재구매하거나 거래관계를 오랫동안 유지하는 고객이다.

고객 만족과 달리 고객 로열티는 고객이 재구매를 하거나 한번 거래관계를 맺으면 이탈하지 않고 지속적으로 사용하는지의 여부를 나타낸다. 금융업이나 유통업에서는 고객 로열티가 고객 지갑 점유율까지도 나타낸다. 즉 고객 로열티가 높다는 것은 재구매율이나 유지율, 고객 지갑 점유율이 높다는 것을 의미한다. 따라서 고객 로열티가 높은 기업은 경쟁 기업보다 재구매율, 고객 유지율, 지갑 점유율이 높기 때문에 매출과 수익 면에서 고성장 · 고수익을 실현할 수 있는 것이다.

다음의 [그림 2-3]은 미국의 전략 컨설팅 회사인 베인&컴퍼니의 연구 · 조사 결과이다. 이는 로열티가 높은 고객이 어떻게 기업에 높은 수익을 창출해 주는지 5가지 수익 공헌의 원천별로 그 이유를 잘 설명해 주고 있다. 이를 좀 더 자세히 알아보자.

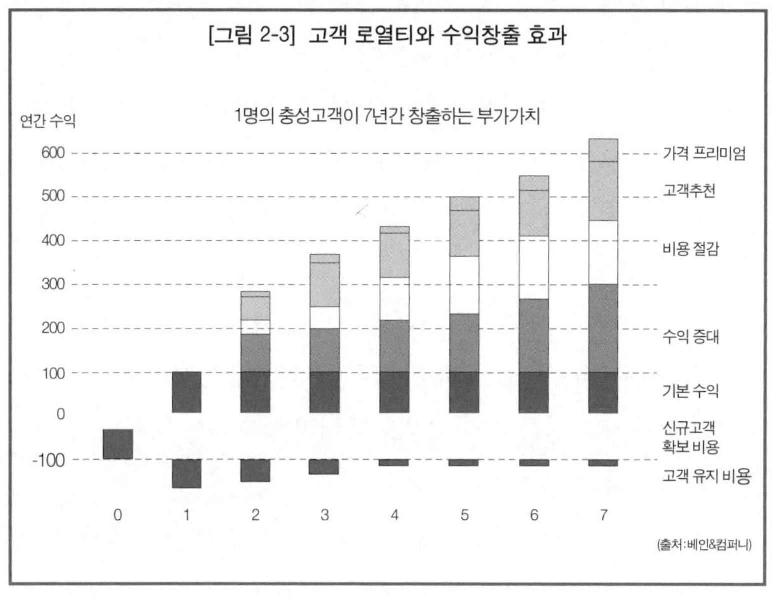

첫째, 기본 수익이 발생한다. 1명의 신규고객을 유치하면 [그림 2-3]처럼 100이라는 비용이 발생하고, 매년 유지 비용도 발생한다. 하지만 로열티를 강화해 이 고객이 7년 동안 이탈하지 않고 상품과 서비스를 재구매하거나 지속적으로 사용하면 1년차부터 7년차까지 매년 100이라는 기본 수익이 발생한다.

둘째, 추가 수익이 발생한다. 충성고객은 일반고객에 비해 교차 판매 및 추가 판매에 적극적으로 반응한다. 따라서 이로 인한 추가 수익이 발생한다.

보험의 예를 한 번 들어 보자. A라는 사람은 B라는 보험회사의 건강보험에 가입한 고객이다. A고객이 B보험사 또는 B보험사의 영업 담당자에게 신뢰감을 갖는, 즉 로열티가 높은 고객이라고 가정하자. A고객은 건강보험을 해약하지 않고 장기간 유지하는 건강보험 특약에 추가로 가입할 것이다. 또한 B보험사의 영업 담당자가 권하는 종신보험이나 연금보험 등에 교차 가입할 확률이 높다.

요즘 은행이나 보험사같은 금융회사들은 교차 판매의 성과를 높이기 위해 다양한 전략과 방법들을 시도하고 있다. 이런 교차 판매의 성과를 높이기 위해 가장 중요한 것이 바로 고객 로열티를 높이는 것이라고 할 수 있다.

셋째, 비용이 절감된다. 한 마케팅 연구 결과에 의하면, 신규고객 1명을 확보하는 비용의 20% 정도만 투입하면 기존고객의 유지가 가능하다고 한다. 즉 1명의 고객 이탈을 줄이면, 80이라는 비용 절감 효과를 얻는 것이다.

넷째, 추천에 의한 신규고객의 확보로 수익이 발생한다. 영업달인들은 기존고객이 자발적으로 신규고객을 추천한다고 한다. 로열티가 높은 상품이나 서비스 역시 기존고객들이 입소문을 내서 신규고객을 끌어 모으는 역할을 한다. 그래서 신규고객을 확보하는데 별반 노력과 비용을 투입하지 않고도 기존고객의 추천을 통해 신규고객 확보에 따른 기본 수익과 추가 수익을 얻을 수 있다. 실제로 목포 예치과의 한 고객은 신규고객을 20명이나 추천했다고 한다.

다섯째, 충성고객은 일반고객에 비해 가격에 덜 민감하다. 금리가

0.1%만 높거나 가격이 1,000원만 싸도 미련없이 이탈하는 고객들이 많다. 그러나 충성고객은 경쟁사나 경쟁 점포에서 아무리 낮은 가격, 높은 금리로 유혹해도 쉽게 이탈하지 않는다. 오히려 특정 회사의 상품이나 서비스를 지속적으로 이용하고 재구매해 높은 수익을 발생시킨다.

이제 고객 로열티의 개념, 로열티를 높이는 일이 왜 중요한지 이해했을 것이다. 생존과 성장을 위한 최상의 방법은 경쟁이 없는 상태, 즉 블루오션을 창출하는 것이다. 블루오션을 창출하는 전략과 방법에는 물론 여러 가지가 있다. 필자는 고객 로열티를 획득하고 강화하는 방안을 강력히 추천한다. 고객 로열티의 높고 낮음이 기업이나 개인의 성공의 크기와 정비례하는 것은 물론 지속 가능성의 핵심 원천이기 때문이다.

고객 로열티와 재무적 성과

국내 기업 대부분이 고객 만족 경영의 울타리에서 벗어나지 못하는 이유 중 하나가 고객 로열티를 높이면 정말 재무적 성과도 높아질 것인지에 대한 확신이 없기 때문이다. 몇 년 전, 필자가 개최한 고객 로열티 마케팅 세미나에 한 보험사 CEO가 참석한 적이 있었다. 그 역시 똑같은 생각을 갖고 있었다.

"고객 유지율을 높이고, 지갑 점유율도 높이기 위해서는 고객 로열티를 높이는 것이 회사의 가장 시급한 경영 현안 과제입니다"라고 해도 그는 "그러다 우리 회사 망하는 것 아니냐? 고객 유지율과 지갑 점유율을 높이는 것을 최우선 전략 과제로 설정하면 자칫 신규고객 유치에 소홀해지기 쉽고, 고객 유지율과 지갑 점유율은 기대만큼 올라가지 않을 수 있다"라고 했다.

CRM 업무를 담당하는 사람들도 마찬가지였다. CRM 활동을 통해서 재무적 성과에 어떤 기여를 했는지를 명확하게 증명해 주지 못하기 때문에 계륵과 같은 처지가 된 경우들이 제법 많았다.

하지만 로열티의 대부라고 불리는 프레드 라이켈트는 고객 유지율을 5% 높이면 재무적 성과가 업종별로 25%~85%까지 증가한다고 주장했다. 그는 최근의 연구를 토대로 NPS(Net Promoter Score:7장의 '2. 알파고객 지수를 측정하라' 참조)가 평균 12% 증가하면 회사의 성장세가 전년 동기 대비 2배가량 증가한다고 발표하기도 했다.

그리고 실제 주변의 지인을 추천하는 고객의 80% 이상이 추천할 의향을 묻는 질문에 9~10점으로 응답한 고객인 반면, 7~8점으로 응답한 고객의 재구매율과 고객 추천율은 50% 수준으로 나타났다. 실제로 높은 NPS를 기록하고 있는 기업은 시장 점유율과 성장율이 높다. NPS가 51%인 사우스웨스트 항공은 미국 25개 주요 공항의 전체 이착륙 점유율이 80%나 된다. 또한 NPS가 50%인 커머스 뱅크의 경우에는 경쟁 은행들의 NPS 12%에 비해 38%나 높다. 그 결과 예금 증가율이 매년 23%씩 증가해 한 자릿수를 유지하기도 벅찬 경쟁 은행들을 압도하고 있다.

국내에서도 유사한 사례가 있다. 2006년 말 베인&컴퍼니가 국내 주요 산업과 기업의 NPS를 측정한 결과, 신용카드사 중에서는 현대카드가 NPS 15%로 1위를 차지했다. NPS가 가장 낮은 카드사가 -28%였던 것에 비해 무려 43%포인트나 높은 수치이다. 현대카드의 고객 로열티 결과는 바로 시장 점유율 상승으로 나타났다. 2002년 1.8%였던 현대카드의 시장 점유율은 2006년 말 13.2%까지 상승했다.

그러므로 이제는 국내 기업의 로열티 매니저도 고객 로열티, 즉 재구매율이나 고객 유지율, 지갑 점유율, NPS와 같은 로열티 측정 지표를 몇 퍼센트가량 높이면 매출과 수익이 얼마만큼 좋아진다는 것을 제시할 수 있어야 한다. 이에 대한 구체적인 방법과 예시는 7장의 '재무적 목표를 설정하고 측정하라'를 참조하기 바란다.

고객 로열티의 원천 5가지

고객 로열티의 원천이란 고객이 로열티를 갖는 데 영향을 미치는 속성을 말한다. 가장 본질적인 원천은 물론 품질·기능·디자인·안전함 등과 같이 상품의 본원적 속성이다. 이에 대해서는 5장에서 상세하게 다룰 것이다. 여기서는 고객 로열티의 또 다른 원천인 브랜드 로열티, 종업원 로열티, 파트너 로열티, Personal Loyalty, e-Loyalty 등에 대해 알아보자.

1_ 브랜드 로열티

브랜드 로열티란 특정 브랜드를 반복적으로 재구매하거나 지속적으로 사용하는 상태를 말한다. "시장에서는 1~2등 브랜드가 아니면 살아남지 못한다"라는 말이 있다. 이런 브랜드를 파워 브랜드라고 한다. 세계적인 파워 브랜드를 꼽으라면 사람들은 대부분 코카 콜라, 마이크로

소프트, 나이키 등을 꼽는다.

그러나 할리 데이비슨이나 애플, 리눅스, 폭스바겐의 뉴비틀과 같은 브랜드도 지속적으로 성장을 하고 있다. 국내에도 물론 이런 브랜드들이 존재한다. 딤채, 총각네 야채가게, 민들레 영토, 예치과, 육일약국 등이 대표적이다. 파워 브랜드만이 생존과 성장을 위해 필요한 절대 조건은 아닌 것이다.

이 브랜드들은 사실 규모나 시장 점유율 면에서 마이크로소프트나 나이키, 이마트, 삼성병원 등과는 비교가 되지 않는다. 하지만 시장에서 퇴출되기는커녕 오히려 오랫동안 고객들의 사랑을 받고 있다. 그렇다면 무엇이 이 브랜드들을 강한 브랜드로 만든 것일까? 그것은 브랜드에 충성하는 고객들을 많이 확보했기 때문이다. 시장에서 1~2등이 아닌 기업이나 후발 주자라도 얼마든지 생존하고 성장할 수 있는 원천은 바로 브랜드 로열티를 확보하는 것이다.

2_ 종업원 로열티

종업원 로열티란 종업원들이 자신의 회사에 '만족한다'라는 개념을 뛰어넘어 '회사와 조직에 헌신하고 충성하는' 상태를 말한다. 고객 만족과 고객 로열티가 다르듯 종업원의 만족과 종업원 로열티도 차이가 있다. 종업원들을 회사에 만족한 상태로 만드는 것보다는 충성심을 갖도록 만드는 것이 훨씬 큰 힘을 발휘한다. 만족하는 것보다는 충성하는 것이 고객과 회사를 위해 더 열정적이고 헌신적으로 노력하게 만들기 때문이다.

로열티가 높은 종업원들은 헌신적이고 열정적으로 일한다. 또한 장기간 근무함으로써 담당 직무에 대한 학습 효과를 극대화시킨다. 생산

성과 고객 서비스 수준 역시 높다. 이런 요인들은 고객 로열티를 강화하는데 도움을 주고, 궁극적으로는 기업의 수익 창출에 기여하게 한다.

IMF 이후 평생직장 개념이 사라진 현실에서 종업원들에게 충성심을 강요할 수 있느냐고 반론을 제기하는 사람들이 있다. 하지만 해고나 구조조정이 일반화된 미국에서도 종업원을 최고로 대우하는 기업들은 의외로 많다. 월마트, 사우스웨스트 항공, 구글, 커머스 뱅크, 스튜 레너드 슈퍼마켓, 스타벅스, UPS, 퍼블릭스 슈퍼마켓 등이 대표적이다. 이 기업들은 창사 이래 단 한 번도 인위적인 해고나 감원을 실시한 적이 없다. 또한 〈포춘〉이 매년 선정하는 미국 내 '가장 존경받는 기업'에 단골로 선정되고 있으며, 장기간 고수익과 고성장을 실현하고 있다.

토요타 자동차도 마찬가지이다. 대량 리콜 사태부터 동일본 대지진까지 최악의 위기에서도 단 한 명의 직원도 해고하지 않았다. 미국 조지타운의 토요타 공장에서는 해고 대신 재교육을 통해 종업원 개개인을 최고의 엔지니어·페인트공·용접공으로 다시 태어나도록 만들었다

국내에서도 종업원을 최고로 우대하는 기업들이 늘고 있다. 동문건설이 대표적이다. 동문건설은 첫째, 둘째 자녀는 양육비를 지원하고, 셋째 자녀는 대학 때까지 1억 7천만 원을 지원한다고 한다.

신세계 그룹도 종업원 로열티를 높이고 있는 대표적인 기업이다. 신세계 백화점과 이마트는 2007년 비정규직 5,000여 명을 정규직으로 전환해 종업원의 충성도를 높였다. 그 결과 2006년 14.2%에 이르던 캐셔 퇴직률이 2011년 8.3%까지 떨어졌다. 근속 기간이 길어지자 종업원들의 업무 숙련도도 개선되어 이마트에서 점포당 계산 오류 건수가 5년 새 75% 줄었고, 제품 바코드를 찍는 속도는 시간당 220번에서 265번으

로 20.5% 빨라졌다.

그리고 이마트의 경우에는 점포당 캐서 부문의 불만 건수가 2006년 13.3건에서 2011년 4.6건으로 65% 감소했다. 반면 만족 의견 접수 건수는 0.88건에서 1.47건으로 67% 증가했다. 종업원들의 충성도가 높아져 생산성 향상과 교육 훈련비 절감은 물론 고객 서비스 수준이 향상되는 선순환의 효과를 거둔 것이다.

홈플러스도 2012년부터 종업원의 정년을 55세에서 60세로 5년 늘려 숙련도가 높은 종업원들의 충성도를 한껏 높였다. 다른 기업들이 정년을 연장하면 임금 피크제를 실시하는 것과 달리 홈플러스는 연장된 근무기간에도 임금을 삭감하지 않는다.

이 기업들은 종업원을 최고로 우대하고 이들이 로열티를 가져야 고객에게 최상의 서비스를 제공한다는 것을 아는 기업들이다. 종업원 로열티를 얻지 못하면 결국 고객 로열티도 얻을 수 없다.

3_ 파트너 로열티

대리점이나 딜러, 소매점, 협력업체 등을 통해 고객들에게 자사의 상품과 서비스를 제공하는 기업들은 이들의 로열티를 얻는 것이 고객 로열티를 얻는 것 못지않게 중요하다. 이들이 고객 로열티에 직접적으로 영향을 미치기 때문이다. 고객 로열티에서 선구자적인 기업들은 파트너 로열티를 높이는데도 아주 적극적이다. 토요타와 스테이트 팜 같은 회사가 대표적이다.

토요타는 1980년대 말에서 1990년대 초에 미국 고급 승용차 시장에 진입하기 위해 다양한 마케팅 전략을 실행했다. 그들의 야심작이었던 '렉서스'를 벤츠나 BMW를 능가하는 명차로 만들기 위해서였다. 이를 위해 토요타는 렉서스 사업부를 독립된 사업부로 만들고, '렉서스'라는 개별 브랜드로 과감하게 미국 시장에 진입했다.

이때 품질·기능·디자인과 같은 본원적인 속성에서 최고의 명차로 만들겠다는 것과 함께 그들이 심혈을 기울인 전략이 바로 고객 로열티 확보였다. 자동차 회사들은 고객 로열티를 측정하는 지표로 대개 재구매율을 활용한다. 그때 렉서스 사업부는 재구매율 목표를 75%로 설정했다. 당시 미국 내 주요 자동차 회사나 브랜드의 재구매율이 평균 40% 수준이었는데도 말이다

그리고 75%의 재구매율을 달성하기 위해 고객 한 사람 한 사람을 자신의 집에 온 손님처럼 모실 정도로 고객관리에 각별히 신경을 썼다. 1:1 마케팅을 통해 그 목표를 달성하기 위해서였다. 하지만 렉서스 사업부가 할 수 없는 영역이 있었다. 고객을 만나고, 대화하는 일이었다. 고객관리 업무의 대부분을 채널 파트너인 딜러들이 담당했기 때문이다. 그들은 결국 딜러의 로열티를 높이지 않고서는 고객 로열티를 높이는 것이 불가능하다는 결론에 도달했다. 그래서 다음과 같은 전략을 실행했다.

첫째, 딜러 선발 시 우선 재정적인 능력 외에도 고객 만족과 고객 로열티를 관리할 수 있는 역량을 갖췄는지를 평가했다. 미국 고급차 시장에서 GM이나 포드, 벤츠나 BMW 등과 경쟁하기 위해서는 딜러들의 고객 만족·고객 로열티 마케팅 활동을 실행할 수 있는 능력이 매우 중요하다고 판단했기 때문이다.

둘째, 딜러들이 로열티를 갖도록 만들었다. 딜러들 스스로 토요타에 로열티를 가져야 고객에게 수준 높은 서비스를 제공할 수 있고, 고객 로열티도 높일 수 있다고 믿었기 때문이다. 토요타의 이런 전략은 '고

객이 첫 번째요, 딜러가 두 번째이며, 회사가 마지막이다'라는 토요타의 경영 철학에서 비롯되었다.

그러나 BMW와 벤츠의 딜러 운영 전략은 렉서스와는 달랐다. 딜러들의 로열티를 높이는 것은 우선순위에서 밀려나 있었다. 그들의 최우선순위는 단기간 내에 미국 시장에서 자동차 판매를 확대시키는 것이었다. 이를 실현하기 위해 그들은 미국 시장 진출 초기부터 딜러의 수를 지속적으로 늘려나갔다. 5~6년이 지나자 초기에 200여 곳이던 딜러의 수가 자연스레 500여 곳으로 증가했다. 딜러의 수가 증가하자 벤츠와 BMW의 자동차 판매도 증가했다.

그러나 자동차 판매가 증가하는 만큼 기존 딜러들의 불만 또한 늘어갔다. 딜러의 수가 늘어나므로 인해 자신들의 수익은 줄거나 답보 상태에 머물렀기 때문이다. 이로 인해 벤츠와 BMW에 대한 딜러들의 로열티는 날이 갈수록 떨어졌고, 고객 로열티 역시 이와 마찬가지였다.

이에 반해 토요타는 딜러의 수를 늘리지 않았다. 초기의 200여 곳 수준을 유지하여 딜러들이 더 높은 수익을 얻도록 해주었다. 이로 인해 렉서스 딜러들의 로열티는 BMW, 벤츠의 딜러들보다 훨씬 높아졌다. 결국 렉서스 딜러들은 딜러당 판매 대수에서 BMW나 벤츠를 훨씬 능가하는 것으로 토요타에 보답했다.

이와 같은 전략에 힙입어 토요타의 렉서스는 미국 시장 진입 후, BMW와 벤츠가 기록한 각종 판매 기록들을 아주 빠른 속도로 갈아치웠다. 이로 인해 출시 2년만에 미국에서 가장 많은 판매 대수를 기록해 럭셔리 수입차의 타이틀을 획득했을 뿐만 아니라 단일 브랜드로 최단 기간에 200만 대 이상의 판매고를 기록할 수 있었다.

토요타 자동차는 대량 리콜 사태와 2011년 동일본 대지진으로 어려운 시기에도 딜러와의 파트너십을 유지하고 있다. 세계 최대의 토요타 자동차 딜러인 미국의 롱고 토요타는 10년 이상 근무한 직원에게 파티를 열어 준다. 13년간 근무했다는 한 종업원은 "오래 근무한 것이 자랑스럽다"는 말을 연발한다. 이런 노력 덕분에 토요타 캠리는 2011년 하반기 출시 이후 미국에서 최다 판매를 기록하며 토요타 부활에 청신호를 밝혀주고 있다.

스테이트 팜이라는 미국의 보험사도 파트너와의 윈윈 전략을 통해 고객 로열티를 높이는 것으로 유명하다. 이 회사는 보험 대리점이나 판매인을 모집할 때, 배우자를 고르듯 신중하게 선정한다. 그들이 로열티를 가져야 그들이 유치한 고객 유지율이 경쟁사보다 높을 수 있다는 철학 때문이다.

최근 국내와 마찬가지로 미국의 보험사들도 성과를 높이기 위해 텔레마케팅, DM, 인터넷, 방카슈랑스 같은 새로운 판매 채널들을 경쟁적으로 도입하고 있다. 하지만 스테이트 팜은 이런 새로운 채널들을 보험 대리점과 영업인의 경쟁력을 향상시키려는 목적으로만 도입한다. 회사만 좋은 시스템이 아니라 파트너와 윈윈하는 시스템만이 대리점과 판매인들의 신뢰와 로열티를 강화할 수 있다고 믿기 때문이다. 그 결과, 경쟁사는 보험 영업인들이 4년간 한 회사에 근무하는 비율이 20~40%가량인데 비해 스테이트 팜은 80%를 넘는다. 그리고 대리점을 통해 판매된 보험 고객 유지율이 95%를 넘는데다 생산성 또한 경쟁사에 비해 40%나 더 높다고 한다.

국내 이동전화 회사들만큼 고객 만족과 감동을 위해 노력하는 업종도 그리 많지 않을 것이다. 이동전화 회사들은 광고를 통해 저마다 최고의 서비스를 제공하겠다고 고객들에게 호소한다. 실제로 고객 만족과 로열티를 높이기 위해 다양한 마케팅 · 고객 서비스 프로그램을 제 공한다.

하지만 안타깝게도 한국소비자원에 고객 불만이 가장 높은 업종으로 2005년 1위, 2006년 2위를 기록했다. 왜 그런 것일까? 광고도 많이 하고, 단말기도 할인해 주며, 패밀리 레스토랑과 제휴해 할인 혜택도 제공하는 등 어떤 업종보다 많은 혜택을 제공하고 있는데도 말이다.

여러 가지 이유가 있을 것이다. 그중에서도 가장 중요한 요인 중 하나를 꼽으라면 대리점들이 고객 만족과 고객 로열티를 높이는 것과는 상반되는 활동을 많이 하기 때문이다. 고객 유치를 위해 무리한 약속을 한다든지, 고객 DB를 유출한다든지와 같은 그런 행위들 말이다.

아마 국내의 이동전화 회사들이 렉서스와 스테이트 팜처럼 대리점의 로열티를 높이는 활동, 대리점과 윈윈하는 마인드로 고객 로열티를 높이기 위한 활동을 전개하지 않는다면 고객 불만이 항상 상위권인 업종으로 남을 수밖에 없다. 렉서스와 스테이트 팜의 사례는 파트너의 로열티를 얻고, 파트너들 역시 본사와 똑같은 마음으로 고객 로열티를 높이기 위해 노력해야만 한다는 사실을 일깨워 준다.

4_ Personal Loyalty

"우리 회사는 업계에서 1~2위를 하는 회사도 아니고 품질이나 브랜드 파워도 많이 떨어집니다. 이런 상황에서 세일즈를 하려면 어떻게 해야 합니까?"

필자가 컨설팅이나 강의를 할 때면 가끔 받는 질문이다. 그런데 상품이나 서비스, 브랜드, 기업에 대한 로열티보다 때로는 사람에 대한 로열티에 의해 매출과 수익이 좌지우지되는 경우가 있다. 이런 현상은 은행, 증권, 보험, 자동차, 가전, 부동산, 정수기 등 대면을 통해 판매가 이루어지는 분야에서 특히 두드러진다. 이처럼 특정 회사의 상품이나 서비스보다 오히려 사람이 좋아 재구매하고 지속적으로 사용하는 고객들은 의외로 많다. 이것을 필자는 Personal Loyalty라 부른다.

Personal Loyalty는 시장 점유율이 낮고, 품질이나 브랜드 파워가 떨어지는 기업의 제품일지라도 영업 담당자나 서비스 담당자에게 충성도를 보여 높은 성과를 올리게 해준다. 그 대표적인 사례가 대우자동차 판매 세일즈맨으로 출발해 현재는 한국GM 동대문 영업소를 운영하고 있는 박노진 대표이다. 박노진 대표는 누적 자동차 판매가 5,000대에 육박한다. 영업인들이라면 누구나 벤치마킹해야 할 영업달인 중의 달인이다.

이런 그가 한 번은 이런 얘기를 한 적이 있다. "내가 다시 태어나서 자동차 세일즈를 또 한다면, 그때는 꼭 시장 점유율이 1등이 회사에서 하고 싶다"라고 말이다. 영업달인의 경지에까지 오른 그가 왜 이런 말을 했을까? 시장 점유율이 1등이 아닌 회사에서 세일즈를 하면서 받은 서러움 때문이라고 한다.

그는 대우 자동차 판매만 20년 넘게 했다. 대우 자동차는 최근 20여 년 동안 국내 자동차 5개사 중 내수 판매로만 보면 2~3위 수준을 오르내렸던 회사다. '5개 회사 중 2~3위면 상위 아닌가?'라고 생각하는 사람도 있겠지만, 쌍용 자동차와 르노 삼성차는 일부 차종만 판매한다는 점을 감안하면 실제로는 3개 회사 중 시장 점유율 2~3위의 수준이라고 봐야 한다.

대우 자동차의 세일즈맨 시절, 박노진 대표는 이것 때문에 계약 직전에 계약 파기를 당한 적이 꽤 많았다고 한다. 예를 들면 부장 시절에는 다음과 같은 일도 있었다고 한다.

"잠깐만요, 박 부장님! 계약서에 서명은 내일 하면 안 될까요? 그래도 새 차로 바꾸는 건데, 집 사람한테 얘기는 해야 될 것 같아서요. 이미 다 결정했으니까, 상의가 아니고 통봅니다. 통보."

그러나 그다음날이 되면 연락조차 안 되는 경우가 숱하게 많았다고 한다. 그리고 어렵게 통화가 되면 고객들은 다음과 같은 말을 했다고 한다.

"박 부장님! 이번에는 부장님께서 절 좀 봐 주시면 안 될까요? 집 사람의 반대가 의외로 심하더라고요. 왜 우리나라 사람의 절반가량이 A사 차를 타겠느냐, A사의 중고차 값이 비싼데는 다 그만한 이유가 있지 않겠느냐며 말입니다. 박 부장님! 제가 다음에는 꼭 부장님한테 차를 살 테니 이번만은……."

고객이 계약 직전에 이렇게 계약을 파기하면 영업인은 가슴이 새까맣게 타버릴 것이다. 대부분의 고객들이 이렇다면 발붙일 곳이 없는 영업인들이 많을 것이다. 하지만 자신에게 충성하는 고객을 많이 확보하고 있는 영업인이나 서비스 담당자가 있기에 1~2위가 아닌 기업, 파워 브랜드가 아닌 제품이나 서비스가 선택될 수 있는 것이다.

박노진 대표도 그에게만 사는 고객들이 상당수라고 한다. 이들은 자신의 배우자나 자녀, 주변 사람들에게까지 적극적으로 박 대표를 추천하기도 한다. 이들이야 말로 '영업달인 박노진!'에게 로열티를 갖는 사람들인 것이다.

영업달인들의 공통점 중 대표적인 것을 꼽으라면 로열티 높은 고객들이 많다는 것이다. 이런 고객들은 품질이나 브랜드 파워, 가격이나 거래 조건들이 다소 불리하더라도 기꺼이 자신이 지지하는 영업인에게 지속적으로 제품을 구매한다. 더 나아가 자신은 물론 대를 이어서까지 로열티를 나타내거나 아주 적극적으로 주변 사람들에게 추천한다. 사람에 대한 로열티는 이처럼 막강한 힘을 발휘한다.

그러나 대부분의 기업들은 고객 접점에 있는 마케터나 영업인, 고객 서비스 담당자, 콜센터 상담원 등에게 Personal Loyalty 교육을 하지 않고 있다. 고객 만족만을 강조하거나 상식선에서 알아서 하라는 기업이 대부분이다. 그렇기 때문에 지금도 고객들은 지속적으로 이탈한다. 따라서 이제는 모든 임직원을 대상으로 Personal Loyalty 강화를 위한 체계적인 교육이 필요하다. 하루 빨리 시행하는 기업만이 경쟁사보다 높은 고객 유지율과 재구매율, 지갑 점유율을 달성할 수 있을 것이기 때문이다.

5_ e-Loyalty

인터넷의 확산으로 특정 웹 사이트나 홈페이지를 방문하는 고객이 늘고 있다. 온라인을 통해 비즈니스를 하거나 고객에게 정보를 제공하는 기업이 늘면서 웹 사이트나 홈페이지에 대해서도 로열티가 형성되고 있다. 이것을 e-Loyalty라 한다.

e-Loyalty를 높이기 위해서는 웹 사이트의 편리성, 컨텐츠의 신뢰성, 보안, 정보 제공, 고객 응대 역량 등을 강화해 경쟁사보다 질 좋은 서비스를 제공해야 한다. 이런 상태가 되면 온라인 채널의 재방문율을 높이는 것은 물론 재구매율도 높일 수 있다.

충성고객을 만드는 2가지 접근 방법

고객이 충성하는 8가지 이유

당신은 백화점이나 할인점, 편의점 등을 이용할 때 특정 점포만을 이용하는가 아니면 쇼핑 때마다 점포를 바꾸는 편인가? 인터넷 쇼핑몰이나 홈쇼핑, 은행, 주유소, 극장을 이용할 때는 어떤가? 식당이나 헬스클럽, 병원이나 미장원 등도 자주 이용하는 곳이 있는가? 있다면 왜 자주 이용하는가? 품질이나 성능이 뛰어나기 때문인가? 아니면 가격이 싸기 때문인가? 다른 고객들보다 당신을 더 우대해 주기 때문인가? 집이나 직장에서 가깝고 이용하기 편리하기 때문인가?

대통령이나 국회의원, 자치단체장 선거는 어떤가? 특정 정치인이나 정당에 매번 투표하는가? 그렇다면 왜 매번 표를 주는가? 신뢰가 가서 그런가 아니면 다른 정당이나 후보가 미덥지 않아서인가?

프로 축구나 프로 야구 경기는 어떤가? 특정 팀의 경기를 관람하기 위해 매주 경기장을 찾는가? 혼자가 아니라 당신의 가족이나 연인, 친구 등과 함께 특정 팀의 경기를 보러 가는가? 그렇다면 왜 매번 특정 팀의 경기를 관람하는가? 당신을 열광시키기 때문인가 아니면 특정 선수의 열광적인 팬이기 때문인가?

그렇다면 당신은 왜 특정 상품이나 브랜드, 회사, 병원, 정당, 팀을 자주 이용하지 않는가? 가격이 비싸서 그런가? 금리가 낮기 때문인가? 품질이나 디자인이 별로이기 때문인가? 이용하기 불편해서인가? 신뢰나 즐거움 혹은 감동을 주지 않기 때문인가?

대부분의 사람들은 특정 상품이나 서비스, 매장 등을 반복해서 이용하기도 하고 떠나기도 한다. 사람들은 왜 특정 상품이나 서비스를 반복해서 이용하는 것일까? 그리고 왜 특정 상품이나 브랜드, 기업을 열렬히 지지하는 것일까? 로열티를 가지고 있기 때문이다. 고객이 충성하는 데는 다음의 8가지 이유가 있다.

1. 품질 · 기능 · 디자인 등 본원적 속성이 뛰어나서
2. 가격이 싸기 때문에
3. 포인트, 마일리지 같은 로열티 프로그램 때문에
4. 이용하기 편리하기 때문에
5. 예전부터 습관적으로 이용해 왔기 때문에
6. 독과점적이라 선택의 여지가 없어서
7. 연고 관계인 등과 같은 상황적 요인 때문에
8. 특정 상품, 브랜드, 기업 등이 마음에 들어서

고객이 특정 상품이나 서비스를 지속적으로 이용하는, 즉 로열티를 갖고 충성고객이 되는 것은 이 8가지 이유 때문이다. 하지만 고객들이

당신의 상품이나 서비스 또는 당신에게 충성하더라도 방심해서는 안 된다. 이 8가지 이유가 오히려 고객이 떠나는 이유가 될 수 있기 때문이다.

그럼 고객이 충성하는 8가지 이유에 대해 상세히 알아보자.

1_ 품질 · 기능 · 디자인 등 본원적 속성이 뛰어나서

약 1백 50여 년 전에 프랑스 귀족 부인들의 여행용 가방으로 처음 등장한 루이뷔통! 루이뷔통이 지금까지도 명품 브랜드로 명성을 유지하는 비결은 무엇일까? 그리고 에르메스, 샤넬 등의 명품 브랜드는 어떻게 100여 년이 넘는 오랜 기간 동안 고객들의 사랑을 받을 수 있었을까? 또한 렉서스는 어떻게 그렇게 단기간에 많은 고객들의 사랑을 받는 고급차가 되었을까?

여러 가지 요인들이 있겠지만, 무엇보다도 최고의 품질 때문이다. 루이뷔통은 50여 개국 300여 개 매장에서 고객들에게 최고의 제품을 제공하기 위해 모든 공장에서 생산하는 제품을 본사가 통제한다. 그리고 최고의 품질을 유지하기 위해 생산 공정 각 단계에서 이전 단계의 품질 검사를 한다. 모든 기술자들이 이전 단계에서 이뤄진 작업을 평가할 수 있는 권한을 가지고 있는 것이다.

예를 들면 색칠하는 직원이 바느질한 사람의 작업을 평가하는 방식이다. 색칠하는 직원이 보기에 바느질이 만족스럽지 않으면 다시 바느질 단계로 돌려보낸다. 공장에서 일하는 3천여 명의 직원들에게 품질을 높이라고는 주문하지만, 생산량을 늘리라는 말은 절대 하지 않는다.

에르메스도 마찬가지이다. 에르메스는 아름답고 완벽한 제품을 고객에게 전달하는 것이 경영 이념이다. 이를 실천하기 위해 원자재 납품 단계부터 완벽한 품질 검증 절차를 거친다. 그런데 역설적이게도 품질을 점검하는 부서가 따로 없다. 전 세계 6,000여 명의 임직원이 모두 품질 전문가이기 때문이다.

그리고 고객들이 발견하지 못하더라도 직원들이 하자를 발견하면 제품을 즉각 회수한다. 이처럼 품질에 대해 한 치의 오차도 허용하지 않는 것이 에르메스의 기본 정신이다. 이런 정신이 바로 에르메스에

[표 3-1] 2011년 JD파우워 신차 품질평가 브랜드별 순위

순위	브랜드	100대당 불만 건수	전년 순위
1	렉서스	73	4
2	혼다	86	6
3	애큐라	89	2
4	메르세데스-벤츠	94	3
5	포르쉐	100	1
	마쓰다	100	18
7	토요타	101	21
8	인피니티	102	9
9	캐딜락	103	12
10	GMC	104	25
11	현대	108	7
	스바루	108	22
13	볼보	109	10
	쉐보레	109	12
	BMW	109	16
16	크라이슬러	110	23
17	링컨	111	8
18	아우디	113	12
	기아	113	25
20	램	114	11
	뷰익	114	18
	재규어	114	28

품질 부서가 따로 없는 이유이자 최고 품질의 제품을 완벽하게 고객들에게 제공할 수 있는 비결이다.

렉서스 역시 마찬가지이다. 렉서스는 미국의 JD파워가 실시한 자동차 내구성 품질 평가에서 12년 연속 1위를 차지했다. 미국의 렉서스 고객들은 이러한 최고 품질에 최고의 로열티를 보여 주는 것으로 화답했다. 2010년 렉서스 대량 리콜 사태로 품질의 렉서스라는 위상에 금이 간 토요타는 문제가 발견하면 누구라도 생산 라인을 세울 수 있는 시스템을 도입했다.

또한 대부분의 품질 문제가 납품업체로부터 발생한다는 분석에 따라 납품업체의 품질 검사 시스템을 이전보다 3배 더 강화했다. 이런 노력 덕분에 미국의 JD파워가 실시한 2011년 신차 품질 만족도 평가에서 렉서스는 당당히 1위 자리를 되찾았다.(참고로 2010년은 대량 리콜 사태의 여파로 4위였음)

그렇다고 루이뷔통, 에르메스, 렉서스와 같은 명품 브랜드나 고가 제품에만 본원적 가치가 중요한 것은 아니다. 우리가 식사를 하기 위해 식당을 선택하거나 신용카드를 사용할 때는 물론이고 영업인들이나 정치인, 병원이나 약국 등에서도 본원적 가치는 중요하다.

가령 우리가 점심을 먹으러 갈 때, 식당 선택의 가장 중요한 기준은 뭐니 뭐니 해도 맛이다. 맛이 뛰어난 식당은 점심시간이 되면 줄을 서서 기다려야 한다. 고객들은 이용하기가 다소 불편하더라도 기꺼이 불편함을 감수한다. 사람들이 별로 없는 식당은 맛이 없기 때문이다. 이처럼 품질·기능·디자인 등 상품의 본원적 속성에서 최고가 되는 길이 고객 로열티를 얻고 충성고객을 만드는 첫 번째 이유이다.

2_ 가격이 싸기 때문에

할인점이나 델 컴퓨터, 저가 항공사와 같이 저가 전략을 추구하는 비즈니스 모델들은 대부분 가격에 민감한 고객군을 타깃으로 성공한 사례들이다. 월마트가 오늘날 세계 최대의 기업으로 성장한 것도 가장 저렴한 가격으로 충성고객을 확보했기 때문이다. 델 컴퓨터 역시 중간 유통 단계를 생략하고, 경쟁사보다 낮은 가격으로 PC를 공급했기 때문에 세계 1위의 PC업체가 될 수 있었다.

사우스웨스트 항공 역시 '자동차보다 더 싸게'라는 싼 항공료를 무기로 삼아 로열티가 높은 충성고객을 지속적으로 확보해 성공할 수 있었다. 이 덕분에 2001년 9.11 테러와 사스, 2005년 이후의 고유가 영향 등으로 전 세계 항공사들이 적자에 허덕였을 때에도 이 회사만은 승승장구할 수 있었다.

국내에서도 가격 로열티를 기반으로 성공한 사례가 있다. 1980년대 후반부터 패션·의류업계에 돌풍을 일으킨 이랜드가 대표적이다. 이랜드는 '중저가 브랜드'라는 콘셉트로 가격에 로열티를 갖는 고객을 확보하는 전략으로 성공할 수 있었다. 3,300원대 초저가 화장품 '미샤'와 '더페이스샵', 평균 15%, 최고 38%까지 싼 온라인 자동차 보험 또한 저렴한 가격에 로열티를 갖는 충성고객들을 확보해 성공한 사례들이다. 이처럼 싼 가격에 로열티를 가지는 모델은 후발 사업자들이 목표 시장에 성공적으로 진입하기 위한 전략 중 하나로 자주 선택되고 있다.

3_ 포인트, 마일리지 같은 로열티 프로그램 때문에

어떤 고객들은 포인트나 마일리지, 캐시백 등 각종 보상 프로그램에 이끌려 특정 상품이나 브랜드, 서비스, 매장을 지속적으로 이용하기도 한다. 이런 보상 프로그램을 활용하여 로열티를 높이고, 충성고객을 만드는 마케팅을 '로열티 프로그램'이라 한다.

로열티 프로그램이란 '자사의 상품이나 서비스, 매장 등을 주기적으로 이용하는 고객들에게 포인트, 마일리지, 캐시백 등 보상의 기회를 제공하는 대신 고객 스스로 자신의 존재나 구매 관련 정보를 기업에 제공하는 마케팅 프로그램'을 말한다. 구매 빈도와 관련이 있기 때문에 'Frequency Marketing Program'으로도 불린다.

로열티 프로그램의 효시로는 미국의 아메리칸 에어라인 항공사에서 시행한 마일리지 제도를 꼽는다. 그 이전에도 고객들의 구매를 보상해 주는 마케팅 프로그램이 없었던 것은 아니지만, 이 항공사가 1980년에 도입한 상용 고객 우대 프로그램인 Flight Fund Program 서비스가 체계적인 로열티 프로그램의 효시로 여겨지고 있다.

아메리칸 에어라인이 도입한 상용 고객 우대 프로그램은 다른 항공사로의 이탈을 막기 위해 고객의 탑승 누적 마일리지별로 무료 탑승 권리를 주는 제도였다. 현재의 항공사 마일리지 제도와 크게 다르지 않다. 아메리칸 에어라인의 FFP 서비스는 도입 첫 해에 기존고객들의 이탈 방지 이외에도 250여만 명의 신규고객을 유치하는 효과를 거두었다. 경쟁 항공사에서 시행하지 않는 파격적인 서비스였기 때문이다.

그러나 다른 항공사들이 마일리지 프로그램을 도입하자 그 효과는 반감되기 시작했다. 누구든 자신이 선호하는 항공사의 마일리지 제도를 이용할 수 있고, 심지어 2곳 이상의 항공사 마일리지 서비스에 가입하는 고객들도 생겨났기 때문이다. 항공사 마일리지에서 시작된 포인트 프로그램은 이후 재구매나 고객 유지율을 높이기 위한 최고의 마케팅 프로그램으로 인식되어 전 세계의 다양한 업종과 기업들에 경쟁적으로 도입되었다.

최근에는 고객 로열티를 얻기 위해 가장 보편적으로 활용하는 마케팅이 로열티 프로그램이다. 국내에서도 로열티 프로그램은 항공사들의 마일리지 서비스를 시작으로 신용카드나 이동전화 회사 등의 포인트 제도, 백화점의 캐시백 프로그램 등은 물론 피자집, 미장원, 식당에 이르기까지 폭넓게 도입되어 실행되고 있다. 이와 같은 로열티 프로그램의 확산에 포인트나 마일리지에 중독된 고객들지 생겨날 정도라고 하니 가히 로열티 프로그램의 전성시대라 할 만하다.

4_ 이용하기 편리하기 때문에

어떤 고객들은 할인점에 가면 더 싸게 살 수 있다는 걸 알지만, 집이나 직장 근처에 있는 편의점을 이용하기도 한다. 은행이나 편의점, 백화점, 약국, 주유소, 식당 등을 이용할 때도 마찬가지이다. 이들은 더 멋진 디자인이나 더 싼 가격, 파격적인 포인트 · 마일리지 프로그램을 제시해도 별로 반응하지 않는다.

그렇다면 이들은 왜 품질 · 기능 · 디자인 등의 본원적 속성, 가격이나 금리, 유리한 포인트 프로그램 등에도 지갑을 열지 않는 것일까? "배 부르면 눕고 싶다"라는 말이 있다. 편리함이나 편의성을 추구하는 인간 본연의 속성을 나타내는 말이다. 조금 걸으면 더 맛있는 식당이, 조금 돌아가면 더 싼 할인점이나 더 많은 포인트를 적립해 주는 주유소가 있지만, 이런 고객들은 이용하기 편한 곳으로 발길을 돌린다. 귀찮거나 피곤해서 일 수도 있겠지만, 편리을 추구하는 것은 인간의 보편적인 심리이자 성향이기 때문이다.

은행, 백화점, 병원, 약국, 주유소, 식당 등 주로 위치와 관련된 업종들에 이런 고객들이 많다. 비싼 임대료와 권리금을 주면서라도 좋은 위치에 출점하려고 하는 이유도 편의성에 반응하는 고객들이 많기 때문이다.

5_ 예전부터 습관적으로 이용해 왔기 때문에

SK텔레콤의 이동전화나 KT의 유선전화가 대표적이다. SK텔레콤의 이동전화 서비스를 10년 이상 이용하고 있는 장기 고객들 중에는 통화 품질이나 요금, 다양한 로열티 프로그램에 별로 매력을 느끼지 못하는 사람들도 많다. 이들은 대부분 SK텔레콤의 전신인 한국이동통신 때부터 이동전화를 사용하던 고객들이다. KT나 LG유플러스가 시장에 진입했지만, 지금까지 통화 품질이나 요금, 다양한 로열티 프로그램에 특별한 불만이 없었기 때문에 계속해서 사용하는 고객들인 것이다.

이들이 10년 이상 장기 가입 고객이라고 해서 SK텔레콤에 높은 로열티를 가진 고객이들라고 판단하면 오산이다. 단지 옛날부터 관성적으로 사용해 왔기 때문에 이탈하지 않는 고객들로, KT나 LG유플러스가 더 좋은 요금 제도나 단말기 지원책을 제공해도 쉽게 이탈하지 않는다.

그러나 연고나 인맥을 내세워 번호 이동을 시도하면 이탈할 가능성이 높다. 주유소나 신문, 잡지, 인터넷 포털 사이트나 쇼핑몰 등도 마찬가지이다. 특히 위치와 관련된 업종에 이런 성향의 고객들이 많은 편이다.

6_ 독과점적이라 선택의 여지가 없어서

어떤 상품이나 서비스는 시장에서 독점이나 과점 상태에 있는 경우도 있다. 전기, 수도, 가스, 신약 등이 대표적이다. 마이크로소프트의 빌게이츠나 시스코 시스템즈의 존 체임버스 회장도 독과점 상태를 만들어 시장을 석권하는 전략으로 유명하다.

SK텔레콤의 장기 가입자 중에는 불만이 있어도 이탈하지 않는 고객들이 있다. 그렇다고 해서 이들 모두가 로열티가 높은 충성고객인 것은 아니다. 이들 중에는 등산이나 야외활동을 갔을 때, 경쟁사의 휴대폰이 잘 터지지 않았던 것을 직·간접적으로 경험했던 사람들도 있다. 산 정상에서 경쟁사에 비해 송수신이 잘되기 때문에 어쩔 수 없이 SK텔레콤의 고객으로 머문 것이다. 이런 고객들은 통화 품질의 잇점이 희석되면 언제든지 떠날 수 있다.

특정 상품이나 서비스가 시장을 독과점하거나 독점적 지위에 있을 경우, 고객은 선택의 여지가 없다. 이것 때문에 어쩔 수 없이 재구매하거나 지속적으로 사용하는 고객들도 의외로 많다. 하지만 경쟁자가 늘어나면 그들이 지닌 로열티는 순식간에 무너질 수 있다.

7_ 연고 관계인 등과 같은 상황적 요인 때문에

당신도 주변의 연고인 때문에 보험이나 정수기, 자동차, 화장품 등을 구입한 적이 있을 것이다. 이런 관계로 시작된 구매가 한두 번으로 그치는 것이 아니라 오랫동안 이어지기도 한다. 이와 같이 고객이 특정 상품이나 서비스에 로열티를 갖고 충성하는 이유가 연고 관계 등 어쩔 수 없는 상황적 요인 때문인 경우는 의외로 많다.

예를 들면 은행원은 자기 은행을 이용할 수밖에 없고, 급여 이체 때문에 특정 은행을 지속적으로 이용하기도 한다. 세상에서 둘도 없이 친한 친구가 ○○은행에 다니기 때문에 그 은행을 이용하는 경우도 있다. 이처럼 많은 사람들이 배우자나 친구, 친인척 관계에 있는 사람 때문에 특정 회사의 상품이나 서비스를 재구매하거나 지속적으로 이용하기도 한다. 같은 그룹사 소속이기 때문에 특정 브랜드를 지속적으로 이용하는 경우도 마찬가지이다.

이런 고객들의 로열티는 사실 낮을 수밖에 없다. 연고관계 등 물리적·상황적 요인이 사라지면 부담 없이 이탈할 수 있다.

8_ 특정 상품, 브랜드, 기업 등이 마음에 들어서

지금까지 소개한 7가지 이유는 관련된 조건이 해소되면 고객들이 이탈할 가능성이 높다. 특정 상품이나 서비스, 기업을 선택하는 하나의 조건에 지나지 않기 때문이다. 그러나 8번째 이유로 로열티를 갖는 충성고객은 쉽게 이탈하지 않는다.

가령 아버지로부터 "물려준 유산에 대한 자산관리는 A은행의 P차장에게 맡겨라"라는 유언을 받은 자녀들이 있다고 가정하자. 이 자녀들은 다른 은행에서 금리를 0.5% 더 준다고 해도 이탈하지 않고 A은행과 거래를 계속할 것이다. 그리고 대를 이어 헌신적인 충성고객으로 진화해 갈 것이다.

앞서 열렬한 팬과 같은 고객들을 확보하고 있는 회사로 애플을 소개했다. 애플보다 더 열렬한 팬을 더 많이 확보하고 있는 기업으로는 할리 데이비슨을 꼽을 수 있다. 할리 데이비슨의 고객들은 회사 로고를 몸에 문신으로 새기고 다니고, 인센티브가 없어도 주변 사람들에게 할리 데이비슨의 오토바이를 적극 추천할 정도로 열정적인 지지자들이다.

0.5% 금리를 더 준다고 해도 이탈하지 않는 고객, 가문 대대로 거래를 하는 고객, 자신이 사용하는 제품을 만든 회사의 로고를 몸에 문신

으로 새기고 다니는 고객, 이런 고객들이야 말로 진정한 의미의 로열티가 높은 충성고객, 알파고객이라 할 수 있다.

충성고객을 만드는 2가지 접근 방법

앞서 열렬한 팬과 같은 고객들을 확보하고 있는 회사로 애플을 소개했다. 애플보다 더 열렬한 팬을 더 많이 확보하고 있는 기업으로는 할리 데이비슨을 꼽을 수 있다. 할리 데이비슨의 고객들은 회사 로고를 몸에 문신으로 새기고 다니고, 인센티브가 없어도 주변 사람들에게 할리 데이비슨의 오토바이를 적극 추천할 정도로 열정적인 지지자들이다.

0.5% 금리를 더 준다고 해도 이탈하지 않는 고객, 가문 대대로 거래를 하는 고객, 자신이 사용하는 제품을 만든 회사의 로고를 몸에 문신으로 새기고 다니는 고객, 이런 고객들이야 말로 진정한 의미의 로열티가 높은 충성고객, 알파고객이라 할 수 있다.

그런데 충성고객을 만드는 데는 다음의 2단계 접근방법이 필요하다.

1. 어떤 조건에 충성하게 만들어라
2. 열렬한 팬, 알파고객을 만들어라

1단계는 고객에게 편익이나 혜택 같은 조건을 제공해서라도 로열티를 갖게 만드는 것을 말한다. 싼 가격, 포인트나 마일리지 프로그램 같은 혜택을 부여하는 방법이 대표적이다. 2단계는 1단계를 넘어 애플빠와 같이 특정 상품이나 서비스, 기업에 열렬한 지지를 보내는 팬과 같은 고객, 즉 알파고객을 만드는 것을 말한다.

조건에 충성하는 고객을 만드는 방법은 4장에서, 열렬한 팬인 알파고객을 만드는 방법은 6장에서 상세하게 설명하도록 한다.

4장

조건에 충성하는 고객 만들기

조건에 충성하는
고객을 만들어야 하는 이유

앞에서 강조한 것처럼 충성고객이라고 해서 모두가 특정 상품이나 서비스, 기업에 열정적으로 지지를 보내는 것은 아니다. 어떤 조건을 대가로 자신의 하는 경우가 오히려 더 많은 편이다. 또한 고객 로열티를 측정하는 속성인 재구매율, 고객 유지율, 지갑 점유율과 같은 지표에도 조건에 충성하는 고객들이 있을 수 있다.

어떤 이는 "고객 로열티를 높이는 궁극적인 목적이 열렬한 팬을 만드는 것이어야 하지 않느냐. 그런 고객만이 기업에 진정으로 공헌하는 고객이기 때문이다."라고 말한다. 맞는 말이다. 그러나 기업 입장에서는 열렬한 팬, 알파고객은 물론 어떤 조건에 충성하는 고객들도 만들어야 한다. 그 이유는 2가지이다.

첫째, 어떤 조건에라도 자사의 상품을 반복적으로 재구매하거나 지속적으로 이용하게 만들고, 교차 구매와 추가 구매를 하도록 만드는 것이 매출과 수익 등 재무적 성과 향상에 궁극적으로도 도움이 되기 때문이다. 둘째, 조건에 충성하는 고객들 중 열렬한 팬, 즉 알파고객으로 진화하는 고객들이 반드시 나타나기 때문이다.

필자는 기회 있을 때마다 알파고객이라고 지칭하는 사람들과 인터뷰를 한다. 왜 특정 상품이나 서비스, 기업의 열렬한 팬, 즉 알파고객이 되었는지 알아보기 위해서다. 그들을 만나면 다음과 같은 질문을 던진다.

"당신은 왜 특정 상품이나 서비스, 기업의 열렬한 팬, 즉 알파고객이라고 생각하십니까?"

이 질문에 대부분의 사람들은 품질·기능·디자인이 뛰어나다든지, 고객을 위할 줄 아는 회사라는 이유를 든다. 그들 중 일부는 싸게 팔거나 금리 우대, 수수료 할인과 같은 서비스를 제공받은 결과, 자신이 우대받는다는 생각이 들었다고 말한다. 그리고 이런 조건들 때문에 점점 더 호의적으로 변해갔다고 말한다.

그들 중에는 포인트나 마일리지, 캐시백 프로그램, 수수료 할인 등의 로열티 프로그램 때문에 다른 고객에 비해 대우받고 있다고 생각하는 고객들도 있었다. 그들 역시 포인트나 마일리지가 쌓일수록 호의적인 상태가 됐고, 결국 열렬한 지지자, 즉 알파고객이 되었다고 말한다.

이와 같이 싼 가격이나 우대 금리, 로열티 프로그램 등 어떤 조건에 이끌려 충성하기 시작했던 고객들도 시간이 지나면서 알파고객으로 진화해 가는 경우가 제법 많다. 물론 고객을 바로 알파고객으로 진화시키는 것이 가장 바람직하겠지만, 그것은 결코 쉬운 일이 아니다. 따라서 알파고객을 창출하기 위해서는 충성고객을 만드는 것도 매우 중요하다.

조건에 충성하는
고객을 만드는 5가지 전략

1_ 가격 경험을 제공하라

고객들이 자사의 상품과 서비스를 재구매하거나 지속적으로 이용하도록 만드는 가장 전형적인 방법 중 하나가 가격 경험을 제공하는 것이다. 이것은 가장 싼 가격이나 파격적인 가격을 제시하는 것으로, 특히 할인점이나 온라인 자동차 보험, 저가 화장품 등의 저가 비즈니스 모델들이 여기에 해당된다.

이를 통해 충성고객 만들기에 성공한 대표적인 기업으로 델 컴퓨터를 꼽을 수 있다. 의대를 중퇴하고 델 컴퓨터를 창업한 마이클 델은 IBM이나 HP, 애플 등 기존 PC업체들과의 경쟁에서 우위를 점하기 위해 저가격과 맞춤 PC 전략을 선택했다. 브랜드 파워가 약한 델 컴퓨터가 경쟁에서 살아남으려면 공룡 같은 경쟁자들보다 싸게 PC를 제공하는 것밖에 없다고 판단했던 것이다.

델 컴퓨터는 가격 경쟁에서 우위를 점하기 위해 유통 단계를 축소하고 재고를 떠안지 않는 전략을 선택했다. 그리고 고객별로 원하는 기능만을 선택할 수 있는 맞춤 PC를 제공하여 가격 인하 효과를 배가시켰다. 이러한 전략은 델이 경쟁사보다 15~30%가량 싸게 팔 수 있는 가장 중요한 원천이 되었다.

유통 제국 월마트를 창업한 샘 월튼의 전략도 저렴한 가격을 무기로 고객들을 끌어들이고, 이들을 충성고객으로 만들었기 때문에 성공할 수 있었다. 월마트 이후, 할인점들은 저마다 최저 가격을 내세우면서 고객들을 유치하고, 로열티를 얻기 위해서 치열하게 경쟁하고 있다.

영국에서는 '테스코', 독일에서는 '알디'라는 슈퍼마켓도 이런 전략으로 성공했다. 테스코의 경우에는 가격 경쟁에서 우위를 점하기 위해 1996년부터 2003년까지 7년 연속 가격을 내려 경쟁자들보다 최대 25%가량 저렴하게 제품을 판매했다. 일시적으로 가격을 할인한 것이 아니라 번 돈을 고객들에게 되돌려 준다는 차원에서 지속적으로 가격을 인하했다. 심지어는 경쟁사의 할인 쿠폰을 가져오는 고객들에게도 가격을 깎아줬다.

이런 노력을 통해 고객들이 원하는 진정한 가치를 충족시켜 1천 4백만 명 이상이 매주 테스코 매장을 찾도록 만들었다. 또한 테스코는 고객들을 평생 동안 자사의 충성고객으로 만들기 위해 지금도 가격을 인하하고 있으며, 좋은 품질의 제품을 공급하기 위한 노력하고 있다.

국내의 대형 할인점인 이마트와 롯데마트가 '통큰 가격'과 '착한 가격' 등을 대대적으로 홍보를 하는 이유도 충성고객을 만들기 위한 것이다. 월마트형 저가 비즈니스 모델의 특징은 규모의 경제를 활용한 구매력을 통해 구매 원가를 지속적으로 떨어뜨리고, 가장 싼 제품을 고객들에게 제공하는 데 있다. 국내에서 천원 샵이란 콘셉트로 빠르게 성장하고 있는 다이소 역시 월마트형 모델이라고 할 수 있다.

가장 싸거나 유리한 가격을 통해 충성고객을 만드는 비즈니스 모델 중에는 저가 항공사나 은행도 있다. 은행의 경우에는 대출 금리를 가장 낮게 해준다든지, 예금 금리를 우대하는 방법으로 고객의 충성을 유도한다. 은행에 비해 안전성이 떨어지는 저축은행이나 신협 같은 제2금융권에서 특히 이런 전략을 적극적으로 활용한다.

그렇다면 할인점이나 항공사, 화장품, 온라인 자동차 보험 등을 취급하는 기업들은 싸게 팔기만 하면 충성고객을 확보할 수 있을까? 그리고 은행들은 경쟁사보다 예금 금리를 0.1%가량 우대하거나 대출 금리를 0.2%가량 우대하면 충성고객을 확보할 수 있을까? 가격이 무조건 싸면 월마트나 델 컴퓨터, 사우스웨스트 항공, 미샤나 더 페이스샵처럼 성공할 수 있을까?

그렇지는 않다. 가격만 싸서는 오랫동안 사랑받을 수 없다. 가장 싸면 일시적으로는 고객을 유인할 수는 있다. 하지만 지속적으로 고객 로열티를 확보하기 위해서는 두 가지 조건을 필수적으로 갖추어야 한다.

첫째, 품질과 서비스에서도 최고의 경쟁력을 갖추어야 한다. 독일 저가 슈퍼마켓의 대명사인 '알디'와 미국과 유럽의 저가 항공사가 대표적이다.

♩ 가격과 품질이라는 두 마리 토끼를 잡은 '알디'

2003년 기준 3,770여 개의 점포 수로 독일 최대의 유통망을 자랑하는 알디의 핵심 비결은 '모든 제품이 싸다는 것과 품질 또한 좋다'는 것이다. 알디의 품질 관리는 철저하기로 유명하다. 독일 국가기관에서 발행하는 월간 〈제품평가〉에 나오는 품질평가를 바탕으로 나쁜 평가를 받은 제품은 매장에서 즉시 철수시킨다.

월간 〈제품평가〉는 각 기업들의 로비에도 영향을 받지 않는다. 독립성을 생명으로 하는 이 잡지에 대한 독일 소비자의들 신뢰도는 매우 높다. 매월 발행되는 이 잡지는 시중에 판매되기 24시간 전에 독일 전역의 알디 매장에 배달된다. 가격·품질·위생 상태 등 몇 가지 항목별 평가를 종합한 최종 제품 평가에서 중하위 평가를 받은 제품들은 이른 아침 매장 문을 열기도 전에 모두 진열대에서 퇴출된다. 결국 알디 매장에 남는 것은 가격이 싸면서도 품질 좋은 제품들뿐이다.

이렇게 가격과 품질의 황금조합을 만들어 낸 알디의 전략이 천문학적 광고비를 동반한 감각적인 브랜드 제품들과 마케팅의 홍수 속에서도 독일에서의 '알디 신화' 를 만들어가고 있다.

알디의 사례에서 보듯이 싸게 팔기만 하면 고객들이 재방문하고 재구매할 것이라고 생각하면 큰 착각이다. 가격이 싸면서도 품질이 뒷받침되지 않으면 한두 번은 구매할지 몰라도 반복적으로 재구매하지는 않을 것이다.

국내에서도 2005년 9월 청주~제주 노선을 운항하는 한성항공이 등장해 저가 항공 시대를 열었다. 2006년 6월 5일에는 김포~제주 노선을 운항하는 제주항공이 취항했고, 뒤를 이어 진에어, 티웨이 항공 등이 속속 저가 항공 시장에 진입했다.

미국과 유럽, 동남아에서는 이미 오래 전부터 저가 항공사들이 자국 내 항공 수요를 상당량 점유하고 있다. 미국에서는 사우스웨스트 항공, 제트 블루, 아메리카 웨스트 등이, 유럽에서는 이지 젯이나 라이언 에어 등이 기존 항공사들을 위협하고 있다. 특히 미국은 1991년 4% 정도에 불과하던 저가 항공사의 국내선 항공 시장 점유율이 2004년에는

25%, 2006년에는 40%를 넘어섰다.

그렇다면 국내 저가 항공사들의 미래는 어떨까? 미국이나 유럽의 저가 항공사들처럼 성공적으로 시장에 안착할 수 있을까? 핵심 과제는 로열티를 높여 충성고객을 확보하는 것이다. 미국이나 유럽의 성공적인 저가 항공사들처럼 말이다. 사우스웨스트 항공과 같은 미국의 저가 항공사들이 계속 성장하는 데는 싼 가격 외에도 뛰어난 품질이 뒷받침되었기 때문이다. 다음은 미국 저가 항공사들의 사례다.

고객 서비스가 오히려 더 뛰어난 미국의 저가 항공사들

미국의 저가 항공사들이 전통적인 항공사들에 비해 더 나은 고객 서비스를 제공하는 것으로 최근 연구 결과 드러났다. 2004년 4월 5일 발표된 제14차 연례 항공품질평가(AQR)에 따르면 제트 블루 항공사가 1위, 사우스웨스트 항공사가 3위, 아메리카 웨스트가 4위를 하는 등 저가 항공사들이 고객 불만과 정시 도착, 수화물 처리 등에서 선두권을 유지했다.

네브래스카 대학의 항공 연구소장이자 이번 평가의 공동 연구자인 브렌트 보웬 교수에 따르면 사우스웨스트, 제트 블루 등과 같은 저가 항공사들이 정규 항공사들로부터 고객을 빼앗아 오고 있으며, 정규 항공사들과 저가 항공사들간의 실적 차이를 보여 주는 증거는 더 있다고 말했다.

제트 블루는 86%의 정시 도착율로 정시 도착 측면에서 2위, 그리고 승객들이 항공 당국에 불만을 제기한 비율은 10만 명당 0.31명으로 사우스웨스트를 제외하고는 여타 항공사들에 비해 현저히 낮았다. 사우스웨스트는 고객 불만 비율이 10만 명 당 0.14명으로 항공업계에서 고객 불만 비율 최저의 자리를 고수한 반면 컨티넨탈과 노스웨스트 항공은 0.95명으로 고객 불만이 높았다.

공동 연구자인 위치타 주립대학의 마케팅 담당 조교수인 딘 히들리는 "대부분의 저가 항공사들이 2003년 4가지 성과 측정 지수에서 항공업계 평균을 앞질렀으며, 대부분의 전통적인 항공사들은 업계 평균을 밑돌았다"며 "저가 항공사들은 고객 유치와 유지 측면에서 공고한 위치를 확보 중이며, 시장 점유율 측면에서도 상승 추세에 있음을 보여주고 있다"고 말했다. 또한 그는 "저가 항공사들은 지난 1991년 첫 연구가 시작됐을 당시 시장 점유율이 4%에 불과했지만, 현재는 항공 여객의 1/4을 수송 중이며, 2006년에는 40%를 수송할 것으로 전망된다"고 예측했다.

이번 연구는 지난해 항공 여행을 한 5억 8천 700만 명의 승객 중 최소 1%를 수송한 14개 미국 항공사들을 상대로 한 평가로 에어트란, ATA, 애틀란틱 사우스이스트, 제트 블루 등 4개의 저가 항공사들은 지난해 처음으로 항공 여객 최소 1% 수송이란 조건을 통과했다.

〈출처: 연합뉴스〉

미국 저가 항공사들은 이처럼 정규 항공사들보다 가격만 30% 정도 싼 게 아니라 항공 서비스 품질에서도 최고 수준을 유지하고 있다. 가격도 싸고 서비스 품질까지 좋으면 저가 항공사를 선택하지 않는 고객이 어디에 있겠는가?

그러나 이에 대한 반론도 있다. 플로리다 주에 있는 엠브리 리들 항공대학의 아란 벤더 교수가 대표적이다. 아란 벤더 교수는 "정규 항공사들은 지구상의 어떤 민간 공항에까지 도달할 수 있는 항공편과 1등석 서비스, 마일리지 제공 등 저가 항공사들이 제공할 수 없는 서비스를 계속 제공할 것이다"라고 반박했다.

그는 위의 조사가 "정규 항공사들의 쇠락을 의미하는 것은 아니며, 기업인들 상당수가 언제든지 출발할 수 있는 항공 서비스를 필요로 한다는 점을 간과한 것 같다"라고 주장했다. 또 "미국의 여행객들은 항공사가 제공하는 마일리지에 중독된 경향이 있으며, 업무차 출장가는 기업인들은 하와이 여행을 가능케 하는 마일리지를 제공하지 못하는 저가 항공사들을 피하고 싶어 한다"라고 덧붙였다.

당신의 생각은 어떤가? 가격과 서비스가 나은 저가 항공사를 이용하겠는가 아니면 마일리지를 적립할 수 있는 정규 항공사를 이용하겠는가? 아마 고객의 성향에 따라 다른 결정을 할 것이다. 그러나 대부분의 고객들은 저가 항공사를 더 많이 이용하지 않을까 싶다. 더구나 최근 들어 미국의 저가 항공사들도 정규 항공사들처럼 마일리지 서비스를 제공하기 시작했다.

둘째, 원가 우위의 경쟁력을 지속적으로 확보해야 한다. 2005년부터 유가가 폭등하자 미국의 저가 항공사들도 경영에 어려움을 겪고 있다. 제트 블루는 상장 이후 2004년 4/4분기에 처음으로 분기 손실을 기록했으며, ATA 항공은 2004년 10월에 파산보호를 신청했다. 이런 문제는 저가 항공사들의 시장 점유율 확대 전망과 함께 나온 것이어서 눈길을 끈다.

저가 항공사들의 수익성 악화는 무엇보다 연료비 상승 때문이다. 2004년 9월 기준 제트 연료의 평균 가격이 갤런당 1.24달러로 1년 전에 비해 55% 높아진데다 2005년 이후 유가가 두세 배 이상 폭등해 저가 항공사는 물론 정규 항공사들도 수익성 악화로 심각한 경영 위기를 맞고 있다.

그러나 이런 위기에서도 예외인 항공사가 있다. 바로 사우스웨스트 항공이다. 저가 항공사의 선두업체인 사우스웨스트 항공은 연료의 80% 이상을 현재의 절반 가격에 장기 계약해 연료비 부담을 줄이고 있다. 하지만 다른 항공사들은 장기 계약을 하지 않아 유가 상승에 취약

한 모습을 보이고 있다. 이런 고유가 상태가 지속된다면 저가 항공사는 물론 정규 항공사들도 상당수 파산할 수밖에 없을 것이다.

이것은 낮은 가격을 무기로 고객을 유치하고, 로열티를 얻는 비즈니스 모델에 시사하는 바가 매우 크다. 낮은 가격을 무기로 경쟁해야 하는 비즈니스에서는 지속적으로 원가를 낮출 수 있는 노하우가 필요한 것이다. 델 컴퓨터도 재고를 적게 가져간다든지, 부품의 대량 구매를 통해서 지속적으로 원가를 낮췄기 때문에 성공할 수 있었던 것이다.

그렇다면 지속적으로 원가 우위의 경쟁력을 확보하려면 어떻게 해야 할까? 사우스웨스트 항공처럼 장기 계약에 의해 원·부자재를 안정적으로 확보하고, 유통 단계의 마진 축소나 과도한 마케팅 비용을 쓰지 않으며, 프로세스 혁신을 통해 생산성을 대폭 향상시켜야 한다.

대형 마트와 기업형 슈퍼마켓의 출점에 굴복하지 않고 보란듯이 성장해 가는 자영업형 슈퍼마켓 지오마트의 비결 역시 원가 우위의 경쟁력을 확보해 품질 좋은 제품들을 지속적으로 싼 가격 공급할 수 있었기에 가능했다. 다음은 지오마트의 사례다.

대형 마트와의 경쟁을 꿋꿋이 이겨낸 지오마트

골목 상권을 두고 대기업과 중소 상인들의 갈등이 첨예하게 대립하고 있는 가운데 자체 경쟁력을 갖춰 당당히 맞서고 있는 골목 슈퍼가 있어 주목을 끌고 있다. 이 슈퍼마켓은 대형 마트를 철저히 벤치마킹해 장점은 흡수하고 약점은 보강했다. 그 결과 150m 인근에 위치한 홈플러스 익스프레스와 농협 하나로마트도 넘보지 못하는 강자로 우뚝 설 수 있었다.

지하 1층 450평 규모의 이 마트엔 장을 보러 나온 주부들로 발 디딜 틈이 없었다. 중앙에 위치한 청과코너는 할인을 외치는 직원과 비닐봉투에 상품을 담는 주부들의 모습에서 마치 대형 마트와 재래시장을 섞어놓은 것 같았다. 직원 50명에 하루 매출 3,000만~4,000만 원. 덕분에 2009년엔 신월동에 350평 규모의 2호점도 냈다.

과연 비결이 뭘까? 송영근 지오마트 점장은 "적을 알고 나를 알면 백전백승"이라며 "과감한 가격정책으로 충성고객을 확보해 대형 마트와의 경쟁에서 밀리지 않는다"고 힘줘 말했다.

이 마트의 가장 큰 무기는 가격. 다년간 쌓아온 협력업체와의 신뢰를 바탕으로 품질 좋은 상품을 박리다매로 팔 수 있었다. 주변 마트보다 30~40%가량 저렴한 신선식품을 언제나 구비해 놓고 있어 까다로운 주부들까지 모두 충성고객으로 만들 수 있었다. 주부 배영순(여 · 54) 씨는 "누구나 가격은 싸고 품질이 좋은 곳을 찾게 마련"이라며 "이곳에 오면 동네 사람들을 만나 서로 안부를 주고받을 수 있어서 즐겁다"라고 말했다.

이곳은 골목 마트지만 넓은 매장과 다양한 상품군, 배달, 마일리지 서비스 등 대형 마트의 장점들을 적극 수용했다. 전담 바이어도 뒀다. 특히 고객 편의를 위해 구입 금액이 아니라 무게에 기준을 두고 배달을 해준다.

한편 대형 마트의 약점도 놓치지 않았다. 정해진 상품, 기간 등 매뉴얼대로 움직이는 대형 마트와 달리 지오마트는 규모가 작은 만큼 상황에 따른 발빠른 대처가 가능했다. 고객의 반응에 따라 한 발 앞서 기획 상품을 만들거나 할인 행사를 진행해 매출을 높였다. 또 봉지 포장이 아니라 직접 손으로 골라 담을 수 있도록 한 점도 주부들을 사로잡았다.

이오 같은 세심한 배려로 그 흔한 전단지나 온라인 사이트가 없어도 9년째 골목 상권 최강자의 자리를 지켜냈다. 이곳도 2008년 11월에는 SSM(기업형 슈퍼마켓)이 인근에 들어서면서 고객을 빼앗길 위기에 처한 적이 있었다. 오픈 기념 행사를 1주일간 여는 동안에는 매출이 5%가량 줄기도 했다.

[그림 4-1] 지오마트

당시 지오마트는 오히려 배달 직원을 5명에서 6명으로 늘리고 배달 지역을 기존 신길 1, 2동에서 여의도, 대방동 지역까지 넓혔다. 이런 노력으로 SSM의 오픈 행사가 끝나자 자연스레 매출이 되돌아왔고, 새로 유입된 고객까지 포함돼 전체 매출이 더 늘어났다. SSM이 새로 문을 열면서 오히려 특수를 누린 셈이다.

송영근 점장은 "대기업들의 무차별적인 골목 상권 장악도 문제지만, 중소 상인들 역시 자체 경쟁력 확보에 나서야 한다"면서 "아무것도 하지 않고서는 결코 살아남을 수 없다고 생각하며, 발빠른 변화 없이는 대기업 규제 방안이 만들어진다고 해도 달라지는 것은 없을 것"이라고 충고했다.

〈출처: 헤럴드 경제〉

싼 가격 경험을 제공하는 비즈니스 모델들은 이처럼 가격 외에도 품질, 서비스, 원가 우위 확보 등이 전제되어야 지속적으로 고객들의 로열티를 얻고 충성고객도 확보할 수 있다.

2008년에 출간된 이 책의 초판에서 필자는 국내의 대표적 저가 비즈니스 모델인 온라인 자동차 보험, 저가 화장품 브랜드인 더 페이스 샵이나 미샤, 제주항공 등 저가 비즈니스 모델들이 어떻게 해야 생존하고 한 단계 더 성장할 수 있을지를 살펴보았다. 이들 중 저가 화장품 시장이 어떻게 변화했는지 분석해 보자.

LG생활건강의 2011년 11월 자료에 의하면, 국내 저가 화장품 시장은 2004년의 4천억 원에서 2011년에는 9천 5백억 원으로 5배가량 성장했다.

저가 화장품 시장이 지속적으로 성장하는 이유는 무엇 때문일까?

2008년 미국발 글로벌 금융 위기와 2011년 유럽 재정 위기로 인해 소비 패턴이 실속 위주로 바뀐 원인도 물론 있을 것이다. 하지만 유통 단계와 과다한 포장 등에서 가격 거품을 빼서 저가 화장품이라고 불리는 것일 뿐 품질 면에서는 수입 화장품과 비교해도 별 손색이 없다고 인식하는 고객들이 많기 때문이다.

[그림 4-2] 쑥쑥 크는 브랜드숍 화장품 시장(단위 : 원, 연간 매출 규모)

2000억	4000억	5600억	6000억	6300억	7700억	8800억	9500억
2004년	2005년	2006년	2007년	2008년	2009년	2010년	2011년(추정)

· 아리따움 등 여러 브랜드를 판매하는 브랜드숍 제외(자료:LG생활건강)

그렇게 본다면 앞으로도 저가 화장품의 판매 증가세는 계속될 것이다. 실제로 국내 화장품 업계 1위인 아모레 퍼시픽도 2011년 에뛰드와 이니스프리 등 저가 화장품 브랜드의 성장률이 32.1%로, 백화점에서 파는 고가 화장품 브랜드의 성장율 10.6%에 비해 훨씬 높았다고 한다.

이처럼 싼 가격을 제공해 경쟁하고자 하는 모든 비즈니스 모델들은 지속적으로 원가 우위를 확보해 싸게 팔면서도 품질과 서비스 또한 뛰어나야 한다. 그래야만 충성고객을 확보할 수 있고, 지속적으로 수익을 창출할 수 있다.

2_ 로열티 프로그램을 제공하라

로열티 프로그램을 넓은 의미의 보상 프로그램으로 정의하면 금전적 혜택을 주는 방법과 비금전적 혜택을 주는 방법으로 분류할 수 있다. 금전적 혜택을 주는 방법은 다시 포인트, 마일리지, 캐시백 등과 같은 적립식 보상 방식과 할인 쿠폰, 할인 등 구매 시점에 보상을 해주는 방식으로 분류할 수 있다. 비금전적 혜택을 주는 방법은 정보 욕구나 자아실현의 욕구 등을 충족시키기 위한 방식을 말한다.

그러나 일반적으로 로열티 프로그램이라고 하면 금전적 혜택을 주는 것을 의미한다. 따라서 여기서는 금전적 혜택을 주는 방법에 대해 알아보자.

금전적 혜택을 주는 방법 중 적립식 보상 방식은 회원으로 가입한 고객을 대상으로 구매 금액에 따라 일정 비율의 포인트나 마일리지를 적립해 주고, 일정 수준이 되면 보상을 해주는 방식을 말한다. 국내 기업들이 고객 로열티를 높이기 위해 가장 일반적으로 활용하고 있는 방법이다.

적립식 보상 방식의 가장 큰 장점은 포인트나 마일리지를 누적, 관리함으로써 고객의 이탈을 최소화하고, 지속적인 재구매와 교차 구매를 유도할 수 있다는 것이다. 구매 금액 외에도 구매 빈도, 특정 품목의 구매 등 기업이 원하는 고객의 다양한 구매 행동에 대해서 포인트를 적립해 주는 방식으로 활용할 수 있다는 장점이 있다.

또한 다른 업체와 포인트 적립 및 보상 방법의 제휴가 가능하고, 보상 방법도 다양하게 선택할 수 있다는 것도 적립식 보상 방식이 갖는 장점이다. 반면에 포인트의 누적에 따라 비용이 늘어나고, 보상이 지연됨에 따라 고객이 로열티 프로그램의 효과를 즉각적으로 느끼기 어렵다는 단점이 있다.

구매 시점 보상 방식은 고객이 구매하는 즉시 할인을 해주기 때문에 직접적인 효과를 얻는 장점이 있다. 하지만 재구매를 통해 판매를 증가시키거나 지속적으로 거래를 유지시키기 어려운 단점이 있다. 할인 기간에는 판매가 증가하지만, 할인이 종료되면 판매가 감소하기 때문이다. 이러한 점을 고려하여 대부분의 기업들은 적립식 보상 방식의 로열티 프로그램을 선호한다. 고객의 반복적인 재구매와 지속적인 이용을 유도하기 위해서다.

그러나 포인트, 마일리지 등의 적립식 보상 방식의 로열티 프로그램도 기대만큼의 성과를 가져다 주지 못하는 경우가 많다. 이유는 간단하다. 경쟁사들도 잇따라 도입함에 따라 효과가 떨어지고 차별화 또한 어렵기 때문이다. 더구나 아무리 포인트 보상 혜택을 강조해도 포인트를 사용하지 않는 고객들에게는 거의 효과가 없다.

로열티 프로그램을 섣불리 도입했다가 낭패를 보는 경우도 있다. 충분한 검토 없이 경쟁사를 따라 무작정 도입한 경우가 이에 해당된다. 전략적 판단없이 도입한 로열티 프로그램은 대개 과다한 비용 지출을 야기할 뿐이다. 만약 비용 지출을 줄이고자 보상 수준을 낮춘다면 고객 불만으로 이어질 수도 있다. 고객 로열티를 높이고자 도입한 로열티 프로그램이 오히려 고객 이탈로 이어질 수 있는 것이다.

그렇다면 로열티 프로그램을 어떻게 설계해야 경쟁사와 차별화시키고 재구매율과 고객 유지율도 높이며 비용 대비 효과도 극대화할 수 있을까?

첫째, 고객에게 부여할 보상 기준을 어떤 것으로 할지를 결정해야 한다. 일반적으로 적립식 보상 방식의 경우는 구매 금액과 구매 빈도를 기준으로 포인트나 마일리지를 적립해 준다. 예를 들어 구매 빈도만을 기준으로 할 경우, 구매 금액 자체는 증가하지 않고 포인트만 적립시

커 주는 결과를 초래할 수 있기 때문이다.

반면 구매 시점 보상 방식은 구매 금액을 기준으로 하는 것이 일반적이다. 이 방법은 단시일 내에 고객을 유인하는 효과는 크지만, 구매 즉시 할인해 주기 때문에 재구매율을 높이는 데는 한계가 있다. 따라서 각 기업이나 상품별 특성에 따라 평가 기준을 정해야 할 것이다.

둘째, 고객별 보상 범위를 고려해서 설계해야 한다. 국내 기업들 중 일부가 최근 로열티 프로그램에 대한 보상 범위를 일방적으로 축소해 고객들의 빈축을 사고 있다. 항공사와 카드사들이 마일리지나 포인트 적립 비율을 축소한다고 발표한 것 등이 좋은 사례이다.

그렇다면 왜 이런 일들이 일어나는 것일까? 처음부터 로열티 프로그램의 보상 범위를 잘못 설계했기 때문이다. 설계 당시 경쟁사의 보상 수준을 고려하여 고객별 보상 범위를 결정하는 방식, 즉 경쟁사보다 더 높은 수준으로 적립해 주는 방식을 선택했기 때문이다.

이렇다 보니 고객별로 이익에 공헌하는 범위를 초과해서 보상이 이루어지는 경우가 발생해 경영에 부담을 줄 정도가 되었던 것이다. 따라서 로열티 프로그램을 설계할 때는 고객별, 유지 기간별로 이익에 공헌하는 정도를 고려해서 보상 수준과 범위를 결정해야 한다.

신용카드 고객의 예를 들어 보자. 신용카드 A사의 고객 1인 유치 비용을 10만 원이라고 가정하고, 신규고객 1인이 5년 동안 다음과 같은 수익을 발생시켜 준다고 가정하자. 1년차 5만 원, 2년차 7만 원, 3년차 10만 원, 4년차 12만 원, 5년차 15만 원.

이 고객은 2년 동안 이탈하지 않고 A사의 카드를 사용해야 2만 원의 수익을 발생시키고, 5년 동안 지속적으로 사용한다면 39만 원의 수익을 발생시킬 것이다. 따라서 이 고객에게 5년간 제공할 수 있는 보상 금액은 최대 39만 원을 초과하면 안 된다.

따라서 고객별, 유지 기간별로 수익을 고려해서 보상 범위를 정하지 않고, 경쟁사 수준이나 경쟁사 보다 조금 더 높게 설계하면 신용카드를 전혀 사용하지 않는 고객에게도 보상이 돌아가는 우를 범할 수 있다. 1년 동안 한 번도 사용하지 않았음에도 불구하고 신용카드를 가지고 있는 것만으로도 놀이 공원 무료 입장과 같은 혜택을 부여한 것이 대표적이다.

로열티 프로그램을 실행하는 궁극적인 목적은 고객이 이탈하지 않고, 지속적으로 많은 금액을 재구매하도록 유도하는 것이다. 아메리칸 에어라인의 사례처럼 다른 항공사가 시행하지 않을 때는 물론 큰 위력을 발휘한다. 문제는 로열티 프로그램을 경쟁자들이 쉽게 따라할 수 있다는 것이다. 경쟁자들이 따라 하면 효과가 반감되는 것은 물론 비용 부담만 가중된다. 따라서 마케터들은 로열티 프로그램을 어떻게 차별화하고, 어떻게 하면 재구매율과 고객 유지율, 지갑 점유율을 높일 수 있을지 고민해야 한다.

최근 포인트나 마일리지 등의 로열티 프로그램이 저가 비즈니스 모델의 대명사인 할인점이나 저가 화장품업계는 물론 백화점의 VIP 고객에 이르기까지 널리 시행되고 있다. 여기서 가장 큰 문제는 로열티 프로그램 본래의 목적을 달성하기가 점점 어려워지고 있다는 것이다. 업계의 2~3위 업체에서 고객 유지율이나 재구매율 높이기 위해 도입하면 경쟁사들이 보다 큰 보상을 제공하는 방식으로 대응하기 때문이다.

또한 고객들은 로열티 프로그램을 비교해 더 많은 보상을 해주는 회사나 자신의 편의성 등을 고려해서 포인트나 마일리지를 적립하기도 한다. 가령 대한항공과 아시아나 항공의 마일리지 제도에 모두 가입한

후 자신이 편한 시간대의 항공편을 예약하고 마일리지를 적립하는 것
이다. 이런 고객이 많을수록 로열티 프로그램의 효과는 반감될 수밖에
없다.

마케터들의 또 다른 고민은 아무리 광고를 하고 포인트나 마일리지
를 사용하라고 해도 반응하지 않는 사람들이 있다는 것이다. 이런 사
람들의 비율을 낮추는 것도 과제이다. 따라서 로열티 프로그램을 차별
화하기 위한 방법도 두 가지 관점에서 접근해야 한다. 하나는 로열티
프로그램에 반응하는 고객들의 유지율, 재구매율, 지갑 점유율을 높이
는 것이고, 다른 하나는 반응하지 않는 고객들을 반응하게 만들어 유
지율, 재구매율, 지갑 점유율을 높이는 것이다.

그렇다면 그 대안으로는 어떤 것이 있을까? 먼저 로열티 프로그램에
반응하는 고객들의 유지율, 재구매율, 지갑 점유율을 높이는 방법에
대해 알아보자.

첫째, 포인트나 마일리지, 캐시백 프로그램 사용시 고객이 직접 선
택하도록 한다. 대기업에 다니는 J부장의 예를 보자. J부장은 회사에서
비교적 멀리 떨어진 주유소에서 휘발유를 주유한다. 가격이 싸서도 아
니고, 친절해서도 아니며, 주유소 사장과 친분 관계가 있어서도 아니
다. 품질이 더 뛰어나다고 생각하는 것은 더더욱 아니다. 이유는 딱 한
가지다. 적립 포인트를 사용할 때, 자신이 마음대로 선택할 수 있기 때
문이다.

현대백화점의 VIP 고객을 위한 캐시백 프로그램인 '톱클래스 프로그
램' 역시 마찬가지이다. 구매 금액의 0.5%에서 최고 9%까지 적립해 주
는 이 프로그램은 백화점 카드 이용 1,000원당 1점씩, 최고 30만점까지
부여한다. 30만점 이상 적립한 고객들에게는 프로 골퍼와의 동반 라운

딩 골프 레슨권이나 문화 공연 VIP석, 해외여행을 직접 설계해 주는 럭셔리 맞춤 투어, 유명 화가의 고급 미술 작품, 명품 식기 중 한 가지를 선택할 수 있는 기회를 제공한다.

이 밖에도 무료 열차 여행, 식사 제공, 특산물을 싸게 구입할 수 있는 테마 열차 여행 등도 적립 포인트 내에서 선택할 수 있다. 하지만 적립 포인트로 현대백화점 내 모든 매장에서 제품을 마음대로 선택하게 한다면 더욱 효과적이지 않을까?

둘째, 맞춤 포인트, 맞춤 캐시백 등 고객별 맞춤 로열티 프로그램을 제공한다. 현대백화점의 캐시백 프로그램을 소개했지만, 롯데나 신세계, 갤러리아 백화점도 환급 비율의 차이만 있을 뿐 거의 유사한 프로그램을 시행하고 있다. 경쟁업체와 차별화가 쉽지 않은 것이다.

그렇다면 백화점들이 모두 캐시백 프로그램을 중단하면 매출이 감소할까? 단기간은 매출이 감소할지 모르지만, 몇 개월이 지나면 그렇지 않을 것이다. 그렇게 본다면 백화점들은 캐시백을 해주는 만큼 마케팅 비용을 더 지불하고 있는 셈이다. 이런 상황에서 차별화를 하려면 맞춤 로열티 프로그램이 필요하다. 백화점의 캐시백 프로그램을 예로 들어 설명해 보자.

앞서 말한 것처럼 현재 백화점에서 시행하고 있는 캐시백 프로그램은 비슷해서 차별화가 안 된다. 차별화를 하려면 환급 비율을 높이든지, 사용할 수 있는 상품이나 서비스의 선택 폭을 다양하게 하는 방법이 있다. 즉 적립과 환급 프로세스를 차별화해야 하는 것이다.

그러나 환급 비율을 높이면 더 많은 비용이 지출된다. 다행히 현재 백화점의 캐시백 프로그램들은 환급 프로세스, 즉 상품이나 서비스를 선택하는 과정에 맞춤 개념을 적용하고 있다. 적립된 점수대별로 고객이 원하는 상품이나 서비스를 선택할 수 있도록 만든 것이다. 이처럼 차별화를 하려면 이제는 적립 프로세스를 맞춤화해야 한다.

현재는 구매 금액을 기준으로 포인트가 누진제로 적립되는 방식이 대부분이다. 이 방식을 다음과 같이 변경하면 어떨까? 최근 6개월 또는 12개월 동안 고객별로 구매한 상품을 한 눈에 볼 수 있도록 만든 후, 가장 많이 구매한 상품을 일정 기간 안에 재구매하면 포인트 적립을 일정 비율 더 해주는 방식말이다. 이렇게 하면 적립 비율을 고객별로 다르게 할 수 있고, 구매한 상품 중에서도 구매액에 따라 적립 비율을 차등으로 해줄 수도 있다.

예를 들어 A고객이 최근 12개월 동안 10가지 상품을 구매했다고 가정하자. 포인트 적립 방식은 현재와 같이 1,000원당 1점이다. 이것을 최근 12개월 동안 구매한 순위 1~3위 상품의 적립 비율은 1,000원당 1.5, 4~6위 상품은 1,000원당 1, 7~10위 상품은 1,000원 당 0.5 ~ 0.7을 적립해 주는 것으로 바꾸는 것이다. 어떤 상품을 전략적으로 판매할 경우에는 해당 상품에 대해 1,000원당 2점과 같이 적립해 주는 방식도 있을 수 있다.

'이렇게 하면 과연 효과가 있을까?'라고 생각하는 사람들이 있을 것이다. 고객들의 구입 빈도와 금액이 높은 상품의 적립 비율을 높여 주면 분명 효과가 나타난다. 고객들마다 차이는 있지만, 대부분은 1~3위로 구매한 상품이 전체 구매 금액의 80%가량을 차지한다. 자주, 많이 구매하는 상품에 포인트 적립 비율을 높여 주면 고객들은 그 상품을 이전보다 더 자주, 더 많이 이용할 것이다.

이 방법이 포인트 적립 비율을 일괄적으로 높이는 것과 뭐가 다르냐고 생각하는 사람도 있을 것이다. 하지만 큰 차이가 있다. 적립 비율을 일괄적으로 올렸을 때보다 비용은 훨씬 적게 들지만, 고객의 로열티는 더 높아지고, 매출과 수익도 늘어난다.

고객들은 자신을 알아주고 대우해 주는 것을 좋아한다. 자신이 자주, 많이 구매하는 상품에 포인트를 더 적립해 주면 '이 백화점은 확실히 나를 우대해 주는구나!'라고 생각한다. 그러면 전보다 더 열심히 백화점에 들러 쇼핑을 할 것이다.

그리고 그러다 보면 적립 비율이 낮은 7~10위의 상품들도 구매하게 될 것이다. '이 상품들은 적립 비율이 낮기 때문에 다른 곳에 가서 사야지'라는 고객도 있겠지만, 대부분은 7~10위의 상품들도 자신의 쇼핑 카트에 기꺼이 담게 될 것이다. 인간은 보다 편리한 것을 추구하는 동물이라 '다른 곳에서 사려면 불편해'라는 생각을 갖기 때문이다.

또한 '고객별로 포인트 적립 비율을 다르게 하면 어떤 고객들은 불만을 갖고 떠날지 모른다'라고 생각하는 사람이 있을지도 모른다. 이것 역시 기우이다. '내가 대우를 받고 있구나!'라는 생각을 갖는 고객이 더 많기 때문이다.

'최근 구매 상품별로 고객마다 어떻게 포인트 적립 비율을 다르게 적용하느냐, 생각은 좋지만 실행은 어렵다'라고 생각하는 사람도 물론 있을 것이다. 그렇다면 왜 비싼 비용을 들여 CRM 솔루션을 구축했겠는가? 이와 같은 마케팅을 하기 위해서 구축한 것이다.

미국 카지노업계에서 두 번째로 큰 '하라스 카지노'라는 회사가 있다. 이 회사는 1997년부터 로열티 마케팅을 도입해 자사의 모든 고객을 충성고객으로 만들겠다는 원대한 목표를 세웠다. 자사의 모든 고객을 충성고객으로 만드는 것이란 고객을 절대 이탈시키지 않고, 카지노 이용 점유율을 100%로 만드는 것을 말한다.

이 회사의 고객 수는 2,500만 명이 넘는다. 2,500만 명이 넘는 고객을 충성고객으로 만들겠다니 놀랍지 않은가? 이를 위해 그들이 선택한 전략 가운데 하나가 바로 맞춤 로열티 프로그램이었다. 카지노를 이용하는 고객 성향별로 맞춤 로열티 프로그램을 제공하는 것이 핵심이다. 이 회사는 CRM 시스템을 운영하여 그것을 실현하고 있다.

국내 기업 중에서는 GS리테일이 맞춤 로열티 프로그램을 도입해 성과를 거두었던 대표적 기업이다. 다음은 GS리테일의 맞춤 로열티 프로그램 사례이다.

♪ GS리테일 고객 맞춤형 쿠폰으로 좋은 반응을 얻다

GS리테일은 2009년 8월 '1:1 맞춤형 쿠폰'을 고객 30만 명에게 발송한 결과, 쿠폰 반응률이 월평균 25%에서 43%로 높아졌다고 밝혔다. 맞춤형 쿠폰이란 인기 상품을 선정해 공통으로 제작하던 기존 쿠폰과는 달리, 개인별로 구매 패턴을 분석해 구매 빈도가 높은 상품의 쿠폰을 발송하는 것을 말한다.

GS마트와 수퍼마켓에서 월평균 15만 원 이상 구매한 고객을 대상으로 상품별 구입 빈도를 분석해 가장 많이 구입한 신선 식품과 생필품을 각각 4가지씩 선정하고, MD 추천 상품 12가지를 추가해 쿠폰을 제작했다.

맞춤형 쿠폰을 배포한 이후 쿠폰 사용 고객의 객단가는 7월보다 65%, 내점일수는 50% 각각 증가했다. 기존에 공통으로 60개의 상품을 선정해 쿠폰을 발송했을 때, 평균 4.7%였던 쿠폰 사용률도 8월에는 쿠폰 수가 20개로 줄었음에도 불구하고 17.4%로 높아졌다. 쿠폰 수는 1/3로 줄었지만 쿠폰 사용은 3배 이상 늘어났다.

GS리테일은 앞으로 고객이 직접 원하는 상품을 선택해 쿠폰을 제작할 수 있도록 시스템을 발전시킬 계획이다. 이 회사 마케팅팀장은 "맞춤형 쿠폰 시스템 개 신세계 백화점 역시 맞춤형 쿠폰을 적극 활용하고 있다. 2009년 8월 본점에서 'S-OFFICE 클럽' 회원 1,000여 명에게 식당가와 여성 화장품, 의류, 아동용품 할인 쿠폰을 발송했다. 그 결과 클럽 회원의 1인당 객단가가 18만 원으로, 본점 전체 고객의 1인당 객단가 6만 5천 원보다 세 배 가량이나 높았다. 특정 고객을 세분화한 맞춤형 할인 쿠폰으로 교차 구매와 추가 구매를 통해 1인당 객단가를 세 배 가량 증가시키는 효과를 본 것이다.

셋째, 로열티 프로그램의 사용 기회를 확대한다. 가맹점 수를 늘려 고객 접점을 확대하고, 마일리지를 통합해서 사용하도록 하는 방법이 대표적이다. OK캐시백이 가맹점 수를 늘려 2005년 흑자 기반을 구축한 것이 좋은 사례이다. 2005년 기준 OK캐시백의 가맹점 수는 온라인과 오프라인 모두 합쳐 5만 개를 상회하고 있다.

통합 마일리지 사용을 위한 프로모션은 신세계가 가장 적극적이다. 신세계는 백화점, 이마트, 온라인 쇼핑몰에서 별도로 운영해온 포인트 제도를 2006년 상반기부터 '신세계 포인트'로 통합해 운영하고 있다. 통합 포인트 적립과 사용은 백화점, 80여 개 이마트, 온라인 쇼핑몰인 신세계몰과 이마트몰, 전국 150여 곳의 스타벅스 매장에서 가능하다.

신세계는 또한 OK캐시백과 제휴해 SK엔크린, G마켓 등 5만여 OK캐시백 가맹점에서도 OK캐시백 포인트와 신세계 포인트를 함께 사용할 수 있도록 했다. 포인트 사용에 있어 최고의 범용성을 제공한 것이다. 그리고 여기에 그치지 않고 조선호텔, 신세계 푸드 시스템에서 운영하는 외식업체 등과도 통합 마일리지 제도를 확대할 예정이다. 로열티 프로그램 사용 기회를 제공해 신세계 관계사를 이탈하지 않고, 재구매하도록 만들기 위한 전략의 일환이라 할 수 있다.

넷째, 혜택을 먼저 받고 나중에 포인트로 갚으라는 선할인 방식의 도입이다. 현대카드의 세이브 포인트가 대표적이다. 세이브 포인트는 자동차를 구매할 때, 최고 50만 원을 먼저 할인 받고 이후에 적립 포인트로 갚아 나가는 방식이다. 고객들은 현대 M카드 출시 1년 만에 100만 명이 몰릴 정도로 폭발적인 반응을 보였고, 2005년 8월에는 단일 신용카드 상품으로는 최초로 300만 회원을 달성했다.

그러나 로열티 프로그램 사용을 권장하여 충성도를 높이려는 노력에도 불구하고 포인트나 마일리지, 캐시백 프로그램을 전혀 사용하지 않는 사람들도 많다. OK캐시백의 경우에도 2005년 기준 가입자의 60%가량만이 포인트를 사용하고 있다고 한다.

그래서 기업들은 로열티 프로그램에 반응하지 않는 고객들을 어떻게 반응하도록 만들 것인가에 많은 노력을 기울이고 있다. 사용자가 늘수록 고객 로열티도 높아지기 때문이다. 이를 위해 TV나 신문, 인터넷에 광고를 하거나 캠페인을 통해 자사의 포인트 프로그램을 알리는 것은 고전적인 방법에 속한다. 삼성카드는 '포인트 연구소'를 설립해 어떻게 하면 자사 고객이 포인트를 잘 사용할지 연구까지 한다.

그렇다면 로열티 프로그램에 반응하지 않는 고객들을 반응하도록 만드는 방법에는 어떤 것이 있을까?

첫 번째, 고객에게 전화나 문자 메시지, 이메일, DM 등을 통해 적립 포인트, 사용 가능한 곳, 사용 방법 등을 알린다. 두 번째, 적립된 포인트를 누군가가 대신 사용할 수 있도록 한다. 세 번째, 적립된 포인트를 기부한다. 이를 통해 로열티 프로그램을 활용하다 보면 자연스레 고객들의 충성도도 올라갈 것이다.

3_ 고객 접점을 편리하게 만들어라

앞에서 설명했듯이 이용의 편리함 때문에 특정 상품이나 매장을 반복적으로 찾는다는 사람들이 의외로 많다. 특히 은행, 백화점, 대형 마트, 전자제품이나 IT 제품 판매점, 화장품 숍, 병원, 주유소, 식당 등 위치와 관련된 비즈니스 모델에 이런 고객들이 많다.

이런 고객들은 싸게 파는 것이나 포인트, 마일리지를 적립해 주는 것에 별로 관심이 없다. 업종에 따라 조금씩 다르지만, 충성고객을 100으로 봤을 때, 20~40에 해당하는 고객들이 이런 유형에 속한다. 후미진 골목에 있어도 음식 맛이 뛰어나 물어물어 찾아오는 식당 같은 경우에는 이런 영향을 덜 받을 수도 있다.

하지만 은행, 백화점, 대형 마트, 주유소 등과 같이 상품의 본원적 가치 차별화가 어려울수록 고객들은 가깝고 이용하기 편리한 곳을 찾게 마련이다. 이런 고객의 심리를 활용한 대표적인 업종이 편의점이다. 편의점은 가깝고, 24시간 언제라도 이용할 수 있다는 용의성과 편의성에 기반한 비즈니스 모델이다. 이처럼 입지와 관련된 기업들은 고객 편의성 면에서 최고의 경쟁력을 갖춰야 한다. 매장은 물론 홈페이지, 고객센터 등 고객 접점에서도 고객들이 편의성을 느낄 수 있도록 해주어야 한다.

그렇다면 고객들이 편리하게 이용하도록 만드는 방법은 무엇일까? 경쟁사보다 더 많은 점포를 개설하고, 고객센터에 더 많은 상담원을 배치하면 해결될까? 전혀 일리가 없는 것은 아니다. 다점포로 인한 이용의 편리성이나 고객센터에서 즉시 대응해 주는 시스템에 만족해 충성하는 고객들도 있기 때문이다. 하지만 고객 이용의 편의성을 위해 점포나 매장을 무조건 많이 늘리거나 고객센터의 상담원 수를 과도하게 늘릴 수는 없다. 바로 수익성 때문이다.

이와 같은 고객 이용의 편의성을 고려해 나온 비즈니스 모델이 온라인 쇼핑몰과 같은 버츄얼 스토어, 즉 가상 매장이다. 미국의 아마존, 국내의 예스24와 같은 인터넷 서점이 기존의 오프라인 서점보다 빠르게 성장할 수 있었던 것도 싼 가격과 쉽게 이용할 수 있다는 편리성이 때문이었다.

영국의 대표적 할인점인 테스코는 오프라인 매장을 온라인에도 그대로 옮겨 놓아 고객이 언제, 어디서나 손쉽게 접근하고 이용할 수 있도록 하고 있다. 국내의 홈플러스 또한 선릉역에 QR코드를 활용한 가상 매장을 2011년 오픈했다. 고객들은 개찰구 앞 기둥과 스크린 도어 등에 실제 매장과 동일한 500여 개의 상품 사진을 보면서 개별 상품의 QR코드를 찍으면 곧바로 주문이 가능하다.

최근 11번가도 서울역과 SK T-타워 지하에, G마켓도 명동역 플랫폼에 가상 패션 스토어를 만들었다. 이것은 자사 고객들의 이용의 편리성을 높이고, 지나는 이들의 시선을 끌어 신규고객을 창출하기 위한 것이다. 이처럼 오프라인 매장이든 온라인 매장이든, 고객센터든, 이제는 모든 접점별로 고객이 편리하게 이용할 수 있는 환경을 구축하는 기업만이 고객들의 마음을 오랫동안 붙잡아 둘 수 있을 것이다.

4_ 독과점적 지위를 구축하라

고객 유지율이나 재구매율이 거의 100%에 가까운 상품이나 서비스가 있다. 대표적으로 전기, 수도, 가스와 같이 정부 기간산업에 해당하는 상품이나 신약과 같이 특허를 인정해 주는 상품이 여기에 해당된다.

그러나 경쟁이 심해 고객 충성도가 낮고, 고객 이탈이 심한 업종에서도 독점적 지위를 확보한 기업이 있다. 마이크로소프트와 시스코 시스템스, 구글 등이 대표적이다. 이들은 경쟁 기업을 인수해 고객이 선택의 여지가 없도록 만드는 전략을 주로 구사한다. 마이크로소프트의 경우에는 반독점법의 단골 손님이지만, 지금도 여전히 경쟁을 무력화시키고, 시장에서 독점적 지위를 구축해 많은 충성고객을 확보하고 있다.

이들 기업에는 미치지 못하지만, 큰 무리없이 고객의 충성도를 유지하는 기업들도 있다. 2~3개 회사가 시장을 과점하면서 경쟁이 그리 심하게 하지 않은 경우이다. 이런 경우, 2~3개 회사가 시장을 과점하고 있는 상황에서 경쟁을 자제한다. 불가피하게 고객이 이탈하는 경우인 사망, 이민, 이사 등과 같은 경우를 제외하고는 고객 이탈이 낮은 편이다.

하지만 자칫하면 담합이라는 오해를 불러일으킬 가능성이 있다. 또한 경쟁사 중 한 곳이 공격적인 마케팅을 전개하면 순식간에 고객들을 빼앗길 수도 있다. 따라서 이런 상황이 발생하더라도 고객이 이탈하지 않도록 평소에 고객 로열티를 잘 관리해야 한다.

5_ 상황적 요인을 많이 만들어라

특정 상품이나 서비스, 매장을 다시 찾고 계속 이용하는 이유가 연고 관계인의 요청이나 관련 회사에 다니고 있기 때문 등과 같이 상황적 요인 때문인 경우도 많다. 이런 경우, 연고 관계인이 다른 회사로 전직하거나 자신이 다니던 회사를 그만 두면 아무런 미련없이 상품이나 서비스, 매장을 이탈할 수 있기 때문에 이들을 조건에 충성하는 고객이라

할 수 있다.

업종과 상품의 속성, 판매 방법에 따라 조금씩 다르지만, 충성하는 고객을 100으로 봤을 때 10~20 정도의 고객이 이런 유형에 속한다. 따라서 기업이나 영업인의 입장에서 보면, 전 임직원 또는 자신의 인적 네트워크를 활용해 자사의 상품이나 서비스, 매장을 다시 찾고 계속 이용하며 교차 및 추가 구매도 많이 하도록 만들어야 한다.

영업인의 경우에는 친인척이나 친구 같은 연고 인맥 외에 다양한 방법으로 새로운 인맥을 만들어 나가는 것이 중요하다. 그러나 기업 차원에서는 유의해야 할 것이 있다. 연고 관계인 등에게 자사 상품과 서비스 이용을 적극 권하고 임직원들에게 지시하는 경우, 그들이 많은 스트레스를 받는 것은 물론 기대만큼 성과가 나지 않을 수도 있다. 게다가 부서간 경쟁이나 지나친 애사심이 본래의 취지를 훼손하기도 한다.

몇 년 전, 관계사 상품의 판매 실적을 간부 사원 승진에 반영한 대기업도 있었다. 이처럼 많은 기업에서 신규고객 확보 및 고객 로열티 제고를 위해 이런 방법을 도입하면서 상당수 기업의 임직원들이 스트레스에 시달리고 있다. 따라서 이런 방식 대신 전 임직원이 자발적으로 참여할 수 있는 방식으로의 전환이 필요하다.

또한 이와 같은 시도들이 대개 신규고객 유치를 위한 목적으로 실행되다 보니 큰 효과를 보지 못하는 경우도 많다. 가입했다 바로 해약한다든지, 한 번만 사고 만다든지와 같이 진행되기 때문이다. 그러므로 유지 기간이나 재구매 빈도, 교차 구매, 고객 추천 등 로열티 속성을 평가하는 방식으로 활용한다면 더 효과적일 것이다.

상황적 요인을 통해 충성고객을 만드는 방법으로 유용하게 활용될 수 있는 또 하나의 방법이 프로슈머(Prosumer: 생산자를 뜻하는 Producer

와 소비자를 뜻하는 Consumer 의 합성어) 마케팅이다. 이것은 고객을 상품 기획 단계부터 참여시켜 신제품 아이디어를 내게 한다든지 상품이나 서비스 기획 단계부터 품질 평가, 모니터링 등 마케팅과 유통의 전 과정에 참여시키는 것을 말한다.

최근 프로슈머 마케팅은 휴대폰 단말기와 같은 IT 제품부터 식품, 화장품, 홈쇼핑 등에 이르기까지 폭넓게 활용되고 있다. VK 모바일도 그중 한 회사이다. 상품 개발 단계에서부터 적극적으로 소비자 의견을 반영시킨 'VK-X 100 모델'의 성공으로 이 회사는 일약 중견 휴대폰 단말기 제조업체로 성장할 수 있었다.

LG전자의 '초콜릿 폰' 역시 상품 기획 단계부터 소비자의 의견을 적극적으로 반영해 성공한 상품이다. 삼성전자도 1999년부터 휴대폰 관련 인터넷 커뮤니티 회원들과 매년 4회 이상 정기 모임을 개최하며 새로운 아이디어와 최신 제품에 대한 의견을 교류하고 있다. '슬림 슬라이드 폰'에 있는 통신 제한 기능이 프로슈머 마케팅의 사례라 할 수 있다. 삼성전자가 자체 개발한 새로운 기능을 회원들의 의견을 참고해 제품에 반영했기 때문이다. 또한 인터넷 커뮤니티에서 활동하고 있는 애니콜 마니아 클럽 등 4개 커뮤니티 멤버들을 대상으로 '애니콜랜드 고객 초청 간담회'라는 참여의 장을 제공하고 있다.

홈쇼핑, 화장품, 식품, 생활용품 회사들의 고객 모니터 제도도 로열티를 높여 충성고객을 만들기 위한 방법이라고 할 수 있다. CJ오쇼핑은 반품이 잦고 불평불만이 많은 고객들 중에서 선발한 '현고이사(賢顧移社)'란 모니터 요원 제도를 운영하고 있다. 이는 '깐고모(깐깐한 고객들의 모임)', '해피 리더'와 같은 고객 모니터 제도를 더욱 진화시킨 것이다.

현명한 고객이 회사를 움직인다는 뜻의 현고이사 모니터 요원 중에는 반품 횟수만 200번이나 되는 고객도 있고, 해마다 수십 건의 불평불만을 회사 홈페이지 게시판에 늘어놓는 고객, 구매한 물건의 흠을 깐깐하게 다그치는 바람에 콜센터 상담원을 울린 고객도 있다.

하지만 이들은 그만큼 CJ오쇼핑에 애정이 많은 고객이란 방중이다. 200번 반품한 고객은 CJ오쇼핑에서 1,000번 가까이 상품을 산 고객이다. 800번이나 상품을 반복 구매한 충성고객인 것이다. CJ오쇼핑은 이들을 모니터 요원으로 활용하면서 그들이 갖고 있던 불평불만을 한꺼번에 해소하고, 로열티를 갖게 만드는 효과도 얻을 수 있었다.

GS 홈쇼핑이나 현대 홈쇼핑도 이와 유사한 고객 모니터 제도를 운영하고 있다. 이들 홈쇼핑 회사들의 고객 모니터 제도는 초기의 단순 모니터링에서 상품이나 프로그램의 품질 평가, 지역별 택배 서비스 평가, 신상품 아이디어 제안 및 사전 테스트까지 폭넓게 활용되고 있다.

식품이나 화장품, 생활용품, 회사들도 고객을 적극적으로 참여시킨다. CJ는 주부의 마음을 읽기 위해 아예 자녀가 있는 결혼 10년차 내외의 주부들을 채용해 활용한다. 식품과 생활용품 등 CJ 주요 제품에 대한 소비자 반응을 살피고, 평가하는 컨설턴트로 활용하기 위해서다.

그러나 현재 대부분의 기업에서 실행하고 있는 프로슈머 마케팅은 고객들의 사용 경험을 상품 기획이나 개발 단계에 반영하는 수준에 머무르고 있다. 이것은 한계가 있을 수밖에 없다. 따라서 마케팅과 유통 단계까지 폭넓게 고객을 참여시켜야 한다.

B2B 분야에서는 고객 참여의 기회를 더 많이 제공할 수 있다. 부품 업체가 완성품 업체와 협력해서 상품을 개발하는 시스템을 구축하면 납기, 비용, 품질 등의 측면에서 훨씬 고지에 유리한 오를 수 있기 때문이다. 대표적인 사례가 미국 기업 '내쇼날 세미컨덕터'이다.

고객들을 시뮬레이션에 참여시킨 내쇼날 세미컨덕터

이 회사는 PC, 정보 가전, 모바일 가전 분야의 세계적 IT 부품업체로 주된 생산품은 이동전화용 증폭기, 조절기, 무선 소자에서 디지털 카메라, DVD 플레이어, 셋톱박스까지 다양하다. 주요 고객은 휴대폰 단말기 제조사, 디지털 카메라 등의 완성품 업체들이다.

이 회사는 휴대폰 단말기를 만드는 모토롤라와 같은 회사의 설계 엔지니어들을 알파고객으로 만드는 데 성공했다. 이들이 새로운 단말기를 설계할 때, 자사 웹 사이트의 시뮬레이션에 참여하도록 만들었기 때문이다. 휴대폰으로 오래 통화하다 보면 단말기가 따뜻해진다는 것을 느낄 수 있을 것이다. 휴대폰을 오래 사용하면 단말기 내부에 있는 복잡한 회로들이 상호작용을 해 단말기가 뜨거워지는 것이다.

휴대폰 단말기 설계 엔지니어들은 새로운 단말기를 설계할 때, 일정 시간 사용해도 뜨거워지지 않고 테스트에 합격할 수 있는지를 미리 아는 것이 매우 중요하다. 설계 엔지니어들이 안고 있는 이런 문제를 해결해 주기 위해 내쇼날 세미컨덕터는 자사 웹 사이트에 휴대폰 단말기 온도 테스트용 '전력 공급 설계 시나리오' 라는 소프트웨어 프로그램을 구축했다.

휴대폰 단말기 설계 엔지니어들은 이 소프트웨어 프로그램을 이용해 3개월씩 걸리던 설계 시간을 3일 이내로 단축시킬 수 있었다. 이와 함께 내쇼날 세미컨덕터는 전력 공급 설계 시나리오를 시작으로 휴대폰 단말기 설계에 필요한 다양한 소프트웨어 프로그램들을 구축했다. 휴대폰 단말기 설계 엔지니어들에게 도움을 주기 위해서였다.

모토롤라의 휴대폰 단말기 설계 담당인 마틴 폴크는 이렇게 말한다.

"이러한 소프트웨어 프로그램 덕분에 며칠이나 수십 시간씩 걸리던 설계 건들을 서너 번의 클릭만으로 시제품까지 만들 수 있게 되었다. 뿐만 아니라 내쇼날 세미컨덕터는 부품 카탈로그부터 신속한 시뮬레이션 프로그램까지 모든 것을 제공해 주고 있다. 내쇼날 세미컨덕터의 부품을 선택할 수밖에 없지 않겠는가?"

'상품이나 서비스, 마케팅과 유통 단계까지 고객을 참여시키면 로열티가 정말로 높아질까?'라는 생각을 가진 사람도 있을 것이다. 하지만 고객을 참여시키면 충성고객은 물론 더 나아가 열렬한 팬, 알파고객으로도 진화시킬 수 있다.

프로슈머들은 직접 참여할 기회를 통해 만족과 함께 성취감도 얻는다. 자신이 제안한 아이디어가 특정 상품이나 서비스에 반영되었다고 생각해 보라. 해당 상품과 서비스에 애착을 갖고 재구매하는 것은 물론 주변 사람들에게도 적극 자랑하지 않겠는가?

또한 이런 프로슈머들은 대개 얼리어답터(Early Adopter:신제품을 다른 사람들에 비해 비교적 빨리 사는 사람) 성향이 강하다. 이들은 열심히 주변 사람들에게 입소문을 내는 성향의 사람들이다. 따라서 프로슈머로 참여한 고객들은 알파고객으로 진화할 확률이 높다.

회사원 김명석(29세) 씨와 같은 경우가 대표적이다. 그는 현재 A이동전화 회사의 알파고객이다. 김명석 씨가 A사의 알파고객이 된 이유는 아주 단순하다. 대학생 시절에 A사 통화 품질 평가단의 품질 모니터 요원으로 1년간 활동했다는 이유 때문이다. 김명석 씨는 A사의 알파고객이 된 이유를 보자.

통화 품질 평가 모니터링을 통해 알파고객이 되었어요!

"모니터 요원으로 1년간 활동하면서 정기적으로 통화 품질에 대해 모니터링 해주는 조건으로 이동전화를 마음껏 사용했습니다. 통화 품질에 대해 모니터링 해

주는 노력에 비해 이용 요금에 구애를 받지 않고 마음껏 쓸 수 있었던 것은 내게 너무 큰 혜택이었습니다. 너무 고마워서 통화 품질 모니터 요원을 그만둔 이후에도 A사의 팬이 되었습니다. B사나 C사에서 단말기 보조금이나 유리한 요금 제도, 영화나 패밀리 레스토랑 할인 등의 혜택을 아무리 많이 제공해도 나는 A사의 평생고객으로 남을 것입니다."

고객들을 참여시키면 이처럼 로열티로 보답하는 경우가 의외로 많다. 상품이나 서비스 기획, 품질 평가, 마케팅과 유통 등 기업의 모든 과정에 고객을 참여시키는 방법이야말로 그들을 열렬한 팬, 알파고객으로 진화시킬 수 있는 아주 유용한 방법이다.

당신의 회사는 어떤가? 고객들을 상품이나 서비스 기획 단계에 참여시켜 의견을 반영하는 수준인가 아니면 마케팅이나 유통 과정에까지 폭넓게 참여시키는 수준인가?

프로슈머 마케팅에서 차별적 경쟁 우위를 확보하는 방법은 고객들을 더 많이 참여시키는 것이다. 고객들을 최대한 많이 참여시키는 것이 충성고객을 만들고 더 나아가 열렬한 팬, 알파고객으로 진화시키는 확실한 방법 중 하나이기 때문이다.

5장

열렬한 팬,
알파고객 만들기

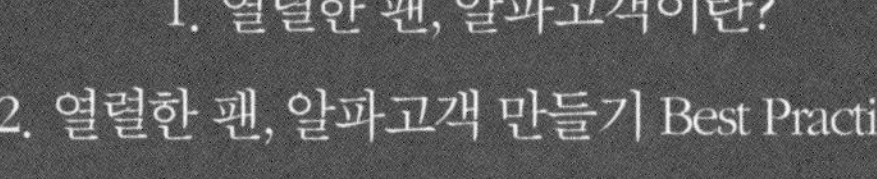

1. 열렬한 팬, 알파고객이란?

2. 열렬한 팬, 알파고객 만들기 Best Practice:
   애플엔 왜 애플빠가 많을까?

열렬한 팬,
알파고객이란?

1_ 레드슈머(Redsumer)vs블루슈머(Bluesumer)

2007년부터 통계청이 매년 기업들이 주목해야 할 블루슈머를 선정해 화제를 낳고 있다. 2007년 새로운 소비계층으로 급부상할 경쟁이 없는 고객이라는 의미로 당시 통계청에서 블루슈머라고 명명한 고객군은 다음과 같았다. '20대 아침 사양족', '피곤한 직장인', '이동족', '무서워하는 여성', '3050 일하는 엄마', '살찐 사람' 등이다.

또한 2010년 KOTRA에서는 블루슈머로 '새로운 여자들', '골든 싱글족', '젊음과 건강', '즐기는 삶', '화려한 실버 세대', '강력한 비주류', '이국적 문화', '날씨', '맞벌이 부부', '럭셔리 펫', '경건한 소비자', '아름다운 남성'을 꼽으며 미래를 지배할 12가지 골든 마켓이라 불렀다. 이들을 과연 블루슈머라 할 수 있을까?

아니다. 이들도 경쟁자가 더 유리한 조건을 제시하면 이탈할 수 있

는 고객들이기 때문이다. 블루슈머(Blusumer)란 블루오션(Blue Ocean)
과 소비자를 말하는 컨슈머(Consumer)의 합성어로, 경쟁이 없는 소비
자를 말한다. 따라서 통계청과 KOTRA가 언급한 소비자들은 블루슈머
라기보다는 그로슈머(Growsumer), 즉 성장성이 큰 매력적인 소비자로
정의하는 것이 타당하다.

그렇다면 진정한 블루슈머는 어떤 고객을 말하는 것일까? 만족고객
일까? 아니다. 만족고객 역시 블루슈머가 될 수 없다. 만족하면서도
이탈하기 때문이다. 블루오션이 경쟁이 없는 시장을 말하듯, 블루슈
머 역시 경쟁을 무의미하게 만드는 고객, 즉 경쟁이 아무리 심해도 특
정 상품이나 브랜드에 지속적으로 충성을 보내는 열렬한 팬과 같은 고
객을 말한다. 따라서 경쟁사의 어떤 유혹에도 흔들림 없이 일관되게
로열티를 갖는 고객이라야 진정한 블루슈머라 할 수 있다. 어떤 이유
에서든 자신이 선택한 상품과 브랜드를 바꾸는 나비고객은 레드슈머
(Redsumer, Red Ocean과 Consumer의 합성어)라 할 수 있다.

지금까지 알려진 최고의 블루슈머는 충성고객이다. 충성고객은 로
열티를 갖고 특정 상품과 서비스를 재구매하거나 이탈하지 않고 지속
적으로 사용하기 때문이다. 그러나 충성고객 모두를 진정한 블루슈머
라 할 수는 없다. 더 좋은 조건을 갖춘 상품이나 서비스, 기업이 나타나
면 이탈하는 충성고객도 있기 때문이다.

그렇다면 충성고객이 왜 진정한 블루슈머가 아닌지 알아보자. 다음
과 같은 3가지 딜레마를 안고 있기 때문이다.

2_ 충성고객이 블루슈머가 아닌 3가지 이유

기업의 궁극적인 목적은 지속적으로 수익을 창출하며 성장하는 것, 즉

지속 가능 기업이 되는 것이다. 여러 차례 강조했듯이 이를 위해 가장 중요한 것은 고객을 이탈시키지 않는 것이다. 이런 사실을 잘 아는 을(乙)들은 고객 로열티를 높이기 위해 많은 노력을 기울인다. 고객 로열티를 높이는 것이 지속적 성장과 수익 창출에 도움이 되기 때문이다.

그렇다면 충성고객을 많이 만들면 지속적인 성장과 수익 창출이 가능할까? 반드시 그렇지는 않다. 앞서 설명한 것처럼 가격이나 로열티 프로그램, 편리함 등 조건에 충성하는 고객들이 있기 때문이다. 이 때문에 고객 로열티와 충성고객에 대해 비판하는 사람들도 많다. 이들은 '충성고객이 반드시 높은 수익을 창출해 주고, 지속적인 성장 동력을 제공하지는 않는다. 보통 고객보다 수익 공헌도가 나쁜 경우도 많다'는 주장을 편다.

맞는 말이다. 충성고객이 수익성 제고에 전혀 도움을 주지 못하는 경우도 제법 있기는 하다. 충성고객이 기여하는 이익을 초과해 혜택을 주는 경우가 이에 해당된다. 그래서 우선 충성고객이 안고 있는 딜레마가 무엇인지 알아보고, 해결 방안을 찾아볼 것이다. 충성고객을 진정한 블루슈머라 할 수 없는 이유는 다음의 3가지 때문이다.

1. 모든 충성고객이 반드시 높은 수익을 주지는 않는다.
2. 어떤 조건에 충성하는 고객들이 있다.
3. 불만족하면서도 충성하는 고객들이 있다.

앞에서 [그림 2-3]을 중심으로 고객 로열티와 수익 창출 효과에 대해 설명했다. 충성고객은 기본 수익, 수익 증대 효과, 비용 절감, 고객 추천 효과, 가격 프리미엄과 같은 5가지 이유 때문에 수익에 공헌한다고 했다.

그런데 왜 모든 충성고객이 높은 수익을 주지 않는 것일까? 가격과 로열티 프로그램에 충성하는 고객이 있기 때문이다. 앞서 설명한 것처럼 고객은 저마다의 이유가 있어 특정 상품이나 서비스, 매장 등을 이탈하지 않고 다시 찾는다. 충성고객 중에는 특히 가격이나 포인트, 마일리지, 캐시백과 같은 인센티브에 충성하는 이들도 많다.

낮은 가격에 충성하는 고객들은 자신이 만족하는 가격에 특정 상품이나 서비스, 매장을 지속적으로 이용할 수 있기를 바란다. 또한 이들은 더 싸게 파는 곳은 없는지 항상 관심을 갖는다. 심지어 온라인 가격 비교 사이트를 자주 방문하고, 오프라인 매장에서 쇼핑을 할 때도 온라인 가격 정보를 토대로 여기 저기 발품을 팔며 가장 싼 곳을 찾아 다닌다.

'어느 곳에서는 더 싸게 살 수 있다. 그 이하로 주지 않으면 사지 않겠다'고 말하는 고객이 있다면 당신은 어떻게 하겠는가? 어떤 사람은 울며 겨자 먹기로 고객이 요구하는 가격에 팔 것이다. 우선 팔아야 한다고 생각하기 때문이다. 이런 고객이 많으면 많을수록 지속적으로 높은 수익을 올리기란 쉽지 않다.

포인트나 마일리지 등의 로열티 프로그램 때문에 충성하는 고객 역시 마찬가지이다. 받은 혜택 이상으로 수익에 공헌해야 하는데, 그렇지 않은 고객들이 제법 많다. 이런 고객들이 존재하기 때문에 충성고객 비판론자들이 충성고객의 수익 기여도가 일반고객들보다도 더 나쁘다고 말하는 것이다.

롯데백화점 명품관인 에비뉴엘의 VVIP 고객이자 충성고객인 한 주부 고객의 수익 공헌도를 실제로 분석해 보니 마이너스가 나온 경우가 있었다. 그 고객이 올려 주는 수익보다 백화점에서 제공하는 다양한 서비스 비용이 더 많았던 것이다. B2B 고객의 경우에도 수익 공헌도가 마이너스인 경우가 있다. 특정 기업에 매출의 50% 이상을 납품받으면서 단가는 원가 이하로 계약하는 경우가 여기에 해당된다.

두 번째, 어떤 조건에 충성하는 고객들이 있다. 입지의 편리함, 독과점, 연고 관계 등 어쩔 수 없는 상황적 요인 등에 충성하는 고객들이 여기에 해당한다. 이런 조건에 충성하는 고객들도 자신에게 유리한 조건에 따라 이탈하기 때문에 블루슈머라 할 수 없다.

세 번째, 불만족하면서도 충성하는 고객들이 있다. 예를 들면 요금이 비싸다고 해서 전기와 수도물을 쓰지 않을 수 없는 것과 같은 경우이다. 독과점적인 상품이나 서비스가 아닌 경우에도 이런 고객들이 있다. 품질에 불만이 있지만 경쟁 상품은 더 만족스럽지 못하거나 애국심이 허락하지 않는 경우를 비롯해 상품의 본원적 가치에 불만이 있는 것은 아니지만 그 회사의 노사 관계나 사회공헌 활동이 불만인 경우, 영업인이나 고객 서비스 담당자가 불친절해 마음에 들지는 않지만 품질이 좋으니 어쩔 수 없이 사용하는 경우 등이 여기에 포함된다.

대부분의 기업에 정도의 차이는 있지만 이런 고객들이 존재한다. 따라서 자사의 고객들이 충성하는 이유를 파악하는 것은 매우 중요하다. 가격이나 로열티 프로그램에 충성하는 고객들은 몇 %인지, 습관이나 편의성에 충성하는 고객들은 몇 %인지, 독과점적 지위나 어쩔 수 없는 상황 때문인 고객들은 몇 %인지, 열정적인 지지를 보내는 고객들은 몇 %인지 말이다.

재무적 가치를 기준으로 고객을 A, B, C 등급이나 5등급 등으로 나누어 등급별로 관리하는 것도 중요하다. 하지만 충성고객이 전체 고객 중 얼마나 되고, 그 유형이 어떻게 분포되어 있는지를 아는 것은 더 중요하다. 그리고 한 발 더 나아가 고객별 충성 유형도 파악해야 한다.

3_ 열렬한 팬, 알파고객이 진정한 블루슈머다

사회 곳곳에서 여성 파워가 거세다. 판·검사 임용 대상자 중 절반 이상이 여성들이고, 대학 수석 졸업의 영예 역시 여성들이 대부분 차지하고 있다. 이것은 국내의 현상만이 아니다. 전 세계적인 트렌드이다. 이런 트렌드를 반영한 신조어가 바로 '알파걸'이다. '알파걸'이란 공부·운동·리더십 등 다양한 분야에서 탁월한 능력을 발휘하는 여성들을 일컫는 말로 '첫째가는 여성, 최고의 여성'이란 뜻이다.

고객의 세계에서도 '첫째가는 고객, 즉 최고의 고객'인 알파고객이 존재한다. 그렇다면 최고의 고객인 알파고객은 도대체 어떤 고객일까? '알파걸'일까? '알파보이'일까? 부자 고객일까? VIP 고객이나 VVIP 고객일까?

모두 아니다. 이들도 어떤 조건에 따라 이탈할 수 있고, 수익 공헌도도 낮을 수 있기 때문이다. 그렇다면 열렬한 팬, 알파고객은 어떤 고객을 말하는가?

필자는 알파고객을 다음과 같이 정의한다. '어떤 조건에 충성하지 않고 특정 상품이나 서비스, 기업, 사람에게 열정적인 지지를 보내는 최고의 고객', 즉 헌신적으로 특정 상품이나 브랜드를 재구매하거나 지속적으로 사용하면서 지갑 점유율도 높고, 주변 사람을 적극 추천하며, 향후에도 그런 상태를 유지할 의향이 매우 높은 열렬한 팬과 같은 고객을 말한다. 이런 열렬한 팬, 알파고객이야말로 진정한 블루슈머라 할 수 있다.

전 세계에서 알파고객이 가장 많은 기업으로는 미국의 오토바이 회사인 할리 데이비슨을 꼽을 수 있다. 할리 데이비슨의 고객 중 알파고객 비율은 80%를 넘는다. 할리 데이비슨이 열렬한 팬, 알파고객을 어떻게 만들었는지는 뒷부분에서 확인할 것이다.

그렇다면 국내 기업들은 열렬한 팬, 알파고객이 얼마나 될까? 업종별, 기업별로 차이가 있지만 평균 10% 정도이다. 따라서 이제부터라도 열렬한 팬, 알파고객을 만들기 위해 노력해야 한다. 알파고객이 지속적 성장과 수익 창출을 가져다주는 진정한 블루슈머이기 때문이다. 알파고객이 진정한 블루슈머인 이유는 다음의 5가지 이유 때문이다.

1. 이탈하지 않고 어떤 경우든 재이용하거나 재구매한다.
2. 지갑 점유율이 매우 높다.
3. 주변 사람들에게 상품이나 서비스, 기업을 적극 추천한다.
4. 로열티 프로그램이나 가격, 상황적 요인에 영향을 받지 않는다.
5. 자신은 물론 대를 이어 충성한다.

알파고객이 기업에만 존재하는 것은 아니다. 프로 스포츠 구단, 병원, 약국, 야채가게, 정당, 연예인, 심지어 정치인들까지 이 세상 어떤 을(乙)이든 알파고객은 존재한다. 단지 그 수가 많냐 적냐의 차이가 있을 뿐이다. 축구의 예를 통해 왜 열렬한 팬, 알파고객을 만들기 위해 전력 투구해야 하는지 알아보자.

4_ 알파고객의 크기가 성공의 크기를 정한다

영국 프리미어 리그는 왜 세계 최고의 프로 축구 리그로 불릴까? 그리고 맨체스터 유나이티드는 왜 세계 최고의 프로 스포츠 팀으로 불릴까? 이유는 단 하나다. 진정한 블루슈머인 알파고객이 전 세계 어떤 프로 축구 리그, 어떤 프로 스포츠 팀보다 많기 때문이다.

국내에서 가장 인기 있는 스포츠가 무엇인지 물으면 아마 의견이 분분할 것이다. 야구나 축구를 말하는 사람도 있겠지만, 농구나 배구를 말하는 사람도 있을 것이다. 영국 사람들에게 똑같이 묻는다면 어떨까? 축구라고 답하는 사람들이 압도적일 것이다. 영국은 프리미어 리그 경기가 있는 날이면 가족이나 친구끼리 좋아하는 팀의 유니폼을 입고 열정적으로 응원에 나선다. 축구가 거의 일상 생활화되어 있다. 남자들만 그런 것이 아니라 80대의 할머니와 할아버지부터 10대의 손자들까지 3대가 한 팀의 열렬한 팬이 되어 응원한다.

영국인들에게 축구는 생활 그 이상이다. 영국인들은 비즈니스도 축구 경기장의 VIP석에서 한다. 와인이나 맥주를 곁들인 저녁식사를 하면서 말이다. 영국 내에서만 그런 것도 아니다. 유럽 어디를 가도 영국인들은 펍이나 바에서 축구를 같이 볼 사람이나 월요일 오후에 축구를 같이 할 사람을 찾는다. 축구를 좋아하지 않는 사람들 입장에서 보면 마치 축구에 중독된 사람들처럼 느껴질 정도이다.

한때 '해가 지지 않는 나라'로 불렸던 영국이 이제는 '축구로 해가 뜨고 축구로 해가 지는 나라'가 됐다고 해도 틀린 말이 아니다. 남성들은 특히 도가 지나칠 정도이다. 한 연구 조사에 의하면, 영국 남성들은 축구를 여자보다 더 좋아하는 것으로 나타났다. 다음은 2006년에 TNS글로벌이라는 리서치 회사가 영국 성인 남성들의 축구에 대한 의식을 조사해 발표한 내용이다.

▲영국 남성들 여자보다 축구를 더 사랑해!

TNS글로벌이 월드컵 후원업체인 건전지업체 듀라셀의 의뢰를 받아 영국 전역에서 2,000여 명의 남성들을 대상으로 수행한 이 설문 조사 결과, 영국 남성들의 94%는 자신이 좋아하는 축구팀이 나쁜 성적을 보여도 그 팀에 대한 사랑을 결코 멈추지 않을 것이라고 밝혔다. 반면 여성에 대해서는 52%가 관계를 끊을 것이라고 답했다.

이에 대해 심리학자 애릭 시그먼은 "만약 영국 남성들이 파트너에 대해 이 같은 성향을 보여 준다면 이혼률이 하룻밤에 절반으로 줄어들 것"이라며 "정치인들에 대한 충성심이 카멜레온과 같고 일과 이해관계에 따라 오락가락하는 시대에, 축구에 대한 로열티는 신앙심에 버금갈 정도로 영국 남성들 속에서 살아 있다"고 말했다.

그리고 응답자의 1/4은 축구 경기를 보기 위해 가족 장례식에 참석하지 않을 수도 있다고 밝혔다. 또한 영국 남성들의 59%는 축구가 자신들에게 민족적 자부심을 준다고 답한 반면 스코틀랜드 남성들의 55%는 축구가 민족적 수치심을 안겨준다고 답했다.

이 조사는 또 축구가 남성들이 감정을 드러내는 한 방식임을 드러냈다. 응답자의 39%가 축구로 인해 기쁘거나 슬퍼서 눈물을 흘리며 울었다고 토로했다. 반면 거의 1/3에 가까운 응답자들은 다른 사람들과의 결속을 깨닫는 데 축구가 결정적이라고 답했다.

〈출처 : 머니투데이〉

영국인들은 이처럼 축구를 광적으로 좋아한다. 1부 리그인 프리미어 리그 경기가 있는 날이면 경기장은 물론 술집들까지 축구팬들로 넘쳐난다. 맨체스터 유나이티드나 첼시, 아스날, 리버풀 같은 팀들의 경기장엔 5만 명 이상의 관중들로 인산인해를 이룬다. 시즌 중 매주 2게 임씩을 소화하는데도 말이다. 이들이야 말로 진정한 블루슈머, 알파고 객이라 할 수 있지 않을까?

반면 국내의 K리그는 어떤가? 프리미어 리그에 비하면 턱없이 부족 하다. K리그 경기에도 5만 명의 관중이 입장한 적이 있었다. 2007년 4 월 8일 FC 서울과 수원 삼성이 상암동 월드컵 경기장에서 경기를 했을 때다. 당시 관중 수가 5만 5,397명으로, K리그도 5만 관중 시대가 열렸 다고 자축했다. 그러나 1년에 한두 번 정도라는 것이 문제다. 그것도 수원 삼성이나 FC 서울 등 몇몇 인기 구단 간의 라이벌 경기에만 많은 관중이 몰린다.(아래의 K리그 한 경기 역대 최다 관중 기록 참조)

프리미어 리그의 게임당 평균 관중은 33,875명(2005/2006년 기준)이 다. 반면 K리그의 평균 관중은 2005년 약 12,000여 명, 2006년 7,245명 이다. 2006년보다 2005년에 K리그의 평균 관중 수가 더 많았던 이유 는 박주영 선수 때문이었다. 박주영 특수를 누렸던 2005년조차 프리미 어 리그의 1/3 수준이다. 그나마 다행인 것은 최근 K리그 평균 관중이 2010년 10,942명, 2011년 11,297명으로 1만 명을 넘겼다는 것이다. 그 래도 프리미어 리그에 비하면 여전히 2만 명 이상 적다.

[표 5-1] K리그 한경기 역대 최다관중 기록

2007년 4월8일	서울 - 수원(서울W)	5만 5,397명
2005년 7월10일	서울 - 포항(서울W)	4만 8,375명
2004년 4월3일	서울 - 부산(서울W)	4만 7,928명
2003년 3월23일	대구 - 수원(대구W)	4만 5,210명
2003년 6월18일	대전 - 울산(대전W)	4만 3,077명
2005년 5월5일	대구 - 수원(대구W)	4만 2,562명
2002년 7월21일	수원 - 부산(수원W)	4만 2,280명
2005년 5월1일	서울 - 울산(서울W)	4만 1,163명

[그림 5-1] 한 경기 최다 관중 55,397명이 입장했던 FC서울과 수원 삼성의 경기 장면
(2007년 4월8일, 상암 월드컵경기장)

그렇다면 왜 이런 차이가 나는 것일까? 그리고 프리미어 리그는 어떻게 세계 최고의 프로 축구 리그가 될 수 있었을까? 막강한 외국 자본을 유치하여 최고의 선수들을 끌어들이고 마케팅을 강화했기 때문일까?

현재 프리미어 리그는 세계 최고 선수들의 경연장이다. K리그에서 활동하는 선수들과는 비교가 되지 않는다. 상품의 품질과 성능, 즉 본원적 속성과 브랜드 파워에서 K리그를 압도한다. 그렇다면 이것이 프리미어 리그와 K리그의 차이를 가져오는 것일까?

도박을 좋아하는 영국인들은 매 경기마다 자신이 좋아하는 팀에 배팅을 하고 술을 마시면서 축구를 즐긴다. 그렇다면 술을 마시면서 축구도 보고, 도박도 즐길 수 있기 때문일까?

프리미어 리그에서는 같은 도시에 있는 팀들끼리도 맨체스터 더비니 북런던 더비 같은 명칭을 써가며 교묘하게 팬들의 경쟁 심리를 자극한다. 우리나라에서는 한때 망국병으로까지 매도됐던 지역감정마저 마케팅에 활용해 애향심을 자극한다. 이러한 지역 연고주의로 애향심을 자극하는 것 때문일까?

모두 맞는 말이다. 지금까지 열거한 내용들은 프리미어 리그가 영국인들은 물론 전 세계 축구팬들로부터 사랑을 받는 이유들 중 하나다. 그러나 가장 중요한 요인이라고 볼 수는 없다. 프리미어 리그를 세계 최고의 프로 축구 리그로 만들기 위한 노력들이 하나의 결과로 귀결됐기 때문이다. 바로 광적일 정도의 지지를 보내는 열렬한 팬, 즉 알파고객을 만들기 위한 노력말이다. 프리미어 리그 팀들은 무엇보다도 열광적인 지지를 보내는 알파고객을 만들기 위해 즐거움과 감동을 주는 축구, 각본 없는 드라마보다 더 짜릿함을 주는 축구를 만들기 위해 노력했다.

축구장에서는 조명이 생명이다. 칙칙한 영국의 날씨 탓도 있지만, 그림자 부분을 최소화하고 관중들이 축구에만 몰입하도록 하기 위해서 낮에도 환하게 조명을 켠다. TV를 시청하는 이들에게도 최상의 화면과 서비스를 제공하기 위해 수십 대의 카메라가 경기장 구석구석까지 잡아 준다.

크리켓만 보는 부자들을 위해서는 쾌적한 환경에서 축구를 볼 수 있도록 스카이 박스와 VIP석을 신설했다. 축구에 소외되어 있던 여성을 끌어들이기 위해서는 여성용 저지도 만들고 여성팀도 만들었다. 프리미어 리그를 보려는 아시아나 호주 등지의 사람들을 위해서는 일급 호텔 2박 숙박권과 VIP석 관람권 등을 묶은 패키지 상품도 내놓았다. 이런 노력으로 맨체스터 유나이티드의 홈구장 올드 트래포드 투어에는 연평균 25만여 명의 관광객이 다녀간다.

그리고 지역 사람들에게 다가가기 위한 커뮤니티 마케팅과 사회봉사 활동에도 적극적이다. 풀럼은 런던을 연고지로 하는 팀이다. 아스

널과 첼시, 토트넘, 웨스트 햄 등이 옆에 존재하는 만큼 팬들과 한 발자국이라도 더 가깝게 다가가야 한다고 판단해 구단과 연계된 축구교실을 런던 남부지역 곳곳에 개설해 팬들의 자발적인 유도를 이끌어냈다. 어린 시절 축구를 시작함과 동시에 풀럼의 팬으로 만들기 위해서다.

프리미어 리그 팀들은 크리스마스와 연말, 연초가 되면 경기 일정이 빠듯한데도 병원이나 소외된 계층을 방문한다. 이처럼 프리미어 리그 팀들은 세 살부터 여든 살까지 남녀노소를 가리지 않고 자신들의 영원한 팬, 즉 알파고객을 만들기 위해 노력한다. 특정 팀과 선수에 열광적인 지지를 보내는 이런 알파고객들이 있기에 영국의 프로 축구는 현재도 승승장구하고 있다.

반면 국내의 프로 축구는 아직 알파고객들이 많지 않다. 단적인 예가 2005년과 2007년이다. 2005년 박주영이라는 한 유망주의 출현에 축구장을 찾았던 많은 관중들이 2006년에는 경기장을 다시 찾지 않았다. 알파고객은커녕 충성고객조차 만들지 못했던 것이다.

2007년도 마찬가지였다. 2007년 4월 8일, 국내 프로 축구 사상 최다 관중이 상암 월드컵 경기장을 찾은 것은 FC서울의 귀네슈 감독 때문이었다. 2002년 한일 월드컵에서 터키를 일약 3위에 올려 놓았던 귀네슈 감독이 2007년 초에 FC서울 감독으로 부임해 무패 연승의 신드롬을 일으켰던 것이다.

이때 차범근 감독이 이끄는 수원 삼성과의 대결은 큰 관심을 끌만한 경기였다. 최다 관중이 몰릴 이유가 충분했던 것이다. 그러나 그 이후 관중 수는 다시 줄기 시작했다. 그렇다면 K리그는 왜 매 경기마다 5만 관중으로 인산인해를 이루지 못하는 것일까?

여기서 주목해야 할 것이 있다. 축구협회 및 구단 관계자, 감독, 선수들의 마인드다. 박주영이나 귀네슈 신드롬 같은 빅 이슈가 있을 때마다 축구장을 찾는 관중들을 어떻게 하면 열렬한 팬, 즉 알파고객으로 만들 수 있을까 고민했어야 했다.

그러나 그들은 승리만을 최우선으로 했다. 이기기만 하면 재미없는 수비 축구도 괜찮고, 적당한 반칙도 어쩔 수 없다고 생각했다. 오심 문제가 대두돼도 덮어두기에 급급했다. 팬들을 위한 것이 아니라 축구협회나 구단, 감독, 선수 등 관계자의 이익을 우선했다.

정작 관중이 적은 이유는 재정이 열악해서도, 세계적인 스타가 없어서도 아니다. 우승이나 승리만을 위한 목표만 있을 뿐 팬들에게 즐거움과 감동을 주겠다는 목표나 열정이 없기 때문이다. 이것이 프리미어 리그와 K리그의 가장 큰 차이점이다. 다행히도 최근 들어 K리그 각 구단들도 알파고객 만들기에 나서고 있다. 프리미어 리그 팀들처럼 연고지 팬들과 교류도 하고, 봉사활동도 하고 있다. 하지만 아직은 많이 부족해 보인다.

K리그만 그런 것이 아니다. 대부분의 기업이나 자영업자, 영업인 등 모든 을(乙)들 역시 마찬가지이다. 알파고객의 크기가 곧 성공의 크기와 비례한다는 사실을 망각하고 있다. 그렇다면 그들이 알파고객을 많이 만들기 위해서는 무엇을 어떻게 해야 할까? 그에 대한 해답을 찾아보자.

열렬한 팬, 알파고객 만들기 Best Practice: 애플엔 왜 애플빠가 많을까?

1_ 애플에 애플빠가 많은 이유는?

많은 사람들이 애플 고객을 애플빠(애플 제품에 맹목적으로 열광하는 '애플 마니아'를 일컫는 은어)라 부른다. 아이폰이나 아이팟, 아이패드와 같이 빅 히트 상품은 물론 맥북에어나 맥킨토시 같이 세분화된 특정 고객에게서 성공한 제품 역시 애플빠라는 열렬한 팬, 알파고객이 존재한다.

그렇다면 애플에는 왜 애플빠라는 알파고객이 많은 것일까? 고객들이 꼭 필요로 했던 것들을 다른 기업보다 먼저 상품화했기 때문일까? 그렇지 않다. 아이팟의 경우 이미 MP3가 나와 있었지만, 음악 파일을 쉽게 구매할 수 있는 '아이튠즈'란 시스템으로 음악 애호가들을 애플 마니아로 만들었다. 아이폰, 아이패드 역시 마찬가지이다. 애플은 이처럼 충성고객 만들기에 그치지 않고 더 나아가 애플빠라는 열렬한 팬인 알파고객을 만드는 능력이 탁월하다.

그렇다면 애플이 애플빠라는 알파고객을 만들 수 있었던 요인은 무엇일까? 상품의 품질·기능·디자인 등 본원적 가치가 뛰어났기 때문일까? 맞다. 대부분의 애플빠 역시 '처음에는 성능과 기능이 뛰어나서', '디자인이 마음에 들어서'와 같은 이유로 아이팟이나 아이폰, 아이패드를 선택했다고 말한다.

그러나 애플은 본원적 가치의 우수성만을 강조하지 않는다. 그것을 뛰어넘어 창의성과 혁신성을 상징하는 아이콘으로 자리매김하려고 노력한다. 신제품이 출시될 때마다 스티브 잡스가 직접 연사로 나서 창의성과 혁신성을 강조했던 이유가 바로 여기에 있다.

애플 제품을 사용해 본 고객들은 제품에 반영된 스티브 잡스의 발상 전환에 금방 매료되었다. 그리고 애플의 제품을 쓴다는 건 이들에게 스티브 잡스의 창의적 행보에 동참한다는 의미이자 자신도 혁신적인 사람이라는 자부심을 갖게 만드는 것이었다.

반면 국내 기업들은 어떠한가? 삼성빠, LG빠, 현대빠라는 알파고객이 과연 얼마나 될까? 또한 삼성의 글로벌 베스트 셀러인 갤럭시 시리즈는 어떨까? 갤빠로 불리는 알파고객들이 어느 정도나 될까?

갤럭시S 시리즈는 아이폰 시리즈에 비해 품질·기능·디자인 등 하드웨어 제품의 본원적 가치에서는 전혀 뒤지지 않는다는 평가를 받고 있다. 특정 사양에서는 오히려 아이폰을 능가한다는 평가를 받기도 한다. 이런 본원적 가치의 우수성에 힘입어 전 세계 시장에서 갤럭시S 시리즈의 판매량은 아이폰을 뛰어넘었다.

그럼에도 불구하고 아이폰 시리즈의 고객 충성도는 지금까지 출시된 스마트폰 브랜드 중 가장 높다. 2011년 9월, 'UBS 인베스트먼트 리서치'가 스마트폰 사용자들의 충성도를 조사한 결과, 애플의 아이폰

고객들이 스마트폰 사용자들 중 가장 높은 재구매 의사를 보였다. 아이폰이 89%로 가장 높았고, 이어 HTC 39%, RIM 33%, 삼성 28%, 모토로라 25%, 노키아 24% 순이었다.

왜 이런 현상이 나타난 것일까? 갤럭시 시리즈의 고객들 역시 품질·기능·디자인 등 제품의 본원적 가치에만 충성하는 것은 아닐까? 한때 세계 초일류로 평가받던 소니나 노키아처럼 말이다.

품질이나 기능, 디자인과 같은 본원적 가치에서 우위를 갖는 것도 물론 고객 충성도를 높이는데 매우 중요하다. 그러나 제품의 본원적 가치 우위만으로는 한계가 있다. 고객의 이성적 지지를 얻어낼 수는 있으나, 감성적으로 교감하는 것은 어렵기 때문이다. 혹평을 받던 아이폰4가 스티브 잡스가 죽은 후 날개 돋친 듯 팔린 이유는 제품의 본원적 가치 때문이 아니다. 고객들 사이에 감성적 브랜드로 자리 잡고 있었기 때문이다.

그러므로 이제는 제품의 본원적 가치를 떠나 기업의 철학과 가치를 통해 고객과 감성적으로 교감하는 역량을 구축해야 한다. 그래야만 강력한 경쟁자가 나타나거나 유행이 지나간다 해도 고객들에게 지속적으로 재선택받는 브랜드, 지속 가능 기업으로 생존할 수 있다.

2_ 애플은 고객들과 감성으로 교감한다

그렇다면 애플처럼 고객들과 감성적으로 교감하기 위해서는 무엇을, 어떻게 해야 할까? 제품의 본원적 가치외에 호기심, 자부심, 재미, 스토리와 같은 감성적 가치를 팔기 위해 노력해야 한다. 그렇다면 애플은 어떤 방식으로 고객들과 감성적으로 교감을 했을까?

첫 번째, 애플은 고객들이 호기심을 갖게 만든다. 아이폰, 아이패드 등 애플의 신제품에 대한 잠재고객들의 호기심은 유별나다. 아이폰 시리즈나 아이패드 시리즈는 수개월 전부터 소문이 나기 시작해 출시 전날까지 기능, 디자인 등 제품의 모든 사양이 기사화되어 기존고객들과 잠재고객들에게 신제품에 대한 폭발적인 관심을 갖도록 유도한다. 돈 한 푼 들이지 않고 수억 달러어치의 광고 효과를 얻는 것이다.

두 번째, 제품을 소유하는 것 자체에 자부심을 갖도록 만든다. [그림 5-2]은 2011년 3월 애플이 아이패드2를 출시했을 때, 고객들이 이른 아침부터 로스엔젤레스의 애플 스토어에 줄을 서서 구매 순서를 기다리는 모습이다. 현금 판매를 하는데도 고객들은 왜 이렇게 줄을 서서 기다리는 것일까? 자부심을 가지기 때문이다. 현금을 들고 줄을 서서라도 가장 먼저 아이패드2를 산다는 것은 주변 사람들로부터 자신이 혁신적인 사람, 시대를 앞서가는 사람이라고 인정받고 싶은 심리가 깔려 있다. 신세계 정용진 부회장이 아이패드를 받은 뒤 트윗을 날린 것 역시 비슷한 심리라 할 수 있다.

[그림 5-2] 2011년 3월, 애플이 아이패드2를 출시할 때 로스엔젤레스 애플 스토어에 이른 아침부터 줄을 서서 구매 순번을 기다리는 고객들의 모습

특정 제품을 소유하는 것 자체로 자부심을 갖는 제품들은 주로 명품에 속한다. 하지만 최근에는 스마트폰이나 태블릿 PC와 같은 IT 기기를 명품처럼 여기는 이들이 많다. 애플은 이런 고객들의 심리를 꿰뚫어 애플 제품을 소유하는 것 자체에 자부심을 가지도록 만들었다. '애플 제품은 단순한 IT 기기가 아니라 명품이며, 애플 제품을 가진 사람은 시대

를 앞서가는 트렌드 세터'라는 자부심을 갖도록 만든 것이다.

최근 삼성에서도 갤빠를 만들기 위해 노력하고 있다. 그 노력 중 하나가 'CES 2012'에서 IT 블로거 등 디지털 유명 인사들을 위해 '스마트 라운지'를 마련한 것이다. 전시장은 대개 일반인이 쉬거나 앉을 공간이 부족하다. 삼성전자는 이 점에 착안, 블로거들이 삼성 제품이 전시된 스마트 라운지를 방문해 자연스럽게 제품을 접할 수 있도록 배려했다.

이는 국내 백화점들이 VIP 고객을 열렬한 팬, 즉 알파고객으로 만들기 위해 MVG 라운지나 쟈스민 룸, 라벤다 룸 같은 VIP 고객 전용 라운지를 운영하는 것과 똑같은 콘셉트이다. 이런 방법으로 과연 갤빠를 만들 수 있겠느냐고 생각하는 사람도 있을 것이다. 물론 맞는 말이다. '갤럭시 시리즈=명품 스마트폰'으로 확고하게 자리매김시키는 것이 더 우선일 것이다.

하지만 이와 같은 방법 역시 꽤나 유용하다. 세계적인 PB은행들이 집사와 같은 서비스를 제공하는 것처럼 자신이 대우받고 있다는 심리 상태를 만드는 것 또한 자부심을 느끼게 만드는 가장 전통적인 방법 중 하나이다. 따라서 삼성의 '스마트 라운지' 운영이 효과를 보기 위해서는 다른 전시회에서도 지속적으로 유명 IT 블로거는 물론 일반고객들에까지 '내가 확실히 대우받고 있구나!'란 생각을 갖도록 만들어야 한다.

세 번째, 재미를 준다. 아이폰 시리즈가 국내에 출시된 후, 한때 재미있는 이야기가 회자된 적이 있었다. 초등생 자녀들이 아빠의 퇴근을 손꼽아 기다린다는 이야기였다. 사실 자녀들이 기다린 것은 아빠가 아니라 아빠의 아이폰이었다. 아이폰의 재미있는 게임을 하기 위해서 말이다.

애플은 이전까지의 휴대폰들이 가지고 있던 기능들인 통화와 문자, 사진 촬영은 물론 앱 스토어를 통해 게임, 음악 등 다양한 재미를 제공해 고객의 사랑을 받고 있다. 애플의 유통 전략 콘셉트 또한 고객들이 애플 매장에서 놀고, 체험하며, 즐기도록 하는 것이다. 국내 주요 백화점에 가면 애플 매장은 가전 매장보다는 패션 매장 내에 위치한다. 새로운 패션을 찾는 젊은 세대가 애플의 문화를 체험하고, 즐기도록 해 애플 마니아로 만들기 위한 포석이다.

네 번째, 스토리텔러이다. '상품 대신 스토리를 팔아라'라는 의미의 스토리텔링이 최근 몇 년 사이에 큰 이슈가 되고 있다. 뒤에서 다시 언급하겠지만 스토리텔링에는 4가지 방법이 있다. 그중에서 애플이 활용하는 방법은 주로 3가지였다.

첫째, 유명 인사와의 에피소드를 브랜드에 접목하거나 마케팅에 적극 활용했다. 애플은 제품 자체만이 아니라 생전에 최고의 유명 인사였던 스티브 잡스의 일거수 일투족을 뉴스로 만들어 수많은 사람들에게 스토리로 전파했다.

둘째, 브랜드가 추구하는 핵심 가치를 스토리로 만들어 전파했다. 제품이 출시될 때마다 스티브 잡스는 직접 연사로 나서 애플이 추구하는 핵심 가치인 창의성과 혁신성을 강조했다. 이런 마케팅 전략은 스토리텔링 효과를 극대화하기 위한 것이었다. 갤빠를 많이 만들기 위해서는 이건희 회장이 강조하는 '창의성과 상상력'을 삼성이 추구하는 핵심 가치로 정하고, 이를 제품에 접목시켜 고객들에게 전파시키는 노력이 필요하다.

셋째, 지속적으로 이슈를 만들었다. 애플은 끊임없이 이슈를 만들어 전 세계 언론과 잠재고객들에게 스토리를 전파시키는 능력이 탁월

[그림 5-3] 줄서서 현장 개통을 기다리는
아이폰 예약 구매자들

했다. 국내에 아이폰이 성공적으로 출시될 수 있었던 것도 애플의 스토리텔링이 큰 힘을 발휘했다. 아이폰이 국내에 출시된 건 2009년 11월28일로, 잠실 실내체육관에서 'Hello iPhone, Welcome to show'라는 메시지와 함께였다.

국내에서 생소한 휴대폰 '런칭쇼'와 함께 1호 개통자는 언론의 스포트라이트를 받았다. 꼬박 24시간을 넘게 기다려 1호 개통자가 됐다는 그의 인터뷰가 인터넷과 주요 언론 매체를 통해 전국으로 전파됐다. 어떤 국내 기업의 신제품 런칭 행사도 이처럼 이슈가 된 적은 없었다. 이날 예약 가입자 800명을 비롯해 약 2천여 명이 참석해 성황을 이뤘지만, KT는 구체적인 목표를 밝히지 않았다. 그만큼 시장 예측이 불가능했기 때문이었다.

그럼에도 불구하고 아이폰이 국내에 출시된 후, 곧바로 스마트폰 시장에 광풍이 일었다. 그 이유는 무엇이었을까? 지금까지 소개했던 내용들이 모두 해당되겠지만, 가장 강력한 요인을 꼽으라면 역시 스토리텔링 효과이다. 먼저 출시된 미국 등에서의 스토리는 물론 국내에 출시되면서의 수많은 스토리가 사람들 사이에 회자됐기 때문이다.

애플은 이처럼 제품의 본원적 가치를 통해 고객들과 이성적으로 교감하는 능력은 물론 감성적으로 교감하는 능력도 가지고 있었다. 그리고 이것이 바로 애플빠라 불리는 열렬한 팬, 알파고객을 많이 확보할 수 있는 역량이었다.

그렇다면 국내 기업들이 애플빠처럼 열렬한 팬, 즉 알파고객을 많이 만들기 위해서는 무엇을 어떻게 해야 할까? 다음과 같은 6가지 전략을 실천해야 한다.

1. 품질 · 기능 · 디자인 등 본원적 가치를 최고로 만들어라.
2. 자긍심을 갖게 만들어라.
3. 자아실현의 가치를 충족시켜라.
4. 특별한 경험을 제공하라.
5. 존경받는 브랜드가 돼라.
6. 고객과 친구, 동반자 관계를 구축하라.

1항을 제외한 5가지 전략이 모두 고객과 감성적으로 교감하기 위한 속성들이다. '위의 6가지 전략은 삼성전자, LG전자, 팬텍과 같은 IT 기업이나 자동차, 금융, 백화점, 화장품 등의 B2C 기업에만 해당되는 것은 아닐까?'라고 생각하는가? 그렇지 않다. B2B 기업은 물론 병원, 대학 같은 특수 법인들에도 'OO빠'라는 열렬한 팬을 만드는데 아주 유용하게 활용할 수 있는 해법들이다.

6장

열렬한 팬,
알파고객 만들기
6가지 전략

1. 품질·기능·디자인 등 상품의
본원적 가치를 최고로 만들어라

2. 자긍심을 갖게 만들어라

3. 자아실현의 가치를 충족시켜라

4. 특별한 경험을 제공하라

5. 존경받는 브랜드가 돼라

6. 고객과 마음을 나누는 친구,
인생의 동반자 관계를 구축하라

"고객이 느낄 수 있는 진정한 고객 만족을 통해서만 1등 LG를 달성할 수 있습니다. 차별화된 가치를 제공함으로써 더 많은 고객들이 LG팬이 될 수 있도록 모든 임직원들이 힘을 모아 주십시오. 그리고 우리 LG만이 고객에게 제공할 수 있는 가치가 무엇인지 검토해서 근본적인 차별화에 모든 역량을 집중해야 합니다."

위의 내용은 LG 구본무 회장이 LG 인화원에서 '2006년 글로벌 CEO 전략회의'를 주재하며 진정한 고객 만족 경영을 강조한 것이다. 구 회장은 기회가 있을 때마다 '비즈니스 모델 차별화의 출발점은 고객'이라며 지속적으로 고객 가치 중시 경영을 강조해왔다.

LG는 2007년 1월에도 LG인화원에서 LG그룹 CEO 40여 명이 참석한 가운데 '글로벌 CEO 전략회의'를 개최했다. 그때에도 구 회장은 "고객 가치를 선도하는 경영으로 미래의 변화를 주도해야 할 것"이라며, 다시 한 번 '고객 가치를 통한 실질적 성과 창출'을 강조했다.

그와 함께 "고객 가치 경영이 아직 LG에 확고히 뿌리 내리지 못했고, 차별화된 고객 가치 창출을 향한 우리의 발걸음도 여전히 무거워 보인다"라며 "단기 목표 달성을 위한 현안 이슈 해결에 치중하는 현재 방식으로는 차별화된 고객 가치를 만들 수 없다. 당장은 힘들고 어렵더라도 경영의 패러다임을 보다 철저하게 고객 가치 중심으로 바꿔야 한다"고 밝혔다.

LG 그룹이 광고에 '고객을 위한 가치 창조'란 슬로건을 본격적으로 사용하기 시작한 것은 1990년대 초반이다. 20여 년이 훌쩍 경과한 지금, 국내 굴지의 LG그룹 총수가 여전히 고객 가치 창조를 위한 고객 중심 경영이 확고하게 뿌리내리지 못했다고 말하고 있는 것이다. 그렇다면 어떻게 해야 경영의 패러다임을 고객 중심 경영으로 바꿀 수 있을까?

당시 글로벌 CEO 전략회의에 참석했던 한 CEO는 "급변하는 업계 환경 속에서 최고 만족도의 품질만이 살아남는다는 각오로 '고객 만족'을 최우선 화두로 삼겠다"라며 R&D 역량을 강화할 계획을 밝혔다. 또 다른 CEO는 "고객 중심의 사고를 통해 사업의 성장 기회를 발굴하고, 영업·마케팅도 지속적으로 혁신하겠다"라고 말했다.

그러나 이런 접근 방법만으로는 한계가 있다. 이 방법들은 고객 중심 경영을 실천하기 위한 수단에 불과하다. R&D 역량 강화와 영업·마케팅 혁신 같은 내용은 LG 각 사별로 오동안 실천해 온 것들이다. 그동안 진정한 고객 중심 경영을 실천하기 위해 각 사별로 열심히 노력했음에도 구 회장이 보기에는 아직 부족해 보인다고 하지 않는가.

그렇다면 구 회장은 왜 부족해 보인다고 한 것일까? 목표 자체를 잘못 설정했기 때문이다. R&D 역량 강화와 영업·마케팅 혁신 같은 하위 수단을 목표로 설정해서는 부족함을 느낄 수밖에 없다. 목표를 명확하게 재설정할 필요가 있다. 목표는 구 회장이 이미 다음과 같이 제시했다. '더 많은 고객들이 LG의 팬이 될 수 있도록 해야 한다'라고 말이다. 더 많은 고객을 열렬한 팬, 즉 LG빠와 같은 고객으로 만들어야 한다. 열렬한 팬을 만들기 위해서는 경영 패러다임을 고객 가치 창조 경영으로 바꾸고 이를 실천하기 위한 목표를 다음과 같이 설정해야 한다.

"우리는 고객 몇 명, 고객 중 몇 %를 LG팬으로 만들겠다. 전년에 비해 몇 명, 몇 %가 증가된 목표다. 이를 달성하기 위해 먼저 품질·기능·디자인 등 제품의 본원적 가치를 혁신하겠다. 또한 고객과 감성적으로 교감하기 위해 브랜드에 자긍심을 갖게 만들고, 호기심, 재미, 즐거움 같은 특별한 경험을 제공하며, 스토리가 담긴 제품과 브랜드를 만들겠다. 이를 위해 영업·마케팅·CS·CRM·고객 서비스 부문을 혁신하겠다. 이같은 고객 가치 창조 목표를 달성하기 위해 재구매율, 지갑 점유율, 고객 추천율 같은 고객관계 목표를 설정하고, 차별화된 전략을 실행하겠다. 그렇게 되면 매출과 수익 등 재무적 목표 ○○○, △△△ 도 초과 달성할 수 있다"와 같은 방식으로 말이다.

이와 같은 패러다임 변화는 LG만의 과제가 아니다. 어쩜 이는 이미 하고 있다고 말할 지도 모른다. 대부분의 기업들이 품질·기능·디자인 등 제품의 본원적 가치를 높이기 위해 부단히 노력하고 있고, 상당한 성과를 내고 있는 기업들도 있다. 그러나 애플이나 할리 데이비슨 같은 기업에 비해 고객의 감성적 가치 창출을 위한 노력과 성과는 많이 부족해 보인다. 국내 기업들에 애플빠와 같은 열렬한 팬, 알파고객이 적은 이유가 여기에 있다.

그리고 아직도 최고 품질, R&D 혁신, 영업·마케팅 혁신 같이 추상적이고, 단순 구호성에 그치는 개념들을 목표로 설정하는 곳이 많고, 매출과 수익 등 재무적 목표를 최우선으로 하는 곳들은 더 많다. 하지만 이제는 목표를 바꿔야 한다. '201○년 열렬한 팬, 알파고객 만들기 목표:100만 명 또는 전체 고객 중 60%'와 같은 식으로 말이다.

품질을 혁신하고 마케팅과 영업, 고객 서비스를 혁신하겠다는 목표만으로도 물론 열렬한 팬, 알파고객을 만들 수는 있다. 대부분의 기업들은 평균 5~10% 정도의 알파고객을 실제로 확보하고 있다. 그러나 승자는 알파고객 만들기 목표를 100만 명 혹은 전체 고객 중 60% 등과 같이 구체적으로 설정하고, 이를 달성하기 위해 전사적으로 노력하는 기업일 수밖에 없다.

그렇다면 어떻게 해야 더 많은 고객을 자사의 열렬한 팬, 알파고객 만들 수 있을까? 앞에서 소개한 6가지 전략이 그 답이다. 이제부터 알파고객을 만드는 6가지 전략과 세부적인 방법들에 대해 차근차근 알아보자.

품질 · 기능 · 디자인 등 상품의 본원적 가치를 최고로 만들어라

앞에서 소개했던 루이뷔통, 에르메스 등 명품 브랜드들은 오랫동안 전 세계 고객들의 많은 사랑을 받아왔다. 페라리, 렉서스 역시 마찬가지이다. 이와 같은 세계 최고의 명품 브랜드들은 품질 · 기능 · 디자인 등 상품의 본원적 속성에서 세계 최고라는 공통점을 가지고 있다.

페라리는 20년 된 중고차 값이 신차보다 비싸다고 한다. 왜 그럴까? 여러 가지 요인을 들 수 있겠지만, 가장 중요한 요인은 역시 최고의 품질 · 기능 · 디자인 등 본원적 가치가 높기 때문이다. 페라리의 경우, 20년 넘은 중고차가 신차보다 더 비싸게 팔리려면 알파고객을 확보하지 않고서는 불가능하다.

페라리가 알파고객을 확보할 수 있었던 데는 여러 가지 이유가 있다. '빠른 차가 아니라 소유의 기쁨을 주는 차', '한 대 한 대가 고객 한 사람만을 위해 제작된 차', '한정판이라는 의미를 부여하기 위해 모든 모델별로 생산 날짜와 순번을 적는 차', '장인들이 직접 수작업으로 만든 차' 등이 그것이다.

그러나 이보다 더 근본적인 것이 있다. 최고 품질을 향한 열정이다. 페라리는 고유의 7가지 품질 검증 시스템이 있어 독창적으로 최고의 품질을 만들어낸다. 그리고 이런 품질의 우수성은 자동차 경주의 꽃이라고 할 수 있는 포뮬러1(F1) 대회에서 195회가 넘는 최다 우승 기록으로 증명되고 있다.

렉서스 역시 마찬가지이다. 2009년 8월 28일, 렉서스 ES 350을 타던 미국 경찰관 가족이 급박한 상황에서 911에 전화를 거는 동영상이 세상에 알려지면서 렉서스의 대량 리콜 사태가 촉발되었다. 많은 사람들은 이로 인해 렉서스와 도요타 자동차가 큰 타격을 받을 것이라고 예상했다.

그러나 대량 리콜 사태 초기에는 타격을 받았지만, 금세 회복되었다. 결정적인 이유는 품질이었다. 미국의 JD 파워가 실시한 신차 품질 만족도 평가에서 렉서스는 대량 리콜 사태의 여파로 2010년에는 4위

[표 6-1] 대형 고급차 초기 품질 순위

순위	차명	결함 수 *
1	렉서스 LS시리즈	54
2	현대 에쿠스	61
3	포르쉐 파나메라	72
4	캐딜락 DTS	78
5	BMW 7 시리즈	89
6	벤츠 S클래스	91
7	아우디 A8	97
8	재규어 XJ	143
전체 대형 고급차 평균		88

※100대당 디자인 + 작동 결함 발생 건수 (출처:JD파워)

로 떨어졌지만, 2011년에는 다시 1위 자리를 되찾았다. 그리고 JD파워의 2011년 대형 고급차 부문 평가에서도 렉서스 LS 시리즈는 초기 품질 만족도에서 1위를 차지했다. 이처럼 세계적 명품 브랜드들의 최우선 전략 과제는 품질·기능·디자인 등 상품의 본원적 가치에서 세계 최고가 되는 것이다.

그렇다면 열렬한 팬, 알파고객을 만드는 데 있어 루이뷔통, 에르메스, 렉서스, 페라리와 같은 명품 브랜드나 고가 제품에서만 상품의 본원적 가치가 중요할까? 아니다. B2B 제품의 경우에도 최고 품질이 열렬한 팬, 알파고객을 만드는 핵심 원천이 된다. 삼성중공업의 예를 보자.

삼성중공업이 오늘날 세계적인 조선사로 우뚝설 수 있었던 것도 바로 '품질 마지노선 정책'의 힘이 컸다. '품질 마지노선 정책'이란 품질에 대해 한 건의 지적이라도 나오면 배를 고객에게 인도하지 않는다는 약속이다. 2005년 10월부터 실시한 이 정책으로 인해 새로 건조된 배를 인수한 세계 유수의 선사들이 삼성중공업에 감사 편지를 보내고 있다고 한다.

과일이나 야채 같은 경우에도 마찬가지이다. 대표적인 곳이 대치동에서 출점해 성공한 '총각네 야채가게'이다. 그들의 성공 신화를 담은 《총각네 야채가게》라는 책의 내용 일부를 보자.

♪ 믿을 수 있는 품질로 승부한 '총각네 야채가게'

한 번은 수박을 고르고 있을 때였다. 빛깔도 좋고 모양도 좋았으나, 가격이 1만 5천 원이었다. 바로 그때 수박을 가득 실은 트럭이 확성기를 울리며 총각네 야채가게 앞을 지나갔다.

"수박, 맛 좋은 수박이 5천 원! 5천 원입니다. 수박 사세요!"

귀가 번쩍 뜨이는 순간이었다. 트럭에 실린 수박들은 총각네 야채가게 것보다는 조금 작았지만, 별 차이가 없어 보였다. 저렇게 싼 수박이 왔으니 총각네 야채가게 직원들도 긴장하지 않을 수 없을 것 같았다. 하지만 그 총각들은 신경을 쓰지 않는 듯이 보였다. 수박 행상에 시큰둥하기는 손님들도 마찬가지였다. 아무도 확성기 소리에 뒤를 돌아보거나 수박을 실은 트럭에 다가가지 않았다.

트럭은 한참 동안 총각네 야채가게 앞에서 수박을 외치다 제풀에 지쳐 떠났다. 그때 과일을 고르던 아주머니 한 분이 이렇게 중얼거렸다.

"저 트럭에서 수박을 사는 사람들이 오히려 손해 보는 거야."

나는 호기심에 무슨 뜻이냐고 물었다.

"총각네 수박이 조금 비싸기는 하지만, 맛을 믿을 수 있잖아요. 저런 트럭에도 몇 통쯤은 맛있는 수박이 있겠지만, 아무래도 이 집 수박만은 못하죠. 싼 수박 먹으려다가 그냥 버리는 경우도 심심찮은데, 믿고 먹을 수 있는 총각네 수박을 사는 게 훨씬 낫잖아요."

비단 그 아주머니뿐만이 아니었다. 다른 손님들 역시 고개를 끄덕이며 맞는 말이라고 수긍하고 있었다.

필자의 장모님도 항상 총각네 야채가게에서만 과일을 사오라고 하신다. 당신이 과일이나 야채를 사실 때에도 마찬가지이다. 장모님이 열렬한 팬, 알파고객이 되신 이유는 역시 맛 때문이다. 과일의 맛, 즉 품질이 뛰어나기 때문이다.

총각네 야채가게를 창업한 이영석 대표는 매일 새벽 2시에 일어나 가락동 농수산물 시장에 가서 과일을 직접 먹어 보고 나서 맛 좋은 과일만 샀다. 입맛이 변할까봐 술·담배를 입에 대지도 않았다. 품질에 대한 이런 정성과 노력이 '총각네 야채가게'란 브랜드에 열렬한 지지를 보내는 알파고객을 만든 것이다.

앞에서도 언급했지만 최근 동네 식품점이나 소규모 슈퍼마켓이 대형 마트와 기업형 슈퍼마켓에 밀려 문을 닫는다는 언론 보도를 자주 접하곤 한다. 그렇다면 이들에게는 희망이 없는 것일까? 그렇지 않다. 일부 동네 식품점이나 소규모 슈퍼마켓은 대형 마트와 기업형 슈퍼마켓에 맞서 꿋꿋이 생존하고 있다.

이들은 대개 두 가지 부류로 나뉜다. 하나는 슈퍼마켓연합회와 같은 단체를 만들어 대량 구매로 원가 우위를 확보해 대형 마트처럼 싸게 파는 전략을 취하는 형태다. 앞서 소개한 지오마트 같은 곳이 이런 유형에 속한다. 다른 형태는 과일·야채·생선·축산물 등 이른바 신선식품류의 품질로 승부하는 것이다.

가령 치약이나 라면 같은 공산품들이야 대형 마트보다 좋은 품질의 제품을 파는 것이 어렵지만, 신선식품의 경우에는 맛으로 승부하면 얼마든지 경쟁에서 살아남을 수 있다. 서울 연희동의 사러가 슈퍼, 삼성동의 노른자 슈퍼 등이 대표적이다. 이들 슈퍼의 공통점은 품질을 최고의 가치로 내세운다는 것이다.

사러가 쇼핑의 열렬한 팬인 70대의 한 주부 고객은 자신이 알파고객이 된 이유를 이렇게 말한다.

"거문도 갈치 때문에 수십 년 단골이 됐다. 이 갈치가 들어온 날에는 생선가게에서 집으로 꼭 전화를 해줘서 사러 간다."

그리고 40대의 또 다른 주부 고객도 자랑스럽게 말한다.

"가격은 조금 비싸도 여기 제품은 아주 맛있고 믿을 수가 있다."

정치인들이나 자치단체장, 자치단체 의원들도 마찬가지이다. 품질이 뒷받침되지 않으면 다시는 유권자들의 선택을 받을 수 없다. 운 좋

게 정치 바람을 탔다든지, 자신의 품질을 과대포장해 한두 번은 선택
받을지 모르지만, 지속적인 선택은 기대할 수 없다.

영업인들도 품질이 중요하다. 여기서 품질이란 영업인이 파는 제품
의 속성이 아니라 영업인이 고객에게 얼마나 신뢰를 받느냐는 것을 말
한다. 신뢰를 얻지 못하면 한두 번은 상품과 서비스를 판매할지 몰라
도 기존고객에게 재구매, 추가 구매, 고객을 소개받는 빈도는 점점 떨
어질 수밖에 없다.

약국, 미장원, 식당, 편의점, 슈퍼마켓 등의 자영업자 역시 마찬가지
이다. 자신의 가게에서 제공하는 상품의 품질이 최고여야 한다. 식당
이라면 우선 밥과 김치, 깍두기 등 기본 반찬이 맛있어야 하고, 주된 메
뉴의 맛은 최고여야 한다. 최소한 반경 10Km 이내에서라도 말이다.

그러나 우리 주변에서 볼 수 있는 음식점은 대부분 그렇지 못하다.
파는 음식의 맛이 별로인 것은 생각지 않고, 경기가 안 좋다느니 경쟁
이 심해서 장사가 안 된다는 하소연만 늘어 놓는 다. 약국이나 편의점
처럼 표준화된 상품을 파는 곳은 영업인과 마찬가지로 서비스 품질에
서 최고가 돼야 한다. 대표적인 사례가 마산의 '육일약국'이다.

4.5평의 성공 신화, 육일약국!

육일약국은 현재 메가스터디 엠베스트라는 회사의 김성오 대표가 1983년에 마
산의 변두리인 교방동에 4.5평짜리 초미니 약국을 개업해 성공 신화를 탄생시킨
곳이다. 1980년대 중반까지만 해도 육일약국은 시내버스에서 내려 15분이나 걸
어 들어가야 하는 곳에 있었다. 이렇게 외진 곳에 볼품없는 4.5평짜리 초미니 약
국이 약사 13명의 대형 약국으로 성공 신화를 쓸 수 있었던 원동력은 서비스 품
질을 높였기 때문이다.

육일약국을 창업한 초기에는 아무리 기다려도 찾아오는 고객이 별로 없었다고 한다. 고객이 찾아오질 않으니 하루 종일 앉아서 하는 일이 '왜 손님이 오지 않을까?' 라고 고민하는 것이었다고 한다. 약국이 작다고 약의 효능이 떨어지는 것도 아닌데 왜 사람들이 자신의 약국 문을 열지 않는 것인지 고민했던 것이다.

김성오 약사는 이 난국을 어떻게 타개했을까? 난국 타개책은 다름 아닌 '물건을 팔기보다 정성을 팔겠다' 라는 마인드였다. 이런 다짐을 한 김 약사는 작은 것부터 즉시 실천에 옮겼다. 김 약사가 맨 먼저 실천한 것은 약국을 찾는 고객에게 앉기를 권하는 것이었다. 가벼운 몸살약 하나 사러 왔다며 앉는 것에 부담을 느끼는 사람에게도 드링크 한 병을 대접하며 의자에 앉기를 권했다. 앉는 것의 효과는 생각보다 컸다.

고객들이 "○○약 주세요" 가 아니라 "3일 전부터 목이 아프고……" 라며 자신의 증상을 설명하기 시작했다. 상담이 시작된 것이다. 물론 김 약사는 고객들의 궁금증이 해소될 때까지 최대한 자세히 설명을 해 주었다. 고객들이 의자에 앉기 시작하면서 작은 변화가 일어났다. 자신의 질병에 관한 내용뿐 아니라 스트레스 받은 일부터 자녀의 진학 상담까지 시시콜콜한 이야기까지 줄줄이 꺼내 놓았던 것이다.

이렇게 오랜 시간 상담을 통해 약을 지어간 고객들은 병의 진행 상태와 약의 효능을 상세히 들었기 때문에 스스로 약을 잘 챙겨 먹었다. 차도가 빠를 수밖에 없었다. 빠른 효과를 본 사람들은 누가 시키지 않아도 스스로 약국의 홍보맨이 되었다.

길을 묻는 사람에게 가운을 벗고 직접 안내해 주는 경우도 많았다. 고객이 아닌 잠재고객에게까지 최대한 친절을 베푸는 것 역시 서비스 품질을 높이는 또 하나의 방법이라고 생각했기 때문이었다. 김 약사는 항상 '어떻게 하면 우리 육일약국을 찾는 사람들을 조금이라도 즐겁게 해줄 수 있을까?' 에 대해서도 끊임없이 고민했다.

그리고 수익과는 전혀 상관없더라도 고객을 기쁘게 해줄 수 있는 일이라면 즉시 실행에 옮겼다. 아무리 하찮은 일이라도 상관하지 않았다. 이런 노력을 하다 보니 약국을 찾는 사람들의 수가 많아졌다. 작은 정성으로 고객을 기쁘게 해주니 사람들이 약국을 다시 찾는 것으로 보답했기 때문이다. 물건을 팔기보다는 정성과 신뢰를 팔기 위해 노력한 결과이다.

〈출처: 육일약국 갑시다〉

이 사례는 시사하는 바가 아주 많다. 표준화된 상품을 파는 자영업자들은 물론, 상권이 별로라서 성과를 내기 어렵다는 을(乙)들에게 서비스 품질이라는 본원적 속성을 높이는 것이 얼마나 중요한지 일깨워 준다. 상품 차별화가 어렵고 상권이 좋지 않다는 것은 사실 핑계다. 서비스 품질을 높이면 얼마든지 알파고객을 만들 수 있고, 사업도 성공할 수 있다는 것을 4.5평짜리 육일약국은 확인시켜 주기 때문이다.

4.5평짜리 육일약국은 개업 당시인 1983년 기준, 대한민국에서 가장 작은 약국이었다. 그러니 김성오 약사는 '내 가게는 변두리에 위치해 있고, 코딱지 만한 크기여서 고객들이 오지 않는다'라는 생각을 버렸다. 어떤 가게라도 문을 열고 나면 1명 이상의 고객은 찾게 마련이다. 문제는 고객이 다시 찾고, 주변 사람들에게 입소문을 내며, 그들을 데리고 당신의 가게를 다시 찾게 만드는 것이다.

육일약국 김성오 약사는 고객들이 돌아가는 모습을 볼 때마다 다음과 같은 생각을 했다고 한다.

'오늘 이 고객이 나를 통해 만족했을까?'

'다음에 다시 올 것인가?'

'다음에 다른 사람을 데리고 올 것인가?'

여기서 다시 찾고 주변 사람을 데리고 오는 사람이 바로 알파고객이다. 김성오 약사는 알파고객을 만들기 위해 고객 한 사람 한 사람을 대상으로 자문한 것이다.

화장품 매장이나 가전 판매점, 휴대폰 판매점, 은행 등 어디서 마케팅과 세일즈를 하든 마찬가지이다. 당신은 매일매일 고객을 보며 똑같은 질문을 해야 한다. 하루하루 반복하고, 부족했다고 느낀 점은 메모해서 즉시 개선하라. 이런 노력을 반복하면 당신도 틀림없이 육일약국의 성공 신화를 이룰 것이다.

품질이나 기능, 서비스 등 본원적 가치에서 최고가 돼야 알파고객을 만들 수 있다는 것쯤은 삼척동자라도 다 아는 사실이다. 하지만 그것은 그리 쉬운 일이 아니다. 어떤 사람들은 너무 쉽게 망각하고, 어떤 기업들은 알면서도 최고 수준에 도달하지 못한다.

현대자동차를 예로 들어 보자. 현대자동차는 지난 2005년 "대형 고급차를 중심으로 세계 시장에서 BMW 5 시리즈와 메르세데스 벤츠 E 클래스, 렉서스를 뛰어넘을 최고급 브랜드를 만들겠다"라고 발표했다. 이를 위해 2008년 '제네시스'를 출시했다. 또한 BMW 7 시리즈, 벤츠의 S클래스 같은 대형 고급차를 뛰어넘기 위해 2011년 미국 시장에 에쿠스를 런칭했다.

정몽구 회장은 기회가 있을 때마다 제네시스, 에쿠스의 품질이 BMW나 벤츠, 렉서스를 능가해야 한다고 강조했다. 실제 현대자동차의 전 임직원들도 최고 품질의 차를 만들기 위해 불철주야 노력하고 있다. 그러나 말은 쉽지만, 현실적으로는 쉽지 않다. 경쟁자들 역시 현대자동차 못지않게 노력하고 있기 때문이다. 미국 시장에서의 품질 만족도 평가가 이를 증명한다.

현대자동차는 품질 최우선 경영을 한 결과, JD파워의 신차 초기 품질 만족도 평가에서 지속적으로 순위를 끌어 올렸다. 특히 현대자동차의 투싼과 기아자동차의 프라이드는 2006년 JD파워의 신차 초기 품질 만족도 평가에서 부문별 1위를 차지했고, 현대자동차 브랜드 전체로는 2~3위를 기록했다.

그러나 2011년 신차 초기 품질 만족도 평가에서는 11위로 떨어졌다. 다행스러운 것은 에쿠스가 2011년 초기 품질 만족도 평가에서 2위를 차지했고, 2011년 내구 품질 만족도(신차 구매 후 3년이 경과한 차량 보유자를 대상으로 만족도를 평가하는 방식) 평가에서 3위권을 유지했다는 것

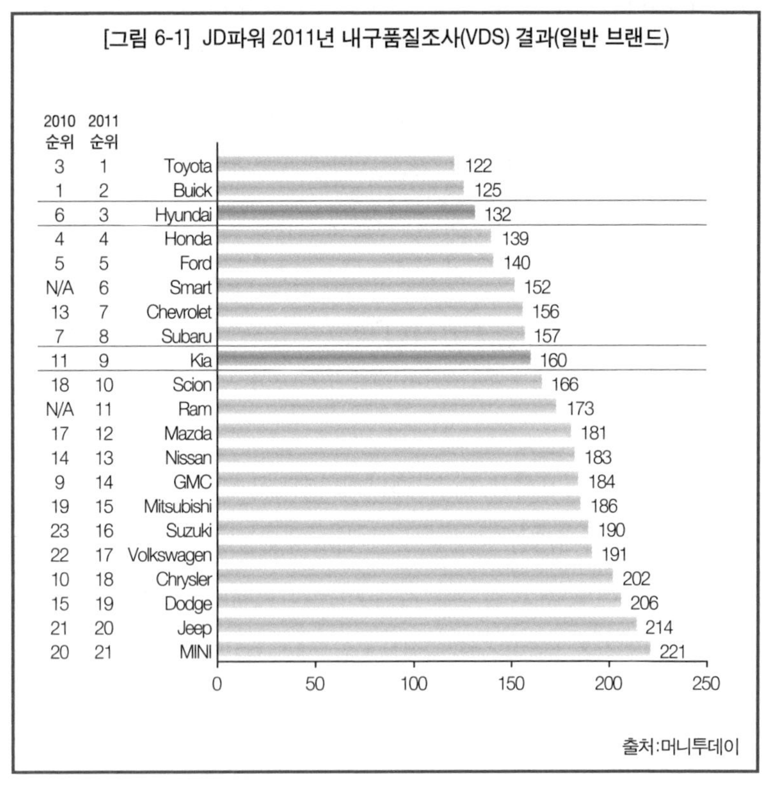

이다. 또한 JD파워의 2012년 내구 품질 만족도 평가에서 제네시스는 벤츠 E클래스와 BMW 5시리즈를 누르고 1위를 차지했다.

하지만 품질 만족도 평가에서 이렇게 등락을 보인다는 것은 고객들에게 열정적인 지지를 받기 어렵다는 것을 의미한다. 현대자동차가 품질과 디자인 등 본원적 가치로 열렬한 팬, 알파고객을 만들려면 12년 연속 내구 품질 만족도 평가에서 1위를 차지했던 렉서스의 기록을 뛰어넘어야 한다.

디지털 가전이나 화장품이나 패션, 조선 등 다른 산업도 마찬가지이다. 품질·기능·디자인 등 상품의 본원적 가치에서 최고가 되겠다는 목표를 가지고 노력해야 한다.

이런 관점에서 볼 때 백화점이나 은행, 호텔 등은 제조업에 비해 비교적 쉬운 편이다. 제품 자체의 속성보다는 서비스의 속성이 품질 수준을 평가하는데 더 많은 영향을 미치기 때문이다. 하지만 국내의 유통 서비스업체들은 알파고객을 만드는 데 그다지 성공하지 못하고 있다. 주로 입지에 의한 이용의 편리성에 충성하는 고객이 많은 편이다. 백화점, 할인점 등 유통 서비스업체의 식품 부문을 예로 들어 보자.

백화점이나 할인점 등의 식품 매장에서는 식품의 안전성에 대한 고객들의 불신이 계속 커지고 있다. 원산지나 유통 기한 허위 표기 등이 대표적이다. 고객의 신뢰를 확보하기 위해 백화점이나 유통업체별로 물론 여러 가지 시도를 하고 있다. 연구소에서 품질 인증을 강화하거나 전문 인력을 확보해 검수 기능을 강화하고 있으며, 소고기 이력추적 시스템, 품질 실명제 등을 도입하기도 한다. 그러나 이런 노력에도 불구하고 불신은 사라지지 않고 있다. 친환경이나 유기농 제품들도 비슷한 실정이다.

그러나 다행스럽게도 최근 완벽한 품질로 고객의 신뢰를 얻고 있는 기업이 있다. 서울 삼성동에 있는 그랜드 인터컨티넨탈 호텔이 그 주인공이다.

위생검사 100점 만점의 그랜드 인터컨티넨탈 호텔!

그랜드 인터컨티넨탈 호텔은 세계적 위생 안전 평가 컨설팅 회사인 존슨 다이버시의 정규 감사에서 2006년에 이어 2007년에도 100점 만점을 받았다. 샹그릴라, 메리어트 등 세계 100여 곳의 특급 호텔에 위생 감사를 나가는 존슨 다이버시가 100점 만점을 준 것은 2006년 이 호텔이 처음이었다. 물론 2년 연속 100점 역시 처음이다. 2008년 1월엔 일본 항공사 ANA 그룹 계열의 특급 호텔 인사 40여 명이 주방을 벤치마킹하기 위해 다녀가기도 했다.

도대체 무엇을 어떻게 했길래 내로라하는 세계 특급 호텔의 주방을 제치고 최초로 100점 만점을 받을 수 있었을까? 호텔 주방의 위생 시스템을 완벽하게 만들었기 때문이다. 주방에 큼지막한 식자재 냉장고를 열어 보니 선반에 차곡차곡 들어선 식재료 보관함엔 알록달록한 스티커가 붙어 있다. 반입된 날짜별로 색깔을 달리해 한눈에 신선도를 가늠할 수 있다. 작업대 위에는 5색 플라스틱 도마가 놓여 있다. 식재료별로 도마와 칼의 손잡이 색깔을 구분해 교차 감염을 막으려는 조치이다. 주방 입구 쪽 기둥엔 수시 체크 표시가 적힌 138가지 위생 수칙이 걸려 있다. 가히 주방의 혁신이라 할 만하다.

이렇게 주방 혁신을 추진하게 된 이유를 이 호텔의 디디에 벨투와즈 총지배인은 다음과 같이 말한다.

"세계 최고 수준의 호텔이 되려면 안전이 담보돼야 한다. VIP 고객이 호텔에서 밥을 먹고 탈이 났다고 생각해 보라. 유·무형의 손실은 돈으로 따질 수 없을 만큼 크다. 위생 시설을 갖추고 전담 추진팀을 유지하느라 3년간 수십억 원을 들였지만 아깝지 않다.

100점 주방을 만들기 위한 비결인 위생 수칙은 다음과 같다.

- 식기세척: 55~65도 따끈한 물로 그릇을 씻고, 헹굴 땐 뜨거운 물(82도 이상)로 살균
- 도마: 빨강(쇠고기), 노랑(돼지, 닭고기), 파랑(생선), 초록(야채), 하양(가공식품)으로 색깔을 나눠 감염 방지
- 스티커: 식재료 및 요리에 반입 시각과 취급자 이름, 폐기 날짜를 붙여 신선도 관리
- 온도: 식재료별 요리 온도를 체크해 식중독 예방(쇠고기 54도, 돼지고기, 생선 63도, 닭고기 74도 이상)
- 냉장고: 냉장고(5도 이하), 냉동실(-18도 이하) 온도를 전자 온도계로 자동 체크

그랜드 인터커티넨탈 호텔은 주방은 물론 납품업체까지 위생 감사를 나가는 위생 전담팀도 운영하고 있다. 뿐만 아니라 운송 · 하역 등 물류 과정의 위생 상태도 한 달에 두 번 꼴로 불시에 체크한다. 최근 3년 동안 수산물 · 육류 납품업체 네 곳이 위생 수칙을 어겨 거래를 중단하기도 했다. 이제는 임직원들이 '100점 만점 신화' 에 대한 자긍심을 갖게 돼 저절로 돌아간다. 위생 수칙을 어기는 사례가 생기면 곳곳에서 지적이 들어온다."

〈출처: 중앙일보〉

이런 노력을 기울이는 기업이 있다면 고객들은 무한한 신뢰를 보낼 것이다. 그리고 점차 열렬한 팬, 알파고객으로 진화할 것이다. 이처럼 알파고객을 만들기 위한 첫 번째 전략은 품질 · 기능 · 디자인 · 위

생·안전과 같은 상품의 본원적 가치를 최고로 만드는 것이다.

최근에 '총각네 야채가게'에 대한 열렬한 팬, 알파고객들의 지지가 흔들리고 있다고 한다. 창업자였던 이영석 대표가 회사를 넘긴 후부터 과일의 맛이 들쑥날쑥하기 때문이다. 어떤 기업이든 '품질과 기능, 디자인과 같은 상품의 본원적 가치 속성에서 최고가 되지 못하면 고객들은 등을 돌린다. 설사 그 고객이 열렬한 팬, 알파고객일지라도'라는 진리를 명심해야 할 것이다.

자긍심을 갖게 만들어라

상품의 본원적 속성만으로 열렬한 팬, 알파고객을 만드는 것은 한계가 있다. 기업간 생산 기술이나 R&D 격차의 해소로 차별적 우위를 확보하는 것이 어려워졌기 때문이다.

또한 상품의 본원적 속성이 어느 정도 충족되면 다른 속성에 눈을 돌리는 고객들도 많다. 특정 상품이 자신의 욕구와 가치를 충족시키고, 특정 브랜드가 자신의 지위를 나타내는 것 등을 생각하는 고객들이 여기에 해당된다. 품질 등 상품의 본원적 속성이 고객 로열티를 높여 알파고객을 만드는 가장 기본적인 속성이지만, 전부는 아닌 것이다.

20대 후반의 한 여성은 항상 에비앙 생수를 가지고 다닌다. "왜 항상 에비앙 생수를 항상 가지죠?"라고 물으면 "에비앙 생수를 마시면 피부도 고와지고, 생수병처럼 예뻐질 것 같아서……"라고 답한다. 에비앙 생수의 열렬한 팬, 알파고객이 된 것이다.

이 여성은 왜 에비앙 생수의 알파고객이 된 것일까? 에비앙 생수가 예뻐지고 싶은 욕구를 충족시켜 준다고 생각하기 때문이다. 생수는 원래 건강을 위해 마신다. 하지만 에비앙 생수를 마시는 젊은 여성들 중에는 피부가 고와지고, 날씬하게 해줄 거라는 생각에 찾는 이들도 있다.

페라리 역시 마찬가지이다. 페라리를 가지고 싶은 사람들에게는 단순한 자동차가 아니라 '소유의 기쁨을 주는 차', '예술품'이다. 그래서 신차보다 비싼 가격에 중고차를 구입하려는 열렬한 팬, 알파고객들이 나타난다. 왜 이런 고객들이 존재하는 것일까? 상품을 소유하는 것 자체가 자신의 긍지를 높여준다고 생각하기 때문이다.

심리학자인 매슬로우는 인간의 욕구 5단계설을 주장했다.

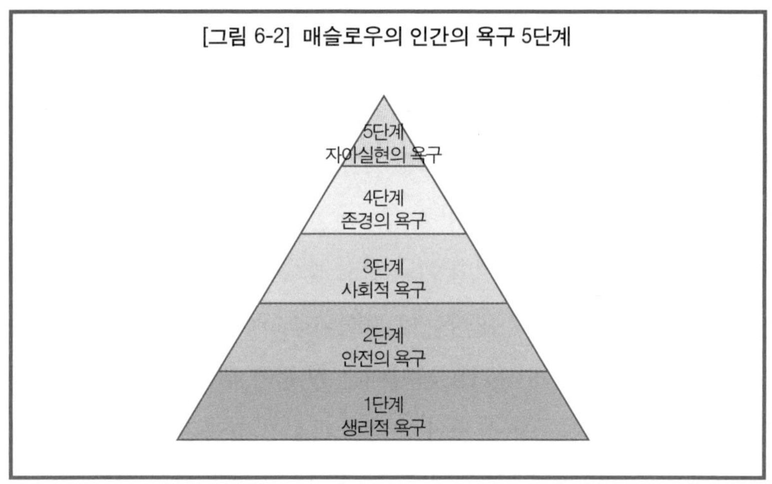

이는 1단계 생리적 욕구, 2단계 안전의 욕구, 3단계 사회적 욕구, 4단계 존경의 욕구, 5단계 자아실현의 욕구를 말한다. 여기서 고객이 자긍심을 갖는 것과 관련 있는 것이 바로 4단계 존경의 욕구이다. 존경의 욕구란 인간은 누구나 남들로부터 자신이 존경받고 존중받기를 원하

며 더 나아가 대우받고 인정받기를 원한다는 욕구를 말한다.

인간은 주변 사람들이 자신을 멋있고 아름다우며 품격이 있는 사람, 시대를 앞서가는 트렌드 세터, 성공한 사람이라고 인정해 주고 존중해 주며 더 나아가 존경까지 하게 되면 자긍심을 갖게 된다. 명품 브랜드를 선호하는 이유도 결국 명품으로 꾸미면 주변 사람들이 '멋있다', '예쁘다'라고 인정해 주기 때문, 즉 이로 인해 자긍심을 가지기 때문이다. 이런 상품이나 브랜드를 사회적 신분이나 지위를 나타낸다는 의미에서 '지위재'라 부른다.

애플의 아이패드 시리즈를 사기 위해 새벽부터 줄을 서서 기다리는 사람들의 심리 역시 마찬가지이다. 남들보다 먼저 아이패드 시리즈를 소유함으로서 스스로 만족감을 느끼기도 하지만, 주변 사람들로부터 트렌드 세터라고 인정받고자 하는 심리가 깔려 있다.

주변 사람들의 시선은 전혀 의식하지 않은 체 특정 상품이나 브랜드를 소유하는 것 자체만으로도 자긍심을 갖는 사람들도 물론 있다. 이런 경우는 희소성 있는 상품 영역에 많은 편이다.

그렇다면 금융상품의 경우에는 어떨까? 금융상품은 명품이나 자동차, 화장품 같은 상품에 비해 자긍심을 느낄 속성이 거의 없다. 은행에 100억 원을 예금했다고 해서 자긍심을 느끼진 않는다. 자신이 100억 원을 갖고 있다는 것 자체에 자긍심을 가질지는 몰라도 말이다.

그렇다면 금융상품을 파는 회사는 고객들이 자긍심을 갖게 해 열렬한 팬, 알파고객을 만들 방법이 없는 것일까? 서비스를 차별화해 고객들 스스로 "내가 이 은행에서 확실하게 우대받고 있구나!"라는 생각을 갖게 만들면 된다. 이런 관점에서 본다면 어떤 기업이라도 고객들이 자긍심을 갖게 만들 수 있다. 그 방법에는 다음의 2가지가 있다.

1. 소유의 기쁨을 갖게 만들어라.

2. 특별하게 대우해 줘라.

1_ 소유의 기쁨을 갖게 만들어라

미술품이나 우표, 책, 골동품이나 수석 등과 같이 특정 카테고리의 물건이나 사물을 수집하는 사람들은 그것을 소유하는 데서 기쁨을 느낀다. 실생활과 밀접한 상품보다는 대부분 골동품이나 고서 등과 같이 희소성이 있는 상품 카테고리에 많은 편이다. 실생활과 밀접한 상품 카테고리 중에도 소유의 기쁨을 줘 자긍심을 갖게 만드는 상품이 있다. 앞서 언급했던 페라리 같은 명품 브랜드들이 주로 해당된다.

그렇다면 소유의 기쁨을 갖게 만들려면 어떻게 해야 할까? 다음의 4가지 방법이 있다.

1. 최고를 넘어 예술품으로 포지셔닝하라.

2. 희소가치를 팔아라.

3. 마니아들이 찾는 브랜드가 돼라.

4. 스토리텔러 브랜드가 돼라.

첫째, 최고를 넘어 예술품으로 포지셔닝하라. 명품 브랜드 에르메스가 대표적이다. 에르메스는 제품을 파는 게 아니라 고객 삶의 예술, 즉 art of living을 판다고 일관되게 강조한다. 이런 마케팅에 힘입어 국내에서 이영애 백으로 유명한 버킨 백의 경우, 1,200만 원에 이르는 고가지만 선불을 내고도 1년 이상 기다려야 구매가 가능하다.

이렇다 보니 국내의 구매 대기자들은 상품을 빨리 받고 싶은 마음에 선물을 들고 매장을 방문해 "빨리 좀 받게 해줄 수 없느냐?"라고 하소연을 하기도 한다. 그리고 오랜 기다림 끝에 버킨 백을 소유하면 커다란 기쁨을 느끼고 엄청난 자긍심을 갖는다고 한다.

그렇다면 샤넬이나 루이뷔통 같은 고가의 명품 브랜드만 예술품으로 인정받을 수 있을까? 아니다. 가격의 높고 낮음이나 명품 여부를 떠나 수작업으로 만드는 상품의 경우에는 대부분 예술품으로 인정받을 수 있다. 천연 비누가 됐든 화장품이 됐든 천연 염색 의류나 스카프, 이불, 보자기가 됐든 상품의 범주를 뛰어넘어 예술 작품으로 인정받는 것이 중요하다.

둘째, 희소가치를 팔아라. 페라리나 에르메스 버킨 백을 소유하는 것만으로도 기쁜 이유는 희소성에 있다. 버킨 백의 경우, 프랑스 현지 공장에서 장인들이 직접 손으로 만들기 때문에 연간 생산량이 700~800개에 불과하다. 희소성이 그 가치를 더욱 높여 주는 것이다.

명품 골프장으로 유명한 미국의 오거스타 골프장 역시 희소가치를 파는 전략으로 성공한 사례이다. 미국 PGA의 다른 메이저 대회는 골프장을 이곳저곳 옮겨가며 경기를 한다. 그러나 마스터스 대회는 오거스타 골프장에서만 경기를 한다. 이 골프장이 매년 6월부터 5개월 동안 문을 닫는 것도 이 대회 때문이다. 그럼에도 불구하고 오거스타 골프장은 1923년 개장 이래 그 명성이 점점 높아지고 있다.

그렇다면 그 비결은 무엇일까? 우선 명품 골프장을 만들기 위한 노력, 즉 본원적 속성에서 최고가 되기 위한 노력을 들 수 있다. 단 한 개의 디봇도 용납하지 않으며, 나무 그늘에 가려진 12번 홀 그린에 인공조명까지 설치할 정도로 품질 완벽주의를 지향하고 있다.

그러나 가장 큰 성공 요인은 무엇보다도 희소가치를 파는 전략에 있다. 현재 이 골프장의 회원 수는 300명 안팎이다. 돈이 아무리 많아도 회원으로 가입하기가 어렵다. 신규 회원은 기존 회원의 추천을 받아 골프장 측이 최종 결정한다. 한때 미국의 클린턴 전 대통령이 회원으로 가입하려다 거절당했다는 이야기는 이 골프장의 희소가치를 더욱 높여 주는 일화가 되기도 했다.

그리고 이 골프장은 주말에도 10팀 정도만 받고, 일반인에게 개방하는 것은 1년 중 일주일에 불과하다. 골프장 로고가 박힌 각종 기념품을 살 수 있는 기회도 이때뿐이다. 이처럼 회원이 되는 것, 골프를 치는 것은 물론 구경을 위해 접근하는 것조차 어렵게 만든 전략이 오거스타 골프장이 명성을 높인 비결이었다.

그렇다면 희소가치를 팔아 고객들이 자긍심을 갖게 만들려면 어떻게 해야 할까? 다음의 2가지 방법이 있다.

1. 한정 생산 · 한정 판매 원칙을 고수하라.
2. 접근성을 제한하라.

한정 생산 · 한정 판매 원칙은 잘 알 것이므로 따로 설명하지 않겠다. 접근성을 제한하는 방법은 고객이 특정 상품을 아무곳에서나 쉽게 구매할 수 없도록 만드는 것을 말한다. 전략적으로 매장 수를 1~2개가량만 운영하거나 예약을 하지 않으면 매장에 출입하는 것조차 허용하지 않는 방법 등이 주로 활용된다.

셋째, 마니아들이 찾는 브랜드가 돼라. 예술품으로 포지셔닝시키는 것과 희소가치를 팔아 고객이 자긍심을 갖게 만드는 것은 주로 명품이나 수작업으로 만드는 상품 영역에 해당되는 방법이다. 그렇다면 실생활과 보다 밀접한 관련이 있는 상품 영역에서 고객들이 자긍심을 갖게 만들 방법은 없는 것일까? 지금부터 설명하는 방법이 이 고민을 해결해 줄 것이다.

등산, 사진, 인라인 스케이트, 테니스, 배드민턴 등 스포츠나 레져 관련 영역에는 마니아들이 존재한다. 이들의 공통점은 무엇일까? 자신의 보다 멋진 취미나 여가 생활을 위해 필요한 상품이나 브랜드를 반드시 소유하고야 만다는 것이다. 산악 자전거 마니아는 1,000만 원이 넘는 산악 자전거를 갖기 위해 돈을 모으고, BMW 마니아는 비록 전세를 살더라도 자신의 연봉보다 2배나 되는 차를 기를 쓰고 산다. 동호회 멤버들이 자신을 인정해 주기 때문이다.

이처럼 특정 마니아들 사이에 선택받는 브랜드로 포지셔닝 되는 것도 중요하다. 해당 상품의 가격은 중요하지 않다. 그 상품의 본원적 속성과 브랜드 가치를 특정 마니아들로부터 인정받는 것이 가장 중요하기 때문이다.

넷째, 스토리텔러 브랜드가 돼라. 애플의 사례에서 언급했듯이 최근 몇 년 사이에 상품 대신 스토리를 파는 스토리텔링이 마케팅에 널리 활용되고 있다. 스토리텔링은 무엇을 말하는 것일까? '상품에 특별한 의미와 가치를 담거나 상품이 출시되기까지의 비화·명사와의 에피소드 등 상품과 얽힌 재미있고, 생생한 이야기를 마케팅 활동에 도입함으로써 고객이 상품의 본원적 가치만 사는 것이 아니라 그 상품에 담겨 있는 의미와 가치, 그 상품에 얽힌 이야기를 즐기는 것은 물론 주변 사람들에게 전파되도록 하는 감성 마케팅 커뮤니케이션 활동'을 말한다.

고객의 입을 통해서 스토리가 전파된다는 면에서는 입소문이나 구전 마케팅과 유사하지만, 바비인형처럼 상품 자체에 어떤 스토리를 가미해 전파시킨다는 면에서 보면 그 범위가 훨씬 넓다고 할 수 있다. 스토리텔링 효과는 오십세주와 같이 기업이 전혀 의도하지 않은 상태에서 나타나는 경우도 있지만, 최근 들어서는 고객의 반응을 불러오기 위한 의도로 다양한 스토리의 개발을 전략적으로 추진하는 기업도 많다. 특히 광고나 CF에서 전래 동화나 우화, 소설 등을 패러디하는 스토리텔링 기법들이 활발하게 도입되고 있다.

어떤 이들은 스토리텔링 마케팅이 신규고객을 확보하는 등 고객 저변을 넓히는 데 도움이 되지 자긍심을 갖게 만들고 열렬한 팬, 알파고객으로 만드는 것은 아니라고 생각할 것이다. 일리있는 말이다. 하지만 스토리텔링 마케팅의 궁극적인 목적은 고객 저변을 넓히는 것을 넘어 스토리텔러 브랜드를 만드는 것에 있다. 브랜드를 소유하는 것에 대한 기쁨과 자긍심을 갖게 만들어 열렬한 팬, 알파고객을 만들 수 있기 때문이다.

그렇다면 스토리텔러 브랜드를 만드는 방법에는 어떤 것이 있을까? 다음의 4가지 방법이 있다.

1. 유명 인사와의 에피소드를 브랜드에 접목하라
2. 브랜드가 추구하는 핵심 가치를 스토리로 만들어 전파하라
3. 브랜드에 역사와 전통을 접목하라
4. 지속적으로 이슈를 만들어라

여기서 스토리텔러 브랜드를 만드는 방법을 좀 더 깊이 알아보자.
첫 번째, 유명 인사와의 에피소드를 브랜드에 접목하라. 대표적인

예로 곰 인형 테디 베어와 보석 브랜드 쇼메 등을 들 수 있다.

[그림 6-3] 테디 베어   [그림 6-4] 쇼메

테디 베어는 1903년 미국의 테오드르 D 루스벨트 대통령의 곰 사냥에 얽힌 에피소드를 담아 폭발적인 판매를 이루었다. 그리고 '쇼메'라는 보석 브랜드도 젊은 시절 나폴레옹 황제의 목숨을 구해준 이야기가 전파되면서 유럽 왕실과 귀족들 사이에 판매가 폭발적으로 증가했다. 보석 브랜드 쇼메와 나폴레옹에 얽힌 이야기를 한 번 보자.

나폴레옹 황제를 살려준 스토리로 성공한 쇼메!

여름 해가 지려는 어느 오후 늦은 시간. 프랑스 파리의 방돔 광장 뒤편에 있는 조금만 보석가게에 한 젊은 장교가 다급하게 뛰어 들어와 자신을 숨겨 달라고 부탁했다. 병사들이 오면 자신을 보지 못했다고 말해 달라는 부탁과 함께. 다급하게 부탁하는 젊은 장교를 보석가게 주인은 자신의 가게에 숨겨 주었다. 얼마 지나지 않아 수십 명의 병사들이 나타나 방돔 광장 주변 곳곳을 수색하기 시작했다.

그리고 얼마 후, 병사들이 보석가게로 몰려와 젊은 장교를 보지 못했냐고 물었다. 가게 주인은 저리로 가는 것을 보았다고 말했다. 그러자 병사들은 보석가게 주인이 가르쳐준 방향으로 우르르 몰려갔다. 병사들이 몰려가자 방돔 광장엔 어둠이 깔렸다. 젊은 장교는 보석가게 주인에게 목숨을 구해준 은혜를 꼭 갚겠다는 인사를 남긴 채 어둠 속으로 사라졌다. 이 젊은 장교가 바로 나폴레옹이었다.

그리고 얼마 후 나폴레옹은 프랑스 황제가 되었다. 그리고 젊은 시절 자신을 구해준 보석가게 주인에게 자신의 대관식에 필요한 왕관과 보검은 물론 자신의 왕비를 위한 목걸이, 팔찌, 반지 등을 주문했다. 황제의 주문을 받은 보석가게 주인은 최고의 제품을 만들어 프랑스 황실에 납품하였고, 그 이후에도 납품은 지속되었다.

당시 프랑스를 비롯한 유럽 사회는 왕실과 귀족 계층을 중심으로 파티가 성황을 이루던 시기였다. 황실이 주관하는 궁중 무도회 같은 파티에서 나폴레옹 황제와 왕비의 왕관, 목걸이, 팔찌 등은 프랑스 귀족들의 관심과 흥미를 끌기에 충분했다. 관심과 흥미로만 그치지 않고, 황제와 왕비가 선보인 새로운 보석들을 자신들도 구입하고 싶어 했다. 그들은 방돔 광장 뒤편에 있는 조그만 보석가게 '쇼메'에서 만든 것이라는 사실을 알게 되었다.

그리고 프랑스 귀족들은 나폴레옹 황제가 왜 보잘것없는 가게에서 만든 보석으로 치장하고, 대관식과 파티에 참석했는지도 알게 되었다.

"황제께서 젊었을 때 목숨을 구해준 은혜에 보답하기 위해 그 보잘것없는 가게를 보석 납품업체로 지정했다는군."

"그랬었군. 나도 황제처럼 은혜를 입으면 반드시 갚을 줄 아는 신사야."

이런 스토리는 프랑스 귀족들 사이에 빠르게 전파되었다. 그들뿐 아니라 유럽 각국의 왕실과 귀족들에게까지 전파되면서 보석 판매도 빠르게 증가했다. 그후 나폴레옹은 권좌에서 물러났지만, 쇼메는 스토리텔링 효과에 힘입어 최고의 명품으로 확고히 자리 잡게 되었다.

두 번째, 브랜드가 추구하는 핵심 가치를 스토리로 만들어 전파하라. 앞서 애플은 브랜드가 추구하는 핵심 가치인 혁신성과 창의성을 다양한 스토리로 전파시키고 있다고 했다.

[그림 6-5] 바비

[그림 6-6] 아메리칸 걸

바비인형 역시 마찬가지이다. 바비인형도 단순히 예쁜 백인 여자 인형이라는 콘셉트만으로 승부했다면 50여 년 동안 전 세계의 소녀들에게 사랑받지 못했을 것이다. 바비인형의 성공 비결은 유치원에 가고, 친구를 사귀고, 멋진 옷을 입고, 파티를 열고, 남자 친구도 사귀는 등 '예쁜 여자 어린이들의 소꿉친구'라는 콘셉트 때문이었다. 그것이 바로 바비라는 똑같은 얼굴의 인형이 주는 지루함을 극복하고, 세대와 국적을 뛰어넘어 많은 소녀들로부터 사랑을 받을 수 있었던 핵심 요인이었다.

이에 반해 2000년 경, 국내에서 큰 인기를 모았던 텔레토비는 어떤가? 보라도리, 뚜비, 나나, 뽀는 보라, 노랑, 초록, 빨강색의 귀여운 인형 콘셉트외에는 어린이들에게 아무런 가치를 주지 못했기 때문에 지금은 흔적조차 찾을 수 없게 되었다.

2000년대 들어 미국에서는 '아메리칸 걸'이라는 인형이 선풍적인 인기를 끌고 있다. 아메리칸 걸은 등장하는 주인공들부터가 다양하다. 바비가 현대의 예쁜 백인 소녀인데 비해 아메리칸 걸은 미국의 시대별 소녀가 주인공이다. 게다가 바비 인형의 스토리보다 훨씬 다양하고 재미있다. 독립 운동 때부터 2차 대전 때까지 미국의 역사적 배경에 맞게 당시 소녀들의 꿈과 희망을 이야기로 풀어가고 있다. 아메리칸 걸은 아이들에게 역사 속의 먼 인물이 아니라 자신의 어린 시절과 추억을 공유한 존재이다

이런 아메리칸 걸의 다양한 스토리는 판매에도 그대로 영향을 미쳤다. 바비 인형이 20달러 내외인데 비해 아메리칸 걸은 평균 100달러에 판매되고 있다. 평균 25달러 정도의 옷 한두 벌과 액세서리를 구입하면 금방 200달러가 된다. 이렇게 고가임에도 불구하고 2004년 3.7억 달러의 매출액을 기록했고, 각각의 인형 이야기가 담긴 책은 무려 8,200만 권이나 팔렸다.

제주도 역시 바비나 아메리칸 걸, 애플을 벤치마킹해야 한다. 제주도의 주요 산업은 관광이다. 관광객들에게 제주도하면 무엇이 떠오르냐고 물었을 때 어떤 답을 할까? 천혜의 자연 경관, 감귤, 해녀, 한라산만으로는 부족하다. 이것만으로는 한 번 방문한 관광객을 두 번, 세 번 방문하도록 만들기 어렵다. 그리고 주변 사람들에게 입소문을 내는 것을 기대하기란 더욱 어렵다.

그러기 위해서는 제주도의 핵심 가치를 스토리로 만들어 전파해야 한다. 그렇다면 제주도가 추구해야 할 핵심 가치는 무엇이어야 할까? 환상적인 추억과 향수는 어떨까? 제주도를 한 번 찾은 관광객이 환상적인 추억과 향수 때문에 다시 가보고 싶은 곳 1위로 꼽는다면 더 많은 사람들이 찾을 것이고, 그들의 입을 통해 전세계로 전파되지 않을까?

세 번째, 브랜드에 역사와 전통을 접목하라. 앞서 소개했던 쇼메의 아뜨리에는 나폴레옹 황제 시절의 공방 그 자체로서 많은 관광객들이 방문을 한다. 로마가 관광객들이 가보고 싶은 제1의 도시로 손꼽히는 것도 로마 제국의 역사와 유물이 보존돼 있기 때문이다.

[그림 6-7] 예천준시. 300년 감나
무의 감으로 만든 곶감

최근 들어 국내 백화점들도 설이나 추석 선물용 상품을 준비할 때, 역사와 전통을 접목해 스토리텔링 효과를 거두고 있다. 상품의 이름과 가격을 알리는 데서 벗어나 유래와 전통 등을 이야기로 정리해 고객들에게 각인시키는 데 힘을 쏟고 있다. 임금님 진상품으로 유명한 '완주 흑곶감'이나 '예천준시'(경북 예천에서 생산되는 곶감으로 '십년일득(十年一得)'이란 말이 있다. 십 년에 한 번 얻을 수 있을 정도로 귀하단 뜻으로, 조선시대엔 임금에게 진상품으로 사용됐다. 또한 예천준시를 만드는 감나무는 다른 감나무와 접목이 안 되고, 바로 옆 동네에 옮겨 심어도 감이 잘 자라지 않는다고 한다)가 대표적이다. 이와 같은 유래와 전통을 가진 스토리를 담은 선물은 받는 사람에게 자긍심을 갖게 만든다.

관광에도 이런 방법을 접목한다면 효과를 극대화할 수 있다. 서울을 찾는 관광객들의 필수 방문 코스를 꼽으라면 아마도 경복궁, 남대문, 남산, 인사동, 명동 등을 꼽을 것이다. 경복궁을 예로 들어 보자. 경복궁을 구경한 외국인 관광객들은 어떤 생각을 할까? 베르사이유 궁전이나 자금성보다 멋지다고 할까? 이것들을 보지 않은 사람들이라면 모를까 본 사람들 중에 그렇게 말하는 사람은 드물 것이다. 아마도 "조선이라는 나라가 작듯이 궁전도 작구나!", "조선의 궁전은 중국과 조금 다른 면이 있구나!"와 같은 반응이 일반적일 것이다.

그렇다면 경복궁을 한 번 방문한 사람들을 다시 방문하게 만들고, 주변 사람들에게 꼭 가보라고 권하도록 만들려면 어떻게 해야 할까? 여러 가지 아이디어가 있겠지만, 경복궁의 500년 역사와 전통을 보여 주는 것이 가장 효과적일 것이다. 신라와 백제의 역사를 보여 주는 경주나 부여는 물론 다른 지방자치단체들도 마찬가지이다. 옛 건물을 복원하고 박물관을 지어 유물을 보여 주는 하드웨어 대신 오랜 역사와 전통이 담긴 소프트웨어를 스토리로 만들어 보여 줘야 할 것이다.

네 번째, 지속적으로 이슈를 만들어라. 영국 버진그룹의 리처드 브랜슨 회장이 이 분야의 대가라 할 수 있다. 1996년 미국에 버진콜라를 런칭할 때, 그는 뉴욕 42번가 타임스퀘어 광장에 탱크를 직접 몰고 등장했다. 그런 다음, 타임스퀘어 광장의 대형 코카콜라 광고판에 버진콜라로 만들어진 포탄을 쏟아부었다. 미국을 상징하는 타임스퀘어에서 미국의 상징인 코카콜라를 제압하겠다는 의미였다.

그는 '버진'이라는 이름으로 도배한 열기구를 타고 성층권까지 올라갔다가 바다에 빠지기도 했고, 미국 LA에서 버진 메가스토어를 오픈할 때는 록그룹 건즈앤로지즈의 리드 싱어 액슬 로즈처럼 격자 무늬의 미니 스커트를 입고 금발 가발을 쓰기도 했다. 브랜슨 회장이 이와 같은 기행을 벌이는 이유는 사람들의 주목을 받아 버진이란 브랜드를 알리기 위해서이다.

그러나 또 다른 이유도 있다. 유머가 제1의 마케팅 원칙이라는 신념 때문이다. 엽기적인 광고나 퍼포먼스가 사람들을 웃게 만들기 때문이라고 한다. 그렇다면 사람들을 웃게 만들면 소유의 기쁨을 갖게 만들수 있고 열렬한 팬, 알파고객도 만들 수 있을까? 저가 항공사로 명성을 얻고 있는 사우스웨스트 항공을 보면 충분히 가능한 일이다.

사우스웨스트 항공은 유머 경영으로 유명하다. 비행기에 탑승한 승객들을 재미있게 만들고, 웃게 만들기 위해 항상 노력한다. 그래서 이 회사의 고객들은 다음 번 여행이나 출장을 갈 때에도 사우스웨스트 항공을 이용한다. 싼 가격은 물론 고객들을 재미있게 만들어 주려고 노력하기 때문이다.

2_ 특별하게 대우해 줘라

지금까지 설명한 방법들만으로는 고객을 열렬한 팬, 알파고객으로 만들기 어려운 업종과 기업이 있다. 은행이나 백화점, 호텔, 종합병원 등과 같이 상품의 본원적 가치에 대한 차별화가 어렵고, 그 효과 또한 적은 업종에 속한 기업들이 여기에 해당된다.

은행은 물론 고객들이 추구하는 수익성과 안전성을 최대한 보장해 주는 것이 고객들의 신뢰를 얻는 최상의 방법이다. 그러나 이에 대해 고객들은 당연하다고 생각할 뿐 우대받고 있다고 생각하지는 않는다. 수익성과 안전성이 만족스럽지 못하면 당연히 고객들은 아무런 미련 없이 이탈해 버린다.

백화점이나 주유소 역시 이용하기 편리한 입지나 유리한 로열티 프로그램에 따라 자신의 지갑을 여는 고객들이 많다. 그래서 고객들은 백화점에 있는 샤넬이나 루이뷔통, 헤라, 에스티 로더와 같은 브랜드를 사는 것이지 롯데, 신세계, 현대와 같은 백화점 브랜드를 사는 것이 아니란 말이 생겨났으리라.

그렇다면 이런 업종의 기업들은 어떻게 해야 고객들에게 자긍심을 갖게 만들고, 알파고객을 만들 수 있을까? 우대받고 있다는 생각을 만들어야 한다. 그러기 위해서는 다음과 같은 2가지 방법이 있다.

1. 우대 서비스를 제공하라.
2. 맞춤 마케팅을 실시하라.

첫째, 우대 서비스를 제공하라. 대표적인 방법이 금리를 우대해 주거나 송금 수수료를 면제해 주거나 발레파킹 서비스, 컨시어즈 서비스를 제공하는 것이다. 컨시어즈 서비스를 예로 들어 보자.

컨시어즈란 중세 유럽 교회의 재산 관리인을 말한다. 컨시어즈 서비스를 처음 선보인 곳은 일본의 미츠코시 백화점이다. 1990년대 중반 이후 지속된 일본의 불황을 타개하기 위해 VIP 고객을 대상으로 쇼핑과 관련된 서비스는 물론이고 중세 유럽 교회의 재산 관리인이나 집사처럼 고객이 원하는 모든 서비스를 제공한다는 개념의 서비스를 선보였다.

국내 백화점들도 2005년부터 도입해 실시하고 있으며, 호텔에서도 유사한 개념으로 컨시어즈 서비스를 제공하고 있다. VIP고객에게 쇼핑 안내는 물론 식당·공연·항공권 예약 및 핸드폰 충전, 팩스 전송, 우산 대여와 같은 서비스도 제공하고, 법률 상담 등의 서비스까지도 대행해 주는 등 고객들에게 개인 비서와 같은 서비스를 지향한다.

그렇다면 컨시어즈 서비스를 받는 고객들은 어떤 행동을 보일까? 다음의 사례를 한 번 보자.

▲ 컨시어즈 서비스의 효과를 톡톡히 본 갤러리아 백화점!

2012년 1월 10일 서울 압구정동 갤러리아 백화점. 명품 시계 '파텍 필립' 매장에 30대 중국 남성이 들어섰다. 그는 6,000만 원짜리 시계를 구입하며 담당 컨시어지로부터 통역과 사은품 수령, 세금 환급 안내 서비스를 받았다. 다음날 아침, 한 중국인 부부가 백화점에 와서 물었다.

"여기 서비스가 좋다면서요?"

그는 전날 시계를 산 고객의 친구였다. 대접을 잘 받았다는 친구의 자랑에 매장을 찾았다는 것이었다. 결국 이 부부는 1억 원짜리 시계를 샀다.

최근 갤러리아 백화점은 일본과 중국인을 위한 컨시어즈 서비스를 실시하고 있다. 중국인을 위한 컨시어즈 서비스는 2010년부터 시작했는데, 시작 1년 만에 중국인 매출이 일본인을 앞질렀다고 한다. 1년 만에 한국을 다시 방문해도 자신의 얼굴, 이름은 물론 취향까지 기억했다가 반갑게 대우해 주는 컨시어즈 서비스에 감동을 받아 다른 곳으로 가지 않고 재방문해서 자신의 지갑을 연다고 한다.

'공산주의 국가인 중국은 고객이 왕이라는 인식이 거의 없기 때문에 효과가 큰 것 아니냐?'라고 생각하는 사람도 있을 것이다. 하지만 앞에서 언급했던 것처럼 대부분의 사람들은 자신을 존경해 주고, 존중해 주며, 대우해 주는 기업이나 사람에게 기꺼이 마음과 지갑을 연다.

새마을 금고나 신협을 이용하는 고객들 중에도 이런 고객이 존재한다. 은행에서는 VIP 고객으로 대우를 받지 못해도 새마을 금고나 신협에 가면 어깨에 힘을 주는 고객들이 있다. 새마을 금고나 신협이 자신을 인정해 주고, 대우해 주는 것에 자긍심을 느끼기 때문이다. 따라서 과제는 어떻게 하면 더 많은 고객들이 대우를 받고 있다는 생각을 가지도록 만들 것인가에 있다.

고객들에게 자긍심을 심어 주는 대표적인 곳으로 BMW 코리아가 있다. BMW 코리아는 2008년부터 청담동에 BMW 뉴7 시리즈 전시장을 만들고, 단 한 명만의 고객만을 초청해 '클로즈드 룸 이벤트'라는 모터쇼를 열고 있다. 2011년 9월에는 세계적 모던 아티스트 제프 쿤스가 만든 BMW 아트카가 전시된 '7 시리즈 모빌리티 라운지'도 만들었다.

이곳은 BMW 7 시리즈 고객이라면 아무 때나 들러 차도 마시고, 잡지도 뒤적일 수 있는 고급스러운 공간으로 투자 설명회, 미술품 경매, 다도(茶道) 모임 등 다양한 행사도 수시로 개최한다. 마치 은행이나 증권사의 PB센터를 연상시킨다. BMW 코리아 김효준 대표는 "이런 서비스를 제공하는 라운지는 세계적으로 유례가 없을 겁니다"라고 말한다.

이와 같은 우대 서비스를 받은 고객들은 당연히 자긍심이 높아질 수밖에 없다. 그 결과 서비스를 시작한지 불과 한두 달 만에 고객들이 주변 사람들에게 입소문을 내 BMW 7 시리즈 판매가 급증했다고 한다.

두 번째, 맞춤 마케팅을 실시하라. 서비스를 아무리 차별화해도 자긍심을 느끼기는커녕 자신이 대우받지 못한다고 느끼는 고객들이 있다. 모 백화점에서 실행했던 퍼스널 쇼퍼 제도가 대표적이다. 몇 년 전 이 백화점은 과장급 이상 간부 사원별로 VIP 고객을 할당해 쇼핑 도우미 역할을 하는 제도를 시행한 적이 있었다. VIP 고객을 여왕이나 왕처럼 극진히 모시겠다는 취지에서 시행된 제도였다. 고객들의 반응은 아주 만족해 하는 고객들이 있는 반면 아주 불편해 하는 고객들도 있었다. 불편하다는 반응을 보인 고객들의 변은 이러했다.

"나 혼자서 조용히 매장도 둘러 보고 사고 싶은 상품이 있으면 사는 게 편한데 백화점 부장이란 양반이 대뜸 명함을 내밀면서 자신이 나의 쇼핑 도우미라며 도움이 필요하면 뭐든지 말해 달라니 오히려 불편하더라. 내가 감시 당하는 느낌도 들고……."

왜 이렇게 고객들의 반응이 상반되는 것일까? 고객마다 취향이 다르기 때문이다. 어떤 고객은 백화점의 간부 사원이 비서나 수행원처럼 따라다니면 자신이 대우받고 있다며 어깨에 힘을 주는 반면 어떤 고객은 오히려 불편해한다. 이런 모순을 극복해 주는 방법이 맞춤 마케팅,

즉 Customization이다. 맞춤 마케팅이란 말 그대로 고객별로 원하는 상품이나 서비스를 맞춤 형태로 제공하는 것을 말한다.

맞춤 마케팅은 원래 산업혁명으로 인한 대량 생산 시스템 이전까지는 주된 마케팅 방법이었다. 양복이든 구두든 보석이든 모든 상품이 고객에게 테일러 메이드 방식으로 만들어져 유통됐기 때문이다. 그러나 최근의 맞춤 마케팅은 맞춤 상품의 제공, 맞춤 가격, 맞춤 채널, 맞춤 판매 촉진, 맞춤 서비스 등 다양한 영역에서 다양한 방법으로 활용되고 있다. 이 중에서 고객이 자긍심을 갖게 만드는 맞춤 상품, 맞춤 채널, 맞춤 서비스, 맞춤 커뮤니케이션에 대해 알아보자.

1) 맞춤 상품

보험이나 은행 등에서 다루는 금융상품은 대부분 맞춤형 상품을 기본으로 한다. 고객의 라이프스타일이나 투자 성향별로 니즈가 다르기 때문이다. 거액을 투자하는 고객들은 특히 수익률에 민감하면서 안정성도 중시하는 특성이 있다. 이러한 고객의 니즈를 충족시킬 수 있는 대표적인 맞춤형 금융상품이 은행의 부자 고객들을 위한 종합 자산관리 상품이다.

영국 바클레이스 은행의 경우를 예로 들어 보자. 이 은행은 2005년에 약 700개의 신상품을 선보였는데, 이 가운데 60% 이상을 은행에서 자체 개발했다. 상품 비중을 주가 연동형 상품 50%, 외환 상품 25%, 실물자산 상품 15% 정도로 나누어 고객 니즈별로 맞춤형 상품을 선보인 것이다. 제조 현장에서 부품을 모듈화하는 방식과 유사하다고 할 수 있다. 이들 700여 개의 상품 중에는 개발 과정에서 고객이 원하는 상품을 은행 PB들이 상품개발부에 직접 요구해 개발된 것들도 있다.

완제품이나 부품을 판매하는 제조업체들도 맞춤 상품 제공 역량이 알파고객을 만드는 데 가장 중요한 요인이 된다. 맞춤 양복, 맞춤 셔츠, 맞춤 속옷 등 품질, 기능, 디자인 등이 평준화돼 차별화가 어려운 업종에서는 특히 중요하다. 화장품 분야도 맞춤 상품이 고객의 자긍심을 높이는 아주 유용한 방법으로 활용되고 있다. 프랑스 초고가 향수 브랜드 A의 경우, 고객의 DNA를 프랑스로 보내 그 고객의 DNA 구조에 맞는 향수를 만들어 보내기도 한다.

'아모레 퍼시픽'도 오직 한 사람만을 위해 세상에 단 하나뿐인 맞춤 화장품을 만들어 판매하고 있다. 서울 압구정동에 위치한 태평양의 '디 아모레 갤러리'를 찾는 고객들은 이 세상에서 단 하나뿐인 자신만을 위한 화장품을 살 수 있다. 이 화장품을 사기 위해서는 우선 전문 카운셀러와 상담을 한 후, 본인의 피부 상태를 측정한다. 그런 다음 자신이 원하는 색상과 향 등을 선택하면 상주하는 화장품 제조 전문가가 립스틱·파운데이션 등을 만들어 준다.

맞춤형 상품의 가격은 물론 다른 상품에 비해 2배 가량 비싸다. 전문 인력이 전 공정을 수작업으로 하기 때문에 제조 원가가 올라갈 수밖에 없다. 그것때문에 다음의 사례처럼 아직은 소수만을 위한 맞춤 화장품, 맞춤 양복이라는 한계를 벗어나지 못하고 있다.

맞춤 상품이 트랜드를 주도한다!

회사원 이진상(32) 씨는 지난 6월 휴가 계획을 세우며 기성품 대신 자신이 원하는 여행용 가방을 직접 주문했다. 방수가 잘되는 빨간색 체크무늬 원단 겉면에 자신의 이니셜도 새겼다. 이 씨는 "세상에 단 하나뿐인 가방을 갖게 됐다" 며 "어디서든 눈에 확 띈다" 고 말했다.

쌤소나이트는 2006년 6월 청담점을 열면서 '오더 메이드 서비스'를 본격적으로 시작했다. 기본 디자인은 정해져 있지만, 색상과 원단 등 제품 생산에 들어가는 모든 소재는 고객이 직접 선택할 수 있다. 제품은 유럽에서 수작업으로 만들어지며, 6~9주 정도 소요된다.

살바토레 페라가모의 남성화는 소재와 색상뿐 아니라 바닥창까지 선택이 가능하다. 이탈리아 본사에서 직접 생산하는데, 일반 기성품에 비해 20~30% 정도 비싸다. 2007년 들어 주문 생산 제품의 수요가 크게 늘면서 전체 판매에서 차지하는 비중이 2년 전 5% 미만에서 최근 10%까지 올라갔다.

페라가모의 박시영 차장은 "기성품에는 없는 조합이 가능하기 때문에 개성을 살릴 수 있다"며 "최근엔 남성 고객이 부쩍 늘었다"고 말했다. 남성복 브랜드 에르메네질도 제냐는 수트의 버튼과 주름, 옷감 등 모든 사항을 고객이 주문할 수 있다. 선택 가능한 소재는 무려 450여 가지. 수트에는 고객의 이름과 제작일을 새겨 넣을 수 있다. 갤럭시도 100여 개의 원단 샘플에서 고객이 원하는 제품을 고를 수 있다.

맞춤 상품의 바람은 맞춤 양복의 부활로 이어지고 있다. 서울 강남에서 맞춤 양복점을 운영하는 최모(47) 씨는 "10여 년 전에는 맞춤 양복이 값싼 기성품에 완전히 밀렸었는데, 최근엔 젊은 사람들을 중심으로 맞춤 양복을 선호하고 있다"며 "원단을 싼 값에 소량으로 구매할 수 있어, 맞춤 제품의 단가가 크게 낮아졌기 때문"이라고 말했다.

사무실 밀집지역인 서울 강남역과 선릉역 주변에는 이런 맞춤 양복점이 20여 곳가량 영업 중이다. '오더 메이드' 제품은 앞으로 다른 분야에까지 확대될 것이라고 전문가들은 전망한다.

〈출처: 조선일보〉

왜 이런 현상이 나타나는 것일까? 개성을 담은 제품으로 자신을 차별화하려는 사람이 많기 때문이다. '나만을 위한', '세상에서 단 하나뿐인'과 같은 희소성에 자신이 특별하게 대우받고 있다고 느끼는 사람들 말이다. 더구나 최근 들어 1:1 맞춤 상품을 소수가 아닌 다수의 고객을 대상으로 하는 기업들이 늘고 있다. 아모레 퍼시픽이 대표적이다. 아모레 퍼시픽은 매장을 방문하지 않은 고객들에게도 구매 패턴을 분석해 고객 피부 상태에 맞는 맞춤형 상품을 제안하고 있다.

"나이가 들면 지성 피부였던 사람도 건성 피부로 변할 수 있습니다. 얼마 전 피부 트러블로 지성 피부용 크림을 환불한 것이 이와 같은 변화를 드러내는 징후일 수 있습니다"라고 맞춤 샘플과 DM을 발송하는 식이다. 그러면 맞춤 DM을 받은 고객 대부분은 아모레 퍼시픽 매장을 방문해 피부 검사를 받고 샘플로 받은 제품을 추가로 구매한다.

맞춤 상품은 이처럼 열렬한 팬, 알파고객을 만들 수 있는 가장 보편적인 방법일 뿐만 아니라 새로운 고객을 창출하는 유용한 방법이기도 하다. 명품이든, 금융이든, 식당이든 고객이 자긍심을 느낄 수 있도록 만드는 가장 유용한 수단이기 때문이다.

그러나 자동차나 가전, 스마트폰 등 공장에서 대량생산 방식에 의해 만들어진 상품을 맞춤 형태로 제공하는 것은 쉽지 않은 일이다. 그렇다고 해서 방법이 전혀 없는 것은 아니다. 최근 들어 대량 생산의 대명사격인 자동차 분야에도 맞춤 자동차를 갖고자 하는 이들이 증가하고 있다. 자동차의 내부와 외부를 자신이 원하는 형태로 개조해 타고 다니는 사람들 말이다.

그래서 페라리같은 고급 브랜드는 물론 벤츠와 BMW, 현대 · 기아자동차 등도 맞춤 자동차를 출시하기 위해 많은 노력을 기울이고 있다.

일반적으로 자동차의 내관과 외관을 자신이 원하는 대로 고치는 것을 튜닝이라고 한다. 드레스업 튜닝은 차량 외부나 인테리어 디자인을 바꾸는 것을 말하고, 퍼포먼스 튜닝은 엔진 출력을 높이거나 내부 구조를 바꿔 성능을 향상시키는 것을 말한다. 벤츠의 튜닝 브랜드에 대해 알아보자.

♪ 메르세데스-벤츠의 튜닝 브랜드 AMG의 SLS AMG

대표적인 완성차의 튜닝 브랜드는 메르세데스 벤츠의 AMG다. 1967년 벤츠 전문 튜닝업체로 시작된 AMG는 다임러 그룹에 흡수돼 벤츠의 고성능 차량 개발을 맡고 있다. '1인 1엔진 전담 시스템' 을 이용해 1명의 엔지니어가 처음부터 끝까지 엔진 제작 과정을 책임진다. 엔진과 변속기뿐 아니라 내부 시트, 계기판, 스티어링 휠 등도 모두 자체 개발한다.

벤츠가 자체적으로 튜닝하는 AMG와 달리 벤츠만을 튜닝하는 외부업체의 명성도 높다. 1977년 보도 보슈만이 설립한 브라부스는 세계 최대 규모의 벤츠 튜닝 회사다. 시속 350㎞를 내는 E클래스를 만들 만큼 앞선 기술력을 뽐낸다. 맞춤 인테리어 프로그램도 마련해 세상에 단 하나뿐인 벤츠를 만들어내는 산실로 사랑을 받고 있다.

〈출처 : 이코노미스트〉

BMW도 '선 주문 후 제작'이라는 고객 맞춤형 비즈니스 모델을 개발해 고객의 취향에 맞게 아주 세세한 부분까지 주문할 수 있도록 만들어 수제차를 타는 듯한 만족감을 주고 있다. 기아자동차도 2008년 9월, 쏘울 출시와 동시에 튜온(TUON)이라는 튜닝 브랜드를 국내 완성차 업체로는 처음으로 출시했다. 현대자동차 역시 2010년 4월, 투싼ix 출시에 맞춰 튜닝 브랜드 튜익스(TUIX)를 출시했다. 쏘울과 투싼의 튜닝 제품 장착률은 15~20%대로 그 비율이 서서히 높아지고 있다.

웰빙 열풍을 타고 고객 저변이 확대되고 있는 자전거 시장에서도 맞춤형 자전거, 즉 픽시 바이커 브랜드가 자전거 마니아들의 관심을 받고 있다. 픽시 바이크는 픽시드 기어 바이크(Fixed gear bike)의 준말로, 톡톡 튀는 매력을 지녔다고 하여 '픽시(fixie)'라는 애칭으로 불린다. 픽시 바이크의 가장 큰 장점은 부품이 간단해서 자신이 원하는 컬러와 디자인의 부품을 골라 자전거를 직접 만들 수 있다는 것이다.

미국의 대표적인 픽시 바이크 브랜드 리퍼블릭 바이크(Republic Bike)는 수작업 맞춤형 시스템으로 만들어진다. 고객이 인터넷으로 부품을 주문하면 배송해 주는 시스템으로, 자신만의 자전거를 만들어 타고 싶어 하는 전세계 자전거 마니아들의 열렬한 지지를 받고 있다.

신용카드 업계에서도 고객이 직접 디자인한 신용카드를 선보였다. 2006년 초 고객이 디자인하는 삼성카드의 '셀디(self design)카드', 외환카드의 '프리 디자인 카드', 신한카드의 전신인 LG카드의 'LG포티(Photee) 기프트 카드'가 그것이다. 이들의 특징은 고객들이 자신의 개성에 맞게 이미지와 문구를 디자인하는 것으로, 그 방법은 매우 간단하다. 그 카드를 원하는 고객은 회사 홈페이지로 들어가서 자신의 컴퓨터에 있는 이미지를 업로드한 후 쉽게 편집을 하거나 문구를 삽입할 수 있다.

이처럼 다양한 업종에서 여러 기업들이 맞춤 상품을 경쟁적으로 출시하고 있다. 일본의 정밀부품 회사인 나베야 바이텍 같은 회사는 스시바에서 초밥 하나를 주문하듯 단 한 개의 부품도 맞춤 생산해 배송해 주고 있다. 이들 기업이 얻고자 하는 목적은 같다. 고객의 상이한 니즈를 충족시켜 특별하게 대우받고 있다는 생각을 갖게 만들고, 더 나아가 자긍심을 갖게 만들어 그들을 열렬한 팬, 알파고객으로 진화시키기 위해서이다.

　아직은 기대 이상의 효과를 거두지 못하는 업종도 물론 있다. 그러나 이런 노력을 중단하지 않고 계속하는 기업만이 열렬한 팬, 알파고객을 지속적으로 확보할 수 있을 것이다.

2) 맞춤 채널

최근 몇 년 사이 기업의 채널 전략에도 많은 변화가 있었다. 첫 번째는 인터넷, 휴대전화, SNS 등을 활용한 온라인 채널의 급성장을 들 수 있다. 두 번째는 '채널=판매 및 유통 채널'이라는 전통적 개념이 점차 '채널=판매 및 유통 채널+고객과의 접점'이라는 개념으로 진화하고 있는 것이다. 세 번째는 특별한 고객들만을 위해 별도의 맞춤 채널을 운용하는 기업들이 점점 증가하고 있다는 것이다.

　일반적으로 기업들은 오프라인과 영업인 중심의 대면 채널, 전화나

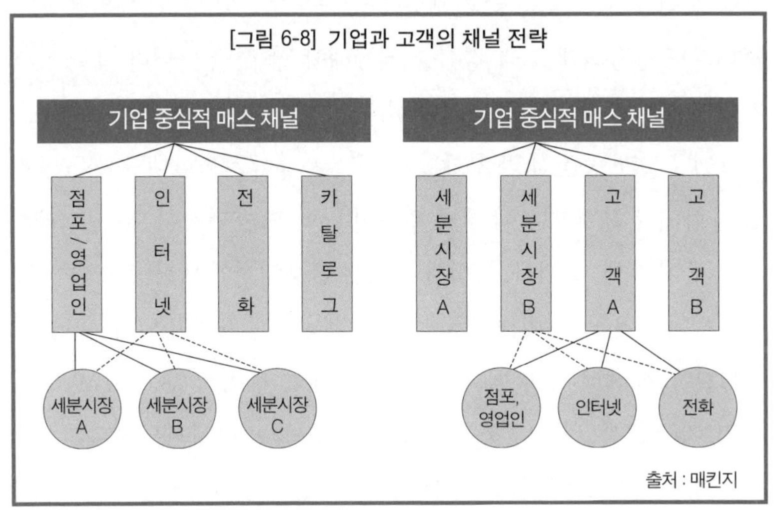

[그림 6-8] 기업과 고객의 채널 전략

카탈로그를 활용한 DM 등 고객을 세분화하여 관리하는 채널 전략을 선택하고 있다. 채널 전략에서도 기업 중심적인 매스 마케팅 방식을 취하고 있는 것이다.

기업 중심적인 채널 형태는 운영이 용이하다. 반면 온&오프 모두를 사용하는 멀티 채널은 구매자에게 대응을 할 때 어려움이 따른다. 또한 채널 간 시너지 효과가 미흡하고, 고객에게 일관된 메시지를 전달하기도 어렵다. 그리고 채널별로 다른 경험을 제공하기 때문에 고객들에게 혼선과 불만을 야기시킨다. 게다가 인터넷이나 콜센터, 영업인 등 채널별로 고객을 인식하기 때문에 고객 접점이 통합되지 못하고, 일관된 고객 경험이나 가치도 제공하기 어렵다.

이런 기업들의 콜센터 상담원은 대개 신상품을 판매할 때 고객 만족 같은 것은 안중에도 없다. 채널 운영이 고객을 중심으로 통합되지 않고, 사업부서 단위 중심으로 운영되기 때문에 판매에 주력할 수밖에 없다. 따라서 고객 지향적인 기업이 되기 위해서는 고객이 원하는 채널을 선택할 수 있도록 맞춤 채널을 구축해야 한다. 어떤 채널로 접촉하더라도 일관되게 고객 경험을 제공해야 할 뿐만 아니라 채널 간의 시너지 효과를 창출할 수 있어야 한다.

그러나 고객 중심적 맞춤 채널은 채널 운영이 복잡한데다 모든 접점을 통합해야 하기 때문에 투자 비용이 많이 드는 단점이 있다. 그래서 최근 들어 은행, 증권사, 보험사와 같은 금융업계와 백화점에서는 VIP 고객들만 이용할 수 있는 별도의 전용 채널을 운용하고 있다. PB센터, WM센터, FP센터 등과 백화점들이 운영하는 멤버스 라운지, MVG 라운지, 쟈스민 룸, 라벤다 룸, 퍼스널 쇼퍼 룸 등이 이에 해당된다.

그리고 명품 브랜드들은 특급 VIP 고객 한 명이나 4~5명을 대상으로 패션쇼를 열기도 한다. 아직 국내의 어떤 매장에도 선보이지 않은 신제품을 특급 호텔에서 7~8명의 모델을 동원하여 개최하는 것이다. 일종의 고객 중심 채널이면서 맞춤 채널이라 할 수 있다.

기본적으로 VIP 고객들은 우대받기를 원하며, 남들과 다른 특별한 서비스를 받고 싶어 한다. 또한 자신의 신분이 노출되거나 프라이버시가 침해되는 것도 꺼린다. 특히 금융회사의 PB센터를 방문할 때나 고가의 명품 브랜드를 쇼핑할 경우에 이런 성향들이 잘 나타난다. 이런 성향과 가치를 충족시키지 못하면 VIP 고객들은 소리 없이 떠나 버린다. 금융업계, 백화점, 명품 브랜드들이 VIP만을 위한 맞춤 채널을 운영하는 이유가 여기에 있다.

오프라인 채널만 그런 게 아니다. 콜센터 같은 곳도 마찬가지이다. VIP 고객 전용 전화번호나 1:1 전담 상담원을 배치하는 곳들이 많다. 고객들이 기업에 제공하는 가치에 걸맞게 우대받고 있다는 인식을 갖게 만들기 위해서이다.

3) 맞춤 커뮤니케이션

기업이 고객과 커뮤니케이션하는 방법은 주로 5가지다. TV나 신문 등 다양한 매체에 광고 혹은 홍보를 하거나 영업인이나 서비스 담당자의 직접 방문 또는 내점에 의한 만남, 세미나나 이벤트 등의 행사를 통한 만남, 전화를 하거나 고객이 웹 사이트나 블로그 등을 방문하는 방법, DM이나 이메일을 보내는 방법 등이 그것이다.

TV나 신문, 잡지 등 언론 매체에 광고를 하는 것은 대표적인 매스 커뮤니케이션으로, 불특정 다수의 고객에게 상품이나 브랜드를 가장 빠르게 알릴 수 있는 방법이다. 반면 직접 만나거나 전화를 통한 접근 및 커뮤니케이션은 맞춤의 형태로 이루어진다. 각기 다른 고객들과 똑같은 내용으로 대화할 수는 없기 때문이다.

그러나 우편, 이메일로 고객에게 접근하거나 마케팅 캠페인을 전개할 때에는 대개 맞춤의 형식을 취하지 않는다. 마케팅 캠페인이나 커뮤니케이션을 할 때, 모든 고객들에게 똑같은 DM이나 이메일을 보낸다. 매스 커뮤니케이션 방식을 취하는 것이다.

대부분의 사람들이 마찬가지겠지만, 필자도 인터넷 서점, 이동전화, 신용카드, 보험사 등으로부터 DM과 이메일을 받는다. 그러나 대부분은 필자의 마음을 사로잡지 못한다. 필자가 다른 사람에 비해 유독 까다로워서 그런 것은 아니다. DM과 이메일이 모든 고객에게 똑같이 보내지는 내용이기 때문이다. 그렇기 때문에 필자의 니즈와 취향, 선호를 자극하지 못한다.

그렇다면 왜 대부분의 기업에서 보내는 DM이나 이메일이 매스 커뮤니케이션 방식을 택하는 것일까? 다음의 세 가지 이유 때문이다.

첫째, 그렇게 배웠기 때문이다. 그들의 상사나 선배들은 DM을 보낼 때 대부분 전달하려는 상품 전단지와 메시지를 똑같이 만들어 모든 고객에게 동시에 발송했다. 이때 중요한 것은 고객 주소, 성명, 부서, 직위와 같은 고객 DB가 얼마나 정확한가였다. 차별화된 전단지와 메시지를 어떻게 만들 것인가는 그다음이었다. 그들로부터 이렇게 배웠으니 당연히 매스 마케팅 방식의 붕어빵 DM을 보낼 수밖에 없다

둘째, 고객 수가 많은데 어떻게 DM과 이메일을 고객마다 다르게 보내느냐는 생각이다. 고객 만나랴, 니즈 파악하랴, 기획서 작성하랴, 회의 참석하랴, 교육 받으랴 하다 보면 하루가 금세 지나간다. 하루가 36시간이면 몰라도 시간이 부족하다고 생각한다. 그러나 시간이 부족한

게 아니라 정성과 노하우가 부족할 뿐이다.

셋째, 고객에 대한 DNA 정보가 빈약하기 때문이다. 고객에게 1:1 맞춤 DM이나 이메일을 보내려면 고객별 니즈, 선호, 성향 등을 알아야 한다. 그래야 고객별로 맞춤 DM이나 이메일, 즉 맞춤 프로모션을 실행할 수 있다. 최근에는 CRM을 구축해 고객의 연령, 지리적 조건, 구매 성향 등을 분석해서 상당한 성과를 올리는 기업들도 있지만, 이들조차도 고객 로열티를 높여 교차 판매와 추가 판매를 높이려는 맞춤 프로모션은 그다지 정교해 보이지 않는다.

CRM을 왜 하는가? 최근 들어 CEM이 왜 주목받고 있는가? 고객의 구매 행태는 물론 고객이 원하는 것, 라이프스타일, 성향 등을 파악해 입맛에 맞는 상품과 서비스를 제공하기 위해서다.

그렇다면 맞춤 DM을 어떻게 보내야 고객들이 대우받는다는 생각을 가질 수 있을까?

첫 번째, 고객마다 내용이 다른 맞춤 DM을 보내야 한다. 펀드 상품 가입을 권유하는 DM을 예로 들어 보자. 대부분의 금융회사에서는 표준화된 펀드 상품을 소개하는 DM을 만들어 모든 고객들에게 발송한다. DM의 주된 내용은 판매하려는 펀드의 종류나 수익률 등으로 구성된다. 고객들의 입장은 무시하고 기업의 입장에서 일방적으로 권유하는 식이다. 이러니 반응율이 낮을 수밖에 없다.

"이미 그렇게 하고 있다"라고 말하는 기업도 물론 있을 것이다. 하지만 필자가 보기에는 흉내만 내는 정도다. 많은 금융회사들이 직접 상담할 때는 고객별로 투자 성향을 분석하고, 포트폴리오 전략을 제시하지만, DM을 보낼 때는 천편일률적이다. 이와 마찬가지로 직접 만나거나 전화를 할 때는 고객마다 다른 주제, 내용으로 대화를 하지만, DM

이나 이메일을 보낼 때는 모든 고객에게 똑같은 메시지로 대화를 하고 있다.

두 번째, 반드시 편지나 메시지를 함께 보내라. 일부 기업에서 고객들에게 CEO의 친필 편지를 보내는 곳이 있다. '이 회사는 나를 인정해 주고 있구나!'란 생각을 갖게 만들 수 있는 아주 유용한 방법이다.

그러나 CEO의 편지도 두 가지 형태로 나뉜다. 하나는 CEO가 직접 자필로 편지를 써서 보내는 방식이고, 다른 하나는 표준 문안을 만든 후 CEO의 이름과 사인을 첨부해서 보내는 식이다. 물론 전자의 방법이 훨씬 효과적이다. CEO가 직접 자신만을 위한 감사의 편지를 썼다는 사실 자체에 감동을 받기 때문이다. 따라서 이제부턴 CEO의 편지든 고객별로 보내는 편지든 반드시 편지나 메시지의 내용을 다르게 해서 맞춤형으로 보내야 한다.

대부분의 경우, DM이나 전화보다는 고객과 직접 만나 커뮤니케이션을 하는 것이 훨씬 효과적이다. 그러나 시간적, 물리적 제약으로 모든 고객들을 직접 만나기란 사실 불가능하다. 전화나 DM, 이메일이나 문자 메시지를 보내는 이유가 여기에 있다. 이제부터는 DM도 다음과 같이 고객을 직접 만나 커뮤니케이션하는 것처럼 맞춤형으로 보내기 바란다.

DM을 고객 맞춤형으로 만드는 방법에는 두 가지가 있다. 하나는 A, C부분은 고객별로 내용을 다르게 하고, B부분은 모든 고객들에게 똑같이 보내는 방법이다. 대량 맞춤 방법이라 할 수 있다. 먼저 A부분은 모든 고객별로 다르게 작성한다. 그 고객과 가장 좋았던 경험을 상기시키거나 고객에게 축하해 줄 일들을 포함시키면 효과적이다. 예를 들면 3주 전에 골프를 쳤던 경험이나 아들이나 딸의 의대, 특목고 합격

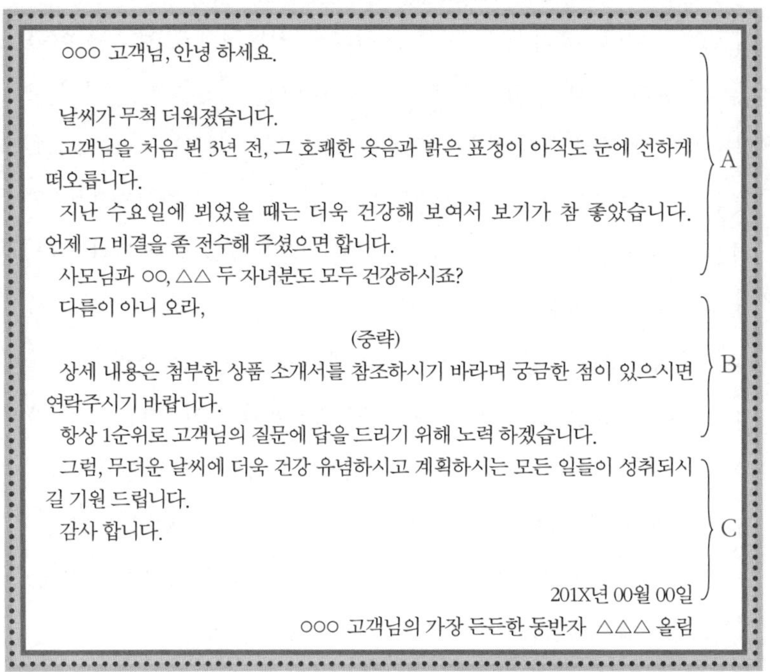

등을 진심으로 축하한다는 메시지를 전하면 효과적이다. B부분은 모든 고객들에게 똑같은 내용으로 작성한다. 전달하고자 하는 메시지, 즉 상품 소개 등의 내용을 중심으로 작성하면 된다. C부문 역시 고객마다 다르게 해야 한다.

다른 하나는 B부분까지 고객의 니즈나 성향에 맞게 고객별로 다르게 작성하는 방법이다. 이 방법은 B부분까지도 맞춤형으로 보내는, 즉 고객별 완전 맞춤 DM이다. 이제부터는 DM이나 이메일, 문자 메시지를 보낼 때도 고객마다 다르게 보내 보라. "고객님, 안녕하세요!"로 시작되는 사무적인 붕어빵 DM은 퇴출시켜라. 그리고 휴대폰 문자 메시지를 보낼 때도 반드시 1:1 맞춤 메시지로 보내라.

최근에는 연말연시나 명절 때 고객들에게 문자 메시지를 보내는 것이 일반적이다. 하지만 표준 문구 하나를 일괄적으로 보내는 이들이 많은 편이다. 보내지 않는 것보다야 물론 낫겠지만, 효과는 미지수다. 심지어 스팸 문자 취급을 받기도 한다. 그러니 이제부턴 반드시 1:1 맞춤 문자를 보내라. 시간과 노력은 더 들겠지만 그만큼 고객의 마음에 '정성과 열정이 대단한 사람', '나를 진정으로 생각해 주는 사람'이란 메시지를 남길 것이다.

기업들은 매년 다양한 캠페인과 이벤트를 통해 고객들과 커뮤니케이션을 한다. 고객 로열티를 강화하고 재구매와 추가 판매, 교차 판매를 통해 매출과 수익을 증가시키기 위해서이다. 예를 들면 갤러리 투어, 산사 여행, 뮤지컬 감상, 나물캐러 가기, 음악회, 야생화·난 등 각종 전시회, 골프 대회, 프로 골퍼와의 라운딩, VIP 고객 자녀대상 맞선 행사, 스키 캠프, 음악회 등과 같은 이벤트가 그것이다.

이런 이벤트는 본사 차원에서 진행되기도 하지만, 지점이나 개인 영업 담당자가 개최하는 경우도 있다. 여기서 아쉬운 점은 대부분의 이벤트 역시 매스 커뮤니케이션 방식으로 진행된다는 것이다. 골프 대회 같은 이벤트야 골프를 칠 줄 아는 고객만을 대상으로 참가 안내 DM을 발송하겠지만, 유학 적령기 자녀가 없거나 해외 유학에 전혀 관심이 없는 고객에게도 해외 유학 설명회에 관한 DM을 발송하는 것이 현실이다.

여기서 기업들이 CRM이나 CEM을 왜 하는지 다시 한 번 생각해 보자. CRM과 CEM은 고객별 또는 고객 집단별 구매와 관련한 니즈와 패턴, 성향 등을 분석해서 재구매와 교차 구매, 더 나아가 신규고객 창출을 실행하기 위한 것이다. 이를 잘 활용하면 고객 이탈을 방지할 수 있을 뿐만 아니라 교차 판매와 추가 판매에 대한 반응율도 높일 수 있다. 고객의 입맛에 척척 맞춰 주기 때문에 적중율이 높을 수밖에 없지 않겠는가?

그러나 대부분의 기업들은 CRM과 CEM을 수단이 아닌 목적으로 인식하고 있으며, 1:1 마케팅을 통한 맞춤 커뮤니케이션이나 맞춤 프로모션 역량도 부족한 편이다. 맞춤 커뮤니케이션, 맞춤 프로모션을 제법 알차게 실행하는 기업이 앞서 소개했던 GS리테일과 롯데 백화점, 아모레 퍼시픽 등이다. 하지만 아직은 모든 고객들에게 똑같은 쿠폰북이나 세일 안내 DM을 보내는 식의 매스 커뮤니케이션을 고수하는 기업들이 더 많다. 그러면서도 이들 기업은 한 목소리로 차별화를 부르짖는다.

맞춤 커뮤니케이션은 차별화의 한 방법이다. 이것은 경쟁자들이 쉽게 모방하기 어렵다는 장점을 갖고 있다. 따라서 마케팅 캠페인을 실행할 때나 DM이나 문자 메시지를 보낼 때에도 반드시 맞춤 커뮤니케이션을 해야 한다. 고객들이 자신을 확실하게 대우해 준다는 생각을 갖게 만들기 때문이다.

4) 맞춤 서비스

맞춤 서비스라고 하면 많은 사람들이 다음과 같이 묻는다. "앞서 소개했던 우대 서비스와 맞춤 서비스가 다른 것인가?"라고 말이다. 여기서 우대 서비스는 경쟁사보다 더 나은 서비스를 고객들에게 제공하는 것을 말한다. 해당 서비스를 받을 자격이 있는 모든 고객들에게 똑같이 적용되는 서비스를 말한다. 앞서 소개했던 백화점의 VIP 고객 쇼핑 도우미 서비스가 바로 우대 서비스이다. 반면 맞춤 서비스는 고객별로 각자

원하는 입맛에 맞는 서비스를 제공하는 것을 말한다. 1:1 서비스인 것이다.

맞춤 서비스의 대표적인 회사로는 리츠 칼튼 호텔을 꼽을 수 있다. 한 번 숙박하면 전 세계 어느 곳에 있는 리츠 칼튼 호텔을 방문해도 자신의 취향에 맞는 맞춤 서비스를 경험할 수 있다. 이름이 새겨진 목욕 가운부터 자신이 선호하는 베게를 제공해 주는 것은 기본적인 맞춤 서비스에 불과하다. 리츠 칼튼에서는 고객의 행동 하나 하나를 입력해 언제, 어느 곳에 있는 리츠 칼튼 호텔을 방문하더라도 고객이 원하는 맞춤형 서비스를 제공해 준다.

브리티시 항공도 맞춤 서비스를 제공하기 위해 노력하는 회사다. 이 회사는 VIP 고객들의 선호와 성향 등을 CRM 시스템에 입력해 두었다가 어떤 좌석을 선호하는지, 비행 중에 PC를 사용하는지, 신문이나 잡지는 어떤 것을 구독하는지, 기내식의 종류 및 고기는 어느 정도 익히는 걸 좋아하는지, 좋아하는 음료는 어떤 것인지, 식사 후 어떤 와인을 좋아하는지 등의 정보를 파악해 맞춤형 서비스로 제공한다. 가령 물을 많이 마시는 고객에게는 별도로 생수를 준비해 제공하는 식이다.

이렇게 리츠 칼튼 호텔이나 브리티시 항공의 사례를 소개하다 보면 가끔 이런 질문을 받곤 한다. 그 정도의 서비스는 국내 호텔들도 이미 시행하고 있다고 말이다. 그러나 필자는 이런 질문을 받을 때마다 고개를 갸우뚱거리지 않을 수 없다. 국내 호텔을 이용하면서 그런 맞춤 서비스를 제공받은 기억이 없기 때문이다.

필자의 가족은 1995년부터 13년 동안 한 해도 거르지 않고 제주도의 한 특급 호텔에서 여름 휴가를 보냈다. 이 호텔에서 여름 휴가를 보냈다는 의미는 체크인부터 체크아웃까지 3박 4일 기간 동안 거의 대부분의 시간을 그 호텔에서 보냈다는 의미이다. 필자가 경험한 그 호텔의 표준화된 서비스는 수준급이다.

그러나 리츠 칼튼이나 브리티시 항공과 같은 맞춤 서비스를 제공하지는 못하고 있었다. 체크인을 할 때 우리 아이들의 이름을 불러 준 적이 딱 한 번 뿐이었고, 투숙을 환영한다는 총지배인의 환영 메시지도 거의 변함 없이 판에 박힌 듯한 문구였다.

"OOO님 금년에도 변함없이 저희 호텔을 찾아 주서서 깊이 감사 드립니다!"와 같은 메시지를 전했다면 필자의 가족들은 '이 호텔은 우리를 잊지 않고 잘 기억하고 있구나!'라고 생각했을 것이다. 이것만으로도 필자의 가족들이 대우받고 있다는 생각을 갖게 만드는 효과가 있었을 것이다. 그러나 이 호텔의 서비스는 그렇지 못했다. 필자의 가족들은 그 호텔의 서비스에 놀랐다든지 감동을 받은 기억이 없다.

그렇다고 해서 이 호텔의 종업원들이 불친절한 것은 아니다. 교육을 철저히 받아서인지 표준화된 서비스는 아주 뛰어났다. 하지만 표준화된 서비스로는 고객을 만족시킬지는 몰라도 감동시킬 수는 없다. 표준화된 서비스로는 열렬한 팬, 알파고객을 만들 수 없다.

최근에 제주의 신라호텔은 무엇이든 도움을 준다는 컨시어즈 서비스와 GAO(Guest Activities Organizer)라는 서비스 프로그램을 만들어 고객들로부터 좋은 반응을 얻고 있다. GAO 프로그램은 제주 올레길 걷기, 승마 체험, 제주 전통 뗏목 낚시 체험, 감귤 따기 체험, 연 만들어 날리기, 마술 놀이, 제주 감귤 쿠키 만들기와 같은 서비스를 제공한다. 이 서비스는 고객이 원하는 즐길거리를 선택한다는 개념으로 설계돼 있어 맞춤 서비스라 할 수 있다.

국내 여러 업종 중에서 맞춤 서비스를 제공하기 위해 가장 노력하고 있는 곳은 백화점이다. 백화점의 맞춤 서비스는 고객별 니즈와 취향에 맞는 패션 스타일과 색상을 추천해 주는 형태로 운영되고 있다. 주로 퍼스널 쇼퍼나 패션 어드바이저 등이 맞춤 서비스를 제공한다.

슈피터(Shoe Fitter)라는 다소 생소한 일을 하는 사람도 있다. 슈피터는 발에 맞는 신발을 찾기 어려워하는 고객들을 도와 준다. 고객의 발에 꼭 맞는 구두를 골라 주는 맞춤 서비스를 제공해 백화점의 신발 매장을 찾는 고객들의 충성도를 높이고 있는 것이다.

신세계 백화점 숙녀화 매장의 신종윤 매니저가 대표적인 슈피터이다. 신 매니저는 1,000명이 넘는 고객들의 취향과 신발 사이즈를 모두 외우고 있다. 이들의 라이프스타일을 알기 위해서도 노력하며, 해외 패션 동향과 신상품 정보를 익히는 것도 게을리하지 않는다. 고객별 성향에 맞춰 새로운 스타일을 제안하기 위해서다. 이처럼 맞춤 서비스는 고객의 니즈·선호·성향 정보를 파악하고 관리하는 것이 생명이라 할 수 있다.

이 외에도 속옷 코너의 '란제리 피터'와 파티복을 연출해 주는 '전문 스타일리스트', 볼만한 공연이나 가고 싶은 여행 상품을 기획해 예약까지 해주는 '버틀러', 보석을 감정해 품질과 디자인까지 조언해 주는 '보석 컨설턴트', 좋은 와인을 선택하도록 도와주는 '와인 컨설턴트'에 이르기까지 백화점마다 다양한 쇼핑 도우미를 두고 맞춤 쇼핑 서비스를 제공하고 있다.

현대백화점은 아예 1:1 맞춤형으로 뮤지컬이나 음악회 관람권을 준다. 매년 초 유명 공연장의 1년 행사 일정을 VIP 고객에게 알린 뒤 희망하는 공연의 관람권을 선택하도록 하는 방식이다. 이와 같은 백화점의 맞춤 서비스는 고객 로열티를 높여 매출을 획기적으로 증가시킨다.

갤러리아 명품관은 2004년 3월부터 최상위 500여 명의 VIP 고객을 대상으로 1년여 동안 고품격 1:1 맞춤 서비스를 실시한 결과, 고객당 매출이 50% 가까이 증가하는 효과를 봤다. 물론 아직까지 국내 백화점들의 컨시어즈 서비스나 퍼스널 쇼퍼 서비스 등이 고객별 성향과 가치를 완벽하게 충족시키는 맞춤 서비스라고 하기에는 부족함이 있다.

맞춤 서비스는 어떤 업종, 누구라도 실행할 수 있다. A은행의 ○○ PB처럼 한다면 말이다. 이 은행의 ○○ PB는 자신의 PB고객들에 원두 커피와 녹차외에도 유자차, 모과차, 쟈스민차, 국화차 등 건강에 좋은 차를 고객별로 준비해 제공하는 식으로 맞춤형 서비스를 제공하고 있다.

이제부터 호텔, 백화점, 병원, 은행, 주유소 등 모든 기업은 맞춤 서비스를 지향해야 한다. 자신의 고객을 별도로 관리하는 영업 담당자나 서비스 담당자 역시 마찬가지이다. 맞춤 서비스를 제공하는 역량이 곧 차별화의 차이이자, 알파고객 수의 격차를 만드는 핵심 요인이기 때문이다.

자아실현의
가치를 충족시켜라

매슬로우가 말한 인간 욕구의 5단계 중 최상위는 자아실현의 욕구다. 여기서 주목할 점은 상위로 올라갈수록 욕구라기보다는 가치라는 개념이 더 적합하다는 것이다. 인간은 누구나 생리적 욕구, 안전의 욕구, 사회적 욕구가 충족되면 그다음 단계로 존경과 존중을 받고 싶고, 더 나아가 자신의 자아를 실현하려 한다.

자아실현은 사전적으로는 '자기 자신의 능력과 개성을 충실하게 발전시켜 완벽하게 이루는 것'을 말한다. 보다 정확한 의미로는 '자기가 하고 싶은 일을 했을 때의 성취감과 만족감을 맛보는 것, 즉 삶의 보람을 느끼는 것'이라 할 수 있다. 이런 의미 때문에 영국의 철학자인 그린은 자아실현을 인생의 궁극적인 목적이라고 주장했다. 그렇게 본다면 단지 돈을 벌거나 경제적 여유를 얻기 위해 직장에서의 일하는 것은 자아실현이라고 보기 어렵다.

필자는 강의 때마다 이런 질문을 던지곤 한다.

"당신에게 이제부터 시간, 돈, 자유가 무제한으로 허락된다면 가장 하고 싶은 일이 무엇입니까?"

회사에 당장 사표를 내고 건물을 사고 싶거나 백화점에서 원없이 쇼핑을 하고 싶다는 사람도 일부 있으나, 대부분의 사람들은 여행을 가고 싶다고 말한다. 가족이나 사랑하는 연인, 친구와 함께 유럽이나 세계 일주를 하고 싶다면서 말이다. 그다음엔 무엇을 하고 싶냐고 물으면, 자신이 가장 하고 싶었던 일을 꼽는다. 공부 때문에 포기했던 그림을 그리거나 기타나 드럼을 배우거나 전 세계의 명산을 찾아 등산을 하거나 낚시를 하고 싶다는 등의 그런 일들 말이다.

여기서 당신이 주목할 것은 인간이 추구하는 최상위의 욕구인 자아실현의 가치를 마케팅에 전략적으로 아주 잘 활용하는 기업이 있다는 사실이다. 코카콜라와 할리 데이비슨과 같은 기업이 그렇다. 생각해 보라. 기업이 자신의 자아실현의 가치를 충족시켜 주는데 열렬한 지지를 보내지 않을 고객이 어디 있겠는가.

그렇다면 자아실현의 가치를 충족시켜 열렬한 팬, 알파고객을 만드는 방법에는 어떤 것들이 있을까? 다음의 3가지 방법이 있다.

1. 라이프스타일의 일부 또는 전부로 자리 잡아라.
2. 문화 · 예술적 소양을 충족시켜라.
3. 자선 · 봉사 · 환경 보호 활동을 함께 하라.

1_ 라이프스타일의 일부 또는 전부로 자리 잡아라

가장 대표적인 회사가 코카콜라와 할리 데이비슨이다. 전 세계 사람들에게 가장 강력한 브랜드를 꼽으라면 단연 코카콜라를 지목한다. 브랜드 가치 평가 기관인 브랜드 파이낸스의 2007년 발표에 따르면, 코카콜라의 브랜드 자산 가치는 431억 4,000만 달러(40조)에 달한다.

그렇다면 코카콜라가 1등 브랜드가 될 수 있었던 이유는 무엇일까? 그리고 코카콜라는 어떻게 120년 동안이나 지속적으로 전 세계 고객들에게 선택받을 수 있었을까? 그동안 코카콜라의 성공 스토리가 수없이 소개돼 왔지만, 가장 핵심적인 성공 요인을 꼽으라면 다음의 사례처럼 고객의 라이프스타일에 깊숙이 파고들었다는 것이다.

◢ 세월과 함께 미국인들의 삶이 된 코카콜라!

1940년대 공장에서 일하는 여자 직원들은 오랜 시간의 노동 끝에 오후 4시가 되면 코카콜라를 마시며 휴식시간을 가졌다. 4시의 휴식시간에 즐기는 코카콜라는 노동의 괴로움을 잊게 해줄 뿐만 아니라 그다음 단계의 노동에 대한 마음의 준비를 뜻했다.

술 판매를 금지하던 20세기 초에는 술을 대체하는 제품으로 기능했고, 대부분의 서양 음식을 먹을 때 와인을 제외한 음료 중에서 가장 대중적인 맛의 촉진제 구실을 했다. 이러한 '기능적' 측면에서 코카콜라는 고객들과 생활 속에서 밀착적인 유대감을 형성해 왔다고 할 수 있다.

2차 대전 때 해외에서 전쟁을 치르는 미국 군인들에게 코카콜라는 고향 그 자체였다. 그이후 미국이 경제적인 번영을 누리던 때 코카콜라는 희망의 노래였고, 1960~1970년대 베트남 전쟁과 기존 가치관의 상실로 인한 혼란기에는 안정과 평화의 상징이었다.

사람들의 희망, 위로, 위안과 기쁨을 대변함으로서 사람들이 코카콜라에 대해 강한 유대감을 느끼고, 그들의 생활관이나 가치관을 대변하는 제품으로 인식된 것이다. 코카콜라의 성공적인 광고 캠페인은 이러한 '상징성' 제고에 절대적인 역할을 했다.

코카콜라는 상표 이름에서 '오' 와 '아' 가 단순 반복되면서 감각적인 즐거움을 선사하고, 끝이 올라간 붉은색 로고와 여성의 체형을 예술적으로 형상화한 병의 디자인 역시 감각적이면서도 친숙하다. 이런 기능성, 상징성과 감각적 마케팅 전략이 결합되면서 코카콜라는 미국 국민들에게 그들 자신의 일부로, 그들 생활 속에 없어서는 안될 요소로 인식됐다.

신제품 '포뮬러(formula)' 가 기존의 코카콜라를 대체하려 했을 때 코카콜라 사용자뿐 아니라 비사용자들까지 강력하게 항의한 것도 바로 '고객들의 애착' 때문이었다. 미국인들은 코카콜라를 어느 회사의 한 제품으로 생각하기보다는 자신의 소유물이자 자기 자신의 일부로 여겼기 때문에 코카콜라의 일방적인 결정에 동의할 수 없었던 것이다. 코카콜라는 미국인들에게 즐거울 때 함께 하고, 불안할 때 손에 쥐고 싶으며, 힘들 때 만나고 싶은 막역한 친구 같은 존재였다.

코카콜라 커뮤니케이션 전략의 성공 뒤에는 또한 끊임없는 혁신 전략이 뒷받침됐다. 시장 진입 초기 음료수를 병에 담아 어디서나 구매할 수 있게 만든 점, 미국 역사상 처음으로 무료 샘플과 쿠폰제를 도입한 점, 2차 대전 당시 해외 주둔 미군들에게 공급하기 위해 지역마다 공장을 별도로 설립한 점, 개인 소비에서 가족 단위 소비로 바꾸기 위해 여섯 개들이 포장 제품을 내놓은 점, 여름에만 애용되던 코카콜라를 크리스마스 시즌과 연계해 사시사철 음료로 자리매김한 전략은 대표적인 혁신 사례들이다.

강한 브랜드는 여러 가지 의미로 해석될 수 있다. 시장 점유율이나 총매출로 판단할 수도 있고, 고객들이 얼마나 잘 알고, 호의를 느끼고 있는가로 평가할 수도 있다. 그러나 강한 브랜드 운영의 귀결점은 결국 자사의 브랜드를 고객들이 자신의 생활이나 자신의 일부로 느끼고, 생각하게 하는 긴밀한 유대감의 획득에 있다는 점을 명심해야 한다.

다음은 미국 오토바이 회사인 할리 데이비슨의 사례이다. 할리 데이비슨이 1980년대 초반의 파산 위기를 극복하고 미국의 제조업을 대표하는 기업으로 성장할 수 있었던 가장 중요한 요인은 헌신적으로 충성하는 열렬한 팬, 알파고객들을 확보했기 때문이다.

할리 데이비슨은 고객에게 오토바이를 자신의 삶의 일부이자, 자신의 몸으로 인식하게 만들었다. 이 때문에 전 세계에서 헌신적인 알파고객을 가장 많이 확보하고 있는 기업으로 평가를 받는다. 할리 데이비슨의 사례를 좀 더 자세히 알아보자.

남성적 라이프스타일을 창출한 할리 데이비슨!

1903년에 창업한 할리 데이비슨은 1980년대 초반에 심각한 경영 위기를 맞았다. 미국 내 140여 개에 이르는 경쟁자들과 일본, 유럽의 경쟁자들에 밀려 급속도로 시장을 잠식당했기 때문이다. 당시 할리 데이비슨의 오토바이는 타기도 불편하고, 성능, 소음, 품질 등 모든 면에서 조잡했다. 더구나 부품 공급 또한 제대로 이루어지지 않았다. 신뢰는 바닥으로 떨어졌고, 고객들은 걷잡을 수 없을 정도로 이탈했다. 결국 1985년에는 파산 직전의 위기까지 내몰렸다.

파산 위기를 맞은 할리 데이비슨은 1986년부터 경영 혁신을 추진했다. 혁신을 통해 파산을 면하고 다시 도약하기 위해서였다. 파산의 위기에 내몰린 회사를 구하는 데 결정적인 역할을 한 사람은 1989년 CEO로 취임한 리치 티어링크였다. 만약 당신을 CEO로 임명해 파산 직전의 할리 데이비슨을 회생시키라고 한다면 어떤 전략을 선택하겠는가? 가격이 비싼데도 제품의 성능, 품질 등은 떨어지고,

고객 서비스 역량도 뒤지는 회사를 말이다.

대부분의 CEO라면 우선 고객의 니즈를 충족시킬 수 있는 신제품을 기획해 경쟁력 있는 가격대로 시장에 출시를 할 것이다. 그다음엔 획기적인 마케팅 프로모션을 전개하는 등 제품과 브랜드를 차별화하기 위해 노력할 것이다. 또 어떤 CEO는 가격을 경쟁자 수준 내지 그 이하로 인하해 중저가 제품 시장으로 진입할 것이다.

그러나 리치 티어링크는 달랐다. 상식을 뛰어넘는 역발상 마케팅 전략을 도입했다. 당시 혼다를 비롯해 일본이나 유럽 업체들의 마케팅 전략은 '고성능 저가격 전략'이었다. 리치 티어링크는 정반대로 '고가격 저성능 전략'으로 승부를 걸었다. 또한 할리 데이비슨의 오토바이를 고가의 예술품으로 자리매김하는 한편 브랜드 콘셉트을 '가장 미국적이면서 거친 개성'으로 설정했다. 그런 다음 '광대한 미국 어딘가 시원하게 뚫린 길 위에 홀로 우뚝서 있는 오토바이=할리'라는 콘셉트로 광고를 계속 내보냈다. 할리를 타는 사람들은 서부 개척 시대의 카우보이를 연상시키는 거친 야성의 소유자들이라는 이미지를 만들기 위해서였다.

'가장 크고, 가장 강하고, 가장 시끄러우므로 탁 트인 미국 광야의 어느 길에서든 가장 남성답다!'라는 브랜드 경험을 제공하기 위해서도 노력했다. 일본과 유럽의 경쟁자들과 차별화하기 위해서 '할리를 타는 바이커들은 가장 미국적이고, 야성적인 남성'이라는 가치를 제안한 것이다.

혼다 등 일본 오토바이들은 작고, 엔진 소리도 조용하며, 부드럽지만, 할리는 크고, 강하고, 엔진 소리도 시끄럽지만, 장중한 멋이 있다. 이 점이 바로 가장 미국적인 가치이기 때문에 할리를 타는 사람들은 미국을 사랑하는 애국자이자 진정한 남자라고 소구한 것이다. 실제로 할리 데이비슨에서 개최하는 각종 오토바이 랠리에는 성조기와 미국을 응원하는 구호, 메시지 등이 반드시 등장한다.

가장 미국적 가치인 자유를 상징하는 의미에서 회사 로고도 독수리 모양으로 만들었다. 미국에서 독수리는 자유를 상징한다. 또한 할리를 타는 바이커들을 위해 서부 개척 시대의 카우보이를 연상시키는 옷, 안장, 카우보이 부츠 등도 제공했다.

할리 데이비슨의 바이커들은 자신들의 남성다운 가치를 표현하기 위하여 '진정한 남자는 블랙을 입는다!'라는 메시지가 담긴 할리의 티셔츠를 입는다. 또한 무성한 턱수염과 긴 머리, 카우보이 부츠, 카우보이 권총 등으로 장식하고 할리 데이비슨의 각종 랠리에 열성적으로 참가한다. 그들은 할리 데이비슨의 오토바이 이외에 의류, 재킷, 부츠, 장갑은 물론 목욕 가운 및 실크 속옷까지 입음으로써 할리 데이비슨에 대한 자신들의 로열티를 나타냈다. 이런 열렬한 지지에 힘입어 할리 데이비슨의 재구매율은 거의 90%에 육박한다.

그들 중 일부는 자신의 팔과 몸에 할리 데이비슨의 회사 로고를 문신으로 새기고 다닌다. 그렇다면 무엇이 이들을 이렇게 헌신적인 알파고객으로 만들었을까? '자유를 탄다. 나를 찾기 위해 달린다. 몸도 모터사이클의 일부다!'라는 광고 카피가 해답을 제시한다. 고객들은 할리 데이비슨을 통해 자유를, 즉 자아를 실현하기 위해 언제라도 떠날 수 있다고 생각한다. 고객 한 사람 한 사람의 라이프스타일의 일부 또는 전부로 깊숙하게 자리 잡은 것이다.

[그림 6-10] 할리 데이비슨 로고&바이커

위의 사례를 보고 어떤 이들은 "시장 점유율이 1~2등이 아닌 브랜드는 어렵지 않나?"라고 반론을 제기한다. 하지만 고객 라이프스타일의 일부 또는 전부로 자리 잡겠다는 목표를 설정하고 노력한다면 어떤 브랜드, 어떤 기업이라도 코카콜라나 할리 데이비슨처럼 될 수 있다. 1~2등 브랜드가 아니라도 열렬한 팬, 알파고객을 만드는 것은 가능하다. 애플의 맥킨토시가 그랬던 것처럼 말이다.

2_ 문화 · 예술적 소양을 충족시켜라

인간이 자아실현을 하려는 영역은 특히 스포츠 · 레져 · 문화 · 예술 분야가 많다. 스포츠 · 레져를 통해 자아실현의 가치를 충족시키는 방법은 뒷부분에서 따로 언급하기로 하고, 여기서는 문화 · 예술적 소양을 충족시켜 열렬한 팬, 알파고객을 만드는 방법에 대해 알아보자.

최근 뮤지컬을 좋아하는 일부 고객들은 똑같은 뮤지컬을 수십 차례 관람하는 것은 기본이다. 어떤 고객들은 뮤지컬 동호회를 만들어 연출가나 배우를 초청해 뮤지컬에 대해 배우기도 하고, 심지어는 직접 제작까지 한다. 그 대표적인 뮤지컬이 '헤드윅'이다.

♪ 알파고객의 환호성이 울려 퍼진 '헤드윅'의 신화!

2005년 4월 초연된 이 작품은 열렬한 알파고객들의 중복 관람 덕분에 2년째 장기 흥행(2007년 기준)에 성공하고 있다. 10번 넘게 본 관객만 500여 명, 100번을 넘게 본 관객도 50여 명에 이른다.

150회 이상 봤다는 회사원 손성희(30)씨는 "지금껏 '헤드윅'에 출연한 남자 주인공이 모두 9명이다. 배우마다 색깔이 다르다. 또한 공연의 속성상 아무리 같은 배우라도 매번 다른 느낌이 온다. 한 달에 '헤드윅' 보는 데만 50만~60만 원이 들지만, 그만한 가치를 느낀다" 고 말한다.

2007년 3월부터 공연된 '쓰릴 미'도 알파고객들의 열렬한 지지를 받는 작품. 두 달도 채 되지 않은 2007년 5월에 벌써 30회를 넘게 본 관객이 생겨날 정도이다.

〈출처 : 중앙일보〉

도대체 무엇이 이런 알파고객을 만드는 것일까? 뮤지컬이 성취감과 만족감, 즉 자아실현의 가치를 충족시켜 주기 때문이다. 이 뮤지컬들은 한 발 더 나아가 관람외에도 동호회를 통한 몰입과 참여의 방법으로 자아실현이라는 가치를 충족시켜 주고 있다.

자아실현의 가치를 충족시켜 주는 뮤지컬 동호회!

현재 왕성히 활동 중인 뮤지컬 동호회는 10여 군데 정도이다. 동호회 별로 적게는 5,000명, 많게는 2만 명까지 회원이 있지만, 1주일에 최소한 한 편 이상 보면서 자기 의견을 적극적으로 개진하는 이른바 '뮤지컬 폐인(廢人)', 즉 알파고객은 3,000여 명으로 추산된다. 이들은 뮤지컬 관람이라는 오프라인의 경험을 토대로 온라인에서 굳건한 연대감을 가지고 여론을 주도해 뮤지컬 흥행을 좌우하는 영향력 있는 집단으로 성장했다.

뮤지컬 동호회 '송 앤 댄스' 회원 10여 명은 1년여 동안 세계적인 뮤지컬 작곡가 스티븐 손드하임의 음악을 공부했다. 가사를 한국말로 번역해 음미하고, 음악이 탄생하게 된 배경을 탐구하는 등 사실상 연구에 가까운 공부를 했다. 이 동호회엔 회원 20여 명이 함께 하는 노래 소모임도 있다. 뮤지컬 배우를 모셔다 직접 강의를 듣고, 정기 발표회를 갖기도 한다.

2002년부터 뮤지컬 공연이 없는 매주 월요일마다 빠짐없이 모임을 가졌다. 최근에 배운 노래는 겨울 나그네 중 '캠퍼스의 봄'이다. 조만간 '오페라의 유령'에 나오는 명곡들도 익힐 예정이다. 회원인 이미옥(30) 씨는 "2006년 겨울에 미

[그림 6-11] 공연 〈헤드윅〉에 열광하는 관객들
헤드윅의 알파고객들은 "매번 다른 느낌을 주는 출연진과 무대, 관객과의 자유로운 소통이야말
로 뮤지컬 헤드윅이 주는 매력" 이라고 말한다.

스 사이공, 지킬 앤 하이드 등의 노래들만으로 발표회를 열었다. 연습할 땐 힘들었지만, 이 순간만큼은 내가 인생의 주인공이 된 느낌 때문에 놓을 수가 없다" 라고 말했다.

뮤지컬에서 빠질 수 없는 춤을 전문적으로 배우기도 한다. 동호회 '웰컴 투 브로드웨이' 엔 탭댄스를 배우는 '탭풍' 이란 소모임이 있다. 춤은 노래와 달리 여러 명이 함께 동작을 맞춰야 하기 때문에 회원 간의 호흡을 맞추는 것이 중요하다. 윤희경(28) 씨는 "얼마 전 유명 뮤지컬 '브로드 웨이 42번가' 의 오프닝 탭댄스를 익혔다. 요즘엔 뮤지컬을 봐도 춤만 눈에 들어온다. 사뿐사뿐 추다 보면 마치 내 몸이 악기가 된 것 같아 행복할 따름" 이라고 말했다.

〈출처: 중앙일보〉

이처럼 뮤지컬은 물론 연극, 그림, 음악, 와인과 같은 문화 · 예술의 다양한 장르를 통해 자아실현의 가치를 충족하려는 사람들이 무수히 많다. 먹고사는 문제에서 자유로워지거나 완전히 자유롭지 못하더라도 인간은 자신이 하고 싶은 일을 하면서 성취감과 행복감을 추구하려는 욕구가 강하다.

여기에 바로 마케팅의 기회가 있다. 당신 회사의 고객을 문화 · 예술의 카테고리별로 동호회를 만들어 참여할 기회를 제공한다면 말이다. 해당 문화 · 예술 분야에 심취해 있거나 관심이 많은 임직원들을 참여시키는 것도 필요하다. 최근 들어 은행, 증권사, 백화점은 물론 건설사나 식품회사 등 문화 마케팅에 관심을 가진 기업들이 많다.

그러나 문화 마케팅의 콘셉트가 단순히 고객 서비스 차원의 단발성 이벤트로 진행되는 경우가 많다. 이제 문화 마케팅의 콘셉트도 진화시켜야 한다. 고객 자아실현의 가치를 충족시켜 열렬한 팬, 알파고객을 만들기 위한 콘셉트로 말이다.

3_ 자선 · 봉사 · 환경 보호 활동을 함께 하라

자아를 실현하고자 하는 사람들은 주로 타인보다는 자신의 내면의 성취감과 만족감을 얻고 삶의 보람을 느끼는 사람들이다. 그러나 어떤 사람들은 남을 돕고 봉사하는 활동을 통해서 성취감과 만족감, 즉 삶의 보람을 찾기도 한다. 다음의 사례에 나오는 주부 정윤숙 씨처럼 말이다.

▲ 봉사활동에도 자아실현의 가치가 숨어 있다!

부산에 사는 정윤숙 씨(53세, 가명)는 비슷한 나이의 주부들과 봉사단체를 만들어 독거노인과 시설 아동들을 돌보며 제2의 인생을 살고 있다. 정 씨는 "가족들에게는 좀 미안하지만 봉사활동을 하노라면 지금까지 억눌렸던 가슴이 확 뚫리는 것 같아 하루하루가 즐겁다"고 당당하게 말했다.

그녀는 산악회에도 가입해 휴일에는 전국 명산을 찾는 등 바쁜 나날을 보내고 있다. 주부들의 반란인가. 50대 중년 여성들의 자아 찾기가 가히 열풍에 가깝다. 자녀들과 남편만을 위한 맹목적인 희생을 거부한 채 봉사 · 자기계발 활동은 물론 부업 등을 통해 자신의 일을 가지려는 주부들이 급속도로 늘고 있다.

〈출처 : 매일경제〉

고객들 중에서는 정윤숙 씨와 같이 자선, 봉사, 환경 보호 활동을 통해 자아실현의 욕구를 충족시키는 사람도 있다. 따라서 이들의 자선, 봉사, 환경 보호 활동을 전략적으로 지원해 주고, 그들과 함께 하는 진정성을 보일 필요도 있다. 여기서 주목할 것은 기업의 사회공헌 활동과는 그 성격이 다르다는 점이다. 기업의 사회공헌 활동은 주로 기업이 주체가 되어 실행하며, 고객을 거의 참여시키지 않는다.

그러나 이 방법은 반드시 고객들과 함께 해야 한다는 것이 핵심이다. 이때 반드시 유의할 점이 있다. 참여할 의사가 없는 고객들에게 강요를 하면 절대 안 된다. 또한 참여한 고객들에게도 상품 구매를 권유한다든지 지나치게 홍보를 하려는 시도도 해서는 안 된다. 오히려 역효과만 불러올 뿐이다. 고객들이 아무런 불편 없이 자선 · 봉사 · 환경 보호 활동에 참여할 수 있도록 만들어 주는 것이 매우 중요하다.

4 특별한 경험을 제공하라

　지금까지 소개한 열렬한 팬, 알파고객 만들기 전략 3가지는 어느 정도 시간을 필요로 하는 방법들이다. 그러나 고객의 감성을 자극해 특별한 경험을 제공하는 방법은 경험을 한 그 순간부터 열렬한 팬, 알파고객으로 진화하는 경우가 많다.

　그렇다면 특별한 경험이란 무엇을 말하는 것일까? 재미, 즐거움, 감동, 호기심, 추억, 향수 등 인간이 느끼는 감성적, 정서적 경험을 말한다. 그렇다면 왜 고객에게 재미와 즐거움, 감동을 줘야 할까? 재미있고 즐거우면 누구나 웃게 된다. 엔돌핀이 생성돼 기분이 좋아진다.

　그렇다면 웃음을 주는 것과 감동을 주는 것 중 어느 편이 더 효과적일까? 감동을 주는 것이 훨씬 효과적이다. 감동을 받으면 다이도르핀이라는 호르몬이 생성되는데, 이 호르몬은 엔돌핀보다 무려 5,000배나 더 강하다고 한다. 5,000배나 더 강하다고 해서 5,000배나 더 많이 팔리는 것은 아니지만, 웃음을 주는 것보다 훨씬 효과적이라는 것만은 확실하다. 고객의 지갑을 여는 것을 뛰어넘어 마음을 열 수 있는 가장 강력한 무기 중 하나인 것이다.

호기심과 추억, 향수 역시 마찬가지이다. 호기심은 감동보다 인간의 관심을 더 끄는 마력이 있다. 중독성이 매우 강하다. 추억과 향수 역시 감동보다 지속성이 더 강하다. 인간은 감동받았던 것도 시간이 지나면 언제 그랬냐는 듯 잊어 버린다. 하지만 추억과 향수는 다르다. 첫 사랑과의 추억이나 학창 시절의 추억은 평생 잊지 못한다. 인간의 마음 속에서 가장 지우기 어려운, 감성적 속성이라 할 수 있다.

이런 사실을 알고 있기 때문일까? 많은 기업들이 자사 고객에게 재미와 즐거움, 감동, 추억, 향수와 같은 특별한 경험을 제공하기 위해 노력한다. CRM을 넘어 CEM을 실행하겠다며 시스템과 프로세스를 재구축하기도 하고, 다양한 이벤트와 특별한 서비스를 제공하기도 하며, 고객의 생일날 축하 카드와 문자 메시지, 생일 케이크와 꽃다발, 와인 등을 보내주거나 음악회나 와인 강좌와 같은 이벤트를 개최하는 이유가 여기에 있다.

그러나 이런 노력에도 불구하고 감동은커녕 별로 즐거워하지 않는 고객들도 많다. 왜 그런 것일까? 고객의 기대를 뛰어넘지 못하는 경우가 많기 때문이다. 고객의 기대 수준은 항상 진화한다. 그러나 고객들을 위한 기업들의 서비스와 이벤트는 진화하지 못한 경우가 많다. 고객의 생일날 축하 메시지와 선물을 보내는 서비스가 대표적이다.

10여 년 전에는 생일날 케이크와 장미꽃을 받으면 고객들은 고마워하고 감동했다. 그러나 지금은 너무 보편화되다 보니 그렇지 않은 경우가 많다. 고객들의 반응도 가지각색이다. 고맙다는 생각을 갖는 고객들이 아직도 많은 편이지만, 당연하다고 여기는 고객들도 많다.

실제로 이런 사례도 있었다. 한 백화점에서 한 고객의 생일날 케이크와 장미꽃을 배달했다. 그 고객은 이미 출근을 한 상태라 모친이 집에서 생일 선물을 받았다. 그런데 생일 선물을 받은 모친이 선물을 보낸 백화점에 다음과 같이 전화를 했다고 한다.

"선물을 보내 줘서 고맙기는 한데, 다음부터는 장미꽃 같은 것은 보내지 않았으면 좋겠다. 며칠 지나면 바로 시들어 버리기 때문에 아깝기도 하고, 버리기도 귀찮더라. 차라리 시들지 않는 화분을 보내든지 재활용 비용도 첨부해서 보내든지 해라."

이쯤 되면 선물의 효과가 과연 있다고 할 수 있을까?

한 은행에서는 이런 사례도 있었다. A은행은 50세의 고객인 K여사의 생일날 케이크와 와인을 선물로 보냈다. 그러나 은행에서 생일 선물이 도착했다는 이야기를 듣고 문을 연 순간, K여사는 기분이 나빠졌다고 한다. 고맙다는 생각을 갖게 만들기 위한 선물이 오히려 역효과를 낸 것이다.

사연은 이랬다. 생일날 선물이 왔다고 문을 여는 순간 한 노인분이 땀을 흘리면서 축하한다는 말과 함께 생일 선물을 전달했다. K여사는 순간 즐거웠던 기분이 싹 사라져 버렸다. 70대 노인분이 땀을 흘리며 선물을 건네자 미안한 생각이 들었기 때문이다.

고객들의 눈높이는 이처럼 높아지고 있다. 그런데도 기업들은 과거의 방식대로 하고 있다. 고객들은 날고 있는데, 기업들은 걷고 있는 것이다. 그렇다면 고객들보다 더 빨리, 더 높이 날려면 어떻게 해야 할까? 항상 고객들의 기대를 뛰어넘는 특별한 경험을 줘야 한다. 그렇지 않으면 오히려 선물 주고 뺨맞는 식의 역효과가 나기 십상이다.

그렇다면 고객들의 기대를 뛰어넘는 특별한 경험을 제공하려면 어떻게 해야 할까? 다음의 3가지 방법이 있다.

1. 고객의 기대를 뛰어넘는 재미와 즐거움을 제공하라
2. 고객을 감동시켜라
3. 추억과 향수를 자극하라

아주 친절하게 대한다든지, 이용하기에 편리하고 쾌적함을 제공하는 것도 물론 고객의 열렬한 지지를 만들 수 있다. 그러나 이런 경험들은 결국 즐거움이나 감동 같은 속성으로 귀속된다. 또한 호기심을 갖게 만드는 방법 역시 특별한 경험을 갖게 만들 수 있다. 앞서 소개했던 애플의 사례를 참조하기 바란다.

1_ 고객의 기대를 뛰어넘는 재미와 즐거움을 제공하라

국내에서도 편(fun)경영을 도입하는 기업들이 늘고 있다. 그러나 편경영은 대개 임직원을 대상으로 한다. 임직원이 재미있고 즐겁게 일하는 것도 물론 필요하다. 직장에서 신나게 일을 해야 창의성과 혁신적인 아이디어가 나오기 때문이다. 그러나 편경영의 궁극적인 목표는 고객을 즐겁게 해주는 것이어야 한다. 사우스웨스트 항공처럼 말이다.

사우스웨스트 항공 역시 편경영의 첫 번째 대상은 임직원이다. 임직원이 즐겁고 재미있게 일할 수 있도록 다양한 노력을 한다. 하지만 사우스웨스트 항공이 실행하는 편경영은 또한 고객을 지향하고 있다. 국내 기업 중서에도 고객을 대상으로 즐거움을 팔기 위해 노력하는 기업이 있다. 총각네 야채가게와 민들레 영토, 세스코가 대표적이다.

총각네 야채가게가 성공 신화를 쓸 수 있었던 것은 최고 품질의 과일과 야채라는 본원적 속성외에도 고객들에게 즐거움을 팔겠다는 마케팅 콘셉트를 실천했기 때문이다. 민들레 영토 역시 시각, 후각, 청각, 미각 등 고객의 오감을 즐겁게 해주겠다는 콘셉트로 고객들의 마음을 사로잡을 수 있었다.

'세스코 Q&A 시리즈'로 유명한 해충방제 전문 기업인 세스코 역시 고객에게 재미와 즐거움을 주기 위해 노력하고 있는 기업이다. 예를 들면 "엉엉ㅠㅠ 벌레가 너무 싫고 징그러워요. 모기도 못잡고 개미도 밟기 싫어요. ㅠㅠ 엄마 말로는 제가 유딩 때는 산이나 저수지에 놀러가도 벌레 밟기 싫어서 차에서 안 내렸대요. 그 정도로 벌레가 싫은데……. 나중에 자립해서도 이러면 곤란할 것 같아서 벌레 공포증(?)을 고치려고 하는데, 이럴 땐 어떡하죠?"나 "바퀴벌레를 아내로 맞이하고 싶은데, 어떻게 하면 될까요?" 등과 같이 판매에 직접적인 연관이 없는 질문이나 다소 장난끼 섞인 질문에도 "엄마가 되면 해결됩니다", "미남 바퀴벌레가 되시면 됩니다.^^" 와 같이 재치있는 답변으로 고객들을 즐겁게 해준다.

옛날 시골 장터에서는 상품을 팔기 위해 소규모 공연을 하는 사람들이 있었다. "이것이 무엇이냐. 비얌이여, 비얌. 지리산에서 30년, 계룡산에서 20년……. 애들은 저리 가라……"와 같이 좌중에 웃음을 선사하던 약장수이 그들이다. 이처럼 시골 장터의 약장수도 약을 팔기 위해 고객을 즐겁게 하려는 시도를 했다.

그렇다면 지금 기업이나 영업인들은 어떻게 진화했을까? 대형 마트나 백화점 식품 매장 같은 곳에서는 '수박 한 통에 3천원, 선착순 100분께만!', '쌀 10Kg 포대 메고 한 발로 뛰기'와 같은 깜짝 이벤트로 고객에게 재미와 즐거움을 제공하고 있다.

[그림 6-12] 훤칠한 한 남자 직원이 여성 손님들만 앉은 테이블에 피자와 샐러드를 내려놓더니 손님들과 하이파이브를 하고 있다

[그림 6-13] '청기 올려 백기 내려' 게임 장면

또한 장인 FNC는 레스펍 생맥주 전문점 '서유기'를 이벤트 맥주 전문점이란 콘셉트로 운영하고 있다. 스포츠와 생맥주를 접목시킨 '스포츠&비어 서유기'로 업그레이드하고 매장에 다양한 즐길꺼리도 비치하고 있다. 매장에 설치된 TV와 스크린을 통해 스포츠 경기가 있는 날이면 비치된 각종 응원 도구를 이용해 보다 현장감 있고 생생한 응원전을 펼치며, '닌텐도 위(Wii)'로 고객들끼리 게임을 해 맥주를 마실 수 있게 배려하고 있다. 또한 '청기 올려 백기 내려' 게임 등 다양한 게릴라 이벤트로 고객들에게 경품과 함께 재미와 즐거움을 주고 있다.

다음으로 소개할 분식점, 레스토랑, 커피숍 등에서 진행하고 있는 '꽃미남 마케팅'도 고객들에게 즐거움을 주자는 콘셉트라고 할 수 있다.

꽃미남 마케팅, 여심을 사로잡다!

꽃미남 마케팅으로 2009년 11월 신사동에 처음 문을 연 한 떡볶이 가게. 이곳은 '훈남들이 파는 떡볶이'로 알려지면서 2년 만에 직영점 30개, 프랜차이즈 28개로 덩치가 커졌다. 직영점 30개에 근무하는 직원 90명이 모두 20~30대 남자다.

2011년 11월 1일 오후 찾아간 삼청동점에는 여고생, 주부, 일본인 여성 관광객 등이 훈남들이 서빙하는 떡볶이와 어묵, 튀김을 먹고 있었다. 김동환 점장은 "남녀 손님 비율이 3:7로 여성이 압도적"이라고 했다. 입소문이 난 뒤로 주말엔 하루 300그릇, 평일엔 140~150그릇을 팔고 있다.

역삼동의 한 이탈리안 레스토랑. 종업원 5명은 모두 20대 남성. 둘러보니 17개의 테이블 중 두 테이블을 제외한 15개는 여자 손님으로만 채워져 있다. 매니저 정영철 씨는 "주문한 음식이 나오면 맛있게 드시라는 의미로 손님들과 하이파이브를 한다"고 말했다.

이 가게는 2011년 2월 문을 열었다. 당시 강남역 일대엔 수백 개의 음식점이 밀집해 있었고, 음식 이외의 승부수가 필요했다. 이탈리안 음식을 많이 찾는 여성 고객들의 발길을 잡기 위해 매장 콘셉트도, 종업원도 여성 취향에 맞췄다. 전략은 성공적이었다. 오현민 사장은 "꽃미남 마케팅과 즐거움을 주기 위한 각종 이벤트를 펼친 결과 2011년 2월 개점 당시 265만 원이었던 월 매출이 현재 평균 1억 원으로 뛰었다"고 말했다.

〈출처: 중앙일보〉

꽃미남 마케팅 성공의 원조는 어쩌면 총각네 야채가게일 것이다. 야채가게의 주요 고객층인 주부를 공략하기 위해 총각들이 과일과 야채를 파는 콘셉트을 만들어 주부들의 호기심과 호감을 얻는 것은 물론 즐거움을 팔기 위해 노력했기 때문이다.

최근 들어 우후죽순식으로 급증하고 있는 커피 전문점이나 카페, 아이스크림 가게 같은 곳도 고객들에게 특별한 경험을 주기 위해 노력하고 있다. 커피 전문점 매장에 대형 스크린과 완벽한 음향 시설을 갖춘 영화 전용관을 만들어 최신 영화를 볼 수 있는 곳도 있고, 아이스크림

카페에선 별도의 생일 파티를 할 수 있는 공간을 제공하기도 한다.

이것들 외에도 차를 마시며 스파까지 즐길 수 있는 스파 카페, 미술품을 감상하며 직접 구매도 할 수 있는 아트 카페 등 특별한 경험을 제공해 고객들을 즐겁게 만들고, 그들을 알파고객으로 진화시키려는 다양한 노력들이 시도되고 있다. 이상의 사례들은 백화점, 대형 마트, 화장품 판매점, 가전 판매점, 주유소 등은 물론 카페, 커피 전문점 등 자영업 수준의 매장이나 업종들이 벤치마킹할 만한 사례들이라 할 수 있다.

선물로 고객들에게 재미와 즐거움을 줄 수도 있다. 영업 일선의 관리자, 영업 담당자들의 가장 고민 중 하나가 고객들에게 어떤 선물을 줘야 하느냐라고 한다. 그것이 연인에게 줄 선물을 고르는 것에 버금간다고 말하기도 한다. 감동을 줘야 하는데 예산 등의 문제로 쉽지 않기 때문이다. 심지어는 "이런 거 밖에 없어?"라며 선물을 내팽개치는 고객 때문에 곤혹스러움을 겪기도 한다.

그러나 대부분의 사람들은 선물을 받으면 즐거워한다. 하물며 기업의 회장이나 CEO, 재벌가 사모님들도 선물을 좋아한다. 부의 많고 적음, 신분의 높고 낮음을 떠나 선물을 좋아하는 것은 인간의 보편적 심리이다. 주는 사람의 정성이 담겨 있기 때문일 것이다.

개인 고객을 대상으로 하는 사람들에게 선물은 마음을 사로잡을 수 있는 훌륭한 수단 중 하나이다. 기업 고객을 대상으로 하는 경우에도 마찬가지이다. 의사 결정을 하는 고객 역시 사람이기 때문이다. 최근에는 '선물 안주고 안받기 운동'을 벌이는 기업들도 있지만, 선물을 원천 봉쇄하지는 않는다. '몇 만 원 이상은 가능하고, 몇 만 원 이상은 안 된다'는 식이다. 이를 잘 활용한다면 선물은 고객 충성도를 높이고 궁극적으로는 열렬한 팬, 알파고객으로 진화시킬 수 있는 훌륭한 매개체가 된다.

필자는 고객들에게 어떤 선물을 하면 좋냐는 질문을 자주 받는다. 질문을 하는 사람들은 "명절만 되면 고객들에게 어떤 선물을 보내야 좋을지 고민입니다. 고급스런 선물을 보내도 반응이 별로입니다"라고 말한다. 그렇다면 어떤 선물을 어떻게 보내야 고객을 즐겁게 만들 수 있을까? 다음의 3가지가 필요하다.

첫째, 보내는 사람의 정성을 담아 보내야 한다. 선물은 뇌물이 아니라 고객에게 감사의 마음을 전달하는 수단이다. 따라서 정성을 담아야 한다. 예를 들어 복분자 술을 선물하기로 했다면 주류 판매점이나 마트에서 사는 것보다는 자신이 직접 담가서 선물하는 것이 좋다. 비누를 선물할 때도 백화점이나 마트에서 구입하는 것보다는 자신이 직접 만들어 선물하는 것이 좋다. 자신의 마음과 정성이 담겼다는 것을 고객이 알아차리기 때문이다.

둘째, 스토리가 있는 선물을 하는 것이 좋다. 다음에 소개할 하나은행과 현대 백화점의 사례처럼 말이다.

🔖 하나은행 PB지원팀, 스토리가 있는 선물을 창조하다!

몇 년 전 하나은행 PB지원팀은 명절 선물 때문에 고민에 빠졌다. 설날과 추석이면 고객들에게 선물을 보내야 하는데, 어떤 선물을 보내야 할지가 첫 번째 고민이었고, 보낸 후 반응이 좋아야 하는 것이 두 번째 고민이었다. 초기에는 VIP 고객을 A, B, C 등급으로 나눠 20만 원, 15만 원, 10만 원 상당의 갈비나 굴비 세트를 백화점에 일괄 주문해 배송했다.

그런데 상당한 비용을 들여서 보낸 명절 선물이 효과가 별로라는 데 문제가 있었다. '왜 별로 고맙다고 생각하지 않는 것일까? 라는 답을 얻기 위해서 PB지원팀 직원들은 그 원인을 분석했다. 결과는 다음과 같았다.

"명절 때는 고객들의 집에 있는 냉장고가 대부분 꽉 차서 은행에서 보낸 갈비 세트가 들어갈 공간이 없었다. 그러다 보니 피출부 아줌마나 운전 기사에게 선물이 돌아가는 경우도 있었다. 그보다 더 근본적인 것은 명절 때마다 선물을 보내 주니 이제는 당연하다고 생각했다. 이러다 만약 선물을 안 주면 오히려 역효과가 날 것 같았다."

선물이란 받는 사람이 고마움을 느껴야 한다. 하지만 하나은행에서 보낸 선물을 PB 고객들은 별로 고맙게 생각하지 않았다. 고민을 하던 PB지원팀에서 다음에는 도자기와 갈비 세트를 같이 포장해서 보내자는 아이디어가 나왔다. 집의 거실이나 안방, 서재 등에 두고 볼 수 있는 도자기에 최고급 한우 갈비를 소량으로 넣어 보내자는 것이었다. 이 아이디어는 그대로 실행됐고, 고객들의 반응은 폭발적이었다.

또 한 번은 된장을 선물한 적도 있었다. 은행에서 고객들에게 '웬 된장 선물?'이라는 사람도 있을 것이다. 그러나 그냥 된장이 아니었다. 전통 발효 식품을 연구하는 부부가 청학동 계곡의 맑은 공기, 햇빛 등 대자연의 정기를 담아 발효시킨 이른바 '신토불이 청학동 명품된장' 이었다.

그렇다면 신토불이 청학동 명품된장만 예쁘게 포장해서 보냈을까? 아니다. 새로운 아이디어가 추가되었다. 청학동 된장과 함께 카드를 같이 보냈다. 카드에는 이런 내용이 적혀 있었다.

○○○ 고객님, 안녕하세요.
저희 하나은행을 계속 이용해 주서서 감사 합니다.
　　　　　　(중략)
저희가 고객님의 건강을 생각하여 이번에 된장을 보내드리게 되었습니다.
이 된장은 그냥 된장이 아니고 우리나라 전통 발효식품의 최고 전문가 중 한사람으로 평가받고 있는 ○○○부부가 청학동으로 내려가 (중략) 신토불이 청학동 웰빙된장입니다.
부디 맛있게 드시고 (중략)
안녕히 계십시오.
　　　　　　　　　　　　　　　하나은행 PB지원팀 올림

대략 이런 내용의 카드를 고객에게 된장과 함께 보낸 것이다. 그냥 된장이 아니라 스토리가 있는 된장이었던 것이다. 고객들의 반응은 어땠을까? 폭발적이었다. "청학동 된장, 참 맛있더라, 더 구할 수 없느냐? 추가 비용은 당연히 내겠다"라는 반응이 대부분이었다. 갈비 세트에 비해 비용은 1/5~1/100이면서 10~20배 이상의 효과를 본 것이다.

현대 백화점에서도 다음과 같은 스토리를 담은 된장을 보낸 적이 있었다.

○○○ 고객님께.

오곡백과로 마음이 풍성해지는 우리의 명절, 한가위가 다가오고 있습니다.

(중략)

여기 보내드리는 자연송이 된장은 최고의 식품 전문가들이 전국 방방곡곡을 직접 돌며 찾아낸 최고의 신토불이 된장으로 강릉의 순흥 안씨 집안 대대로 이어져 내려오는 장 만드는 비법으로 만들어진 명가 된장입니다.

순흥 안씨 집안에서는 국산 콩을 사용한 재래식 메주, 자연송이, 청국장 가루에 보리쌀로 밥을 띄워 6개월간 숙성시켜 장을 만듭니다.

그래서 메주의 영양소가 간장으로 빠져 나갈 염려가 없이 그대로 보존되며 숙성 과정에서도 다른 된장에 비해서 소금을 적게 넣게 때문에 건강에도 좋은 진정한 신토불이 웰빙 된장입니다

(중략)

가족의 정이 한가위만큼이나 넉넉하게 넘쳐나시길 기원합니다.

현대백화점 임직원 올림

선물에 이렇게 이야기가 가미되면 그 효과가 배가된다. 흔해 빠진 선물이 아니라는 이야기가 고객들의 가치를 충족시키기 때문이다. 더구나 조리법까지 소개한다면 더욱 맛있어 보여 보낸 이의 정성에 더욱 고마움을 갖게 된다.

한번은 필자에게 국수를 선물하고 싶다며 어떻게 하면 좋겠냐고 자문을 구한 마케터가 있었다. 어떤 국수냐고 물었더니 이런 국수였다. 첫째, 강원도 평창에 사는 전통 국수를 만드는 국수 명인이 만든 것이었다. 둘째, 중국이나 외국에서 수입한 밀로 만든 국수가 아니라 평창에서 유기농 방식으로 재배한 국산 밀을 가지고 만든 신토불이 국수였다.

훌륭한 스토리를 담고 있는 국수였다. 국내에서 손꼽히는 전통 국수의 명인이 평창에서 직접 수확한 밀로 만든 '신토불이 명품 국수'였던 것이다. 다만 마케팅을 잘못해서 알려지지 않았을 따름이었다. 필자는 이 마케터에게 국수만 선물하지 말고 카드에 신토불이 명품 국수의 스토리를 같이 써서 보내라고 조언했다. 국수만 보냈을 때보다 고객들이 그 가치를 10배~20배 이상 느낄 것이기 때문이었다.

셋째, 맞춤 선물을 보내는 방법이다. 고객마다 니즈, 선호, 성향이 다르기 때문에 '당신만을 위해 이 세상에서 단 하나밖에 없는~'이라는 가치를 가진 선물을 보내는 것이다. 과연 이 세상에서 단 하나밖에 없는 선물을 받은 고객이 경쟁사로 이탈할 수 있을까? 이와 같은 선물을 모든 고객에게 보내는 것은 물론 무리일 수 있다. 그러나 아주 소중한 VIP 고객들에게는 얼마든지 가능하다.

값 비싼 선물만이 고객들의 마음을 사로잡는 것은 아니다. 소중한 고객을 위해 6개월~1년 전부터 선물을 준비하는 마케터도 있다. '6개월~1년 전부터 준비하는 선물이 과연 있을까 또는 과연 그렇게까지 할 필요가 있을까?'라는 사람도 있을 것이다. 아주 특이한 농산물이나 장인이 직접 손으로 만드는 물건의 경우에는 미리 계약을 해야 자신이 원하는 시기에 선물을 할 수 있다. 이같이 정성스럽게 마련한, 스토리가 담긴 선물을 받고 고마움을 느끼지 많을 고객이 과연 있을까?

2_ 고객을 감동시켜라

많은 기업들이 고객들을 감동시키기 위해 다양한 방법으로 노력을 한다. 고객의 마음을 사로잡기 위해서는 고객을 만족시키는 것만으론 부족하다는 것을 잘알고 있기 때문이다. 고객을 감동시키는 방법에는 다음의 3가지가 있다.

첫 번째는 고객 접점에서 고객을 만나는 사람들이다. 고객들은 영업인, 서비스 담당, 콜센터 상담원 같은 직원들의 열정과 태도에 따라 감동을 받는 경우가 많다. 두 번째는 고객 이벤트와 같은 전사적 마케팅 활동을 통해서, 세 번째는 불만고객의 전략적 관리를 통해 고객을 감동시킬 수 있다.

먼저 직원들의 열정적인 마인드가 고객을 감동시킨 사례에 대해 알아보자.

♪ 세심한 배려로 고객을 감동시킨 롯데백화점 와인 판매사원!

한 번은 60대 노부부가 손님들을 초대한 자리에 내놓을 와인을 구입하러 왔다. 이 노부부는 와인을 처음 접한다고 했다. 김 매니저는 평소 와인을 즐기는 분들이 아닌 이 노부부에게 와인 초보자도 쉽게 마실 수 있는 와인 3병을 권했다. 그리고 각각의 와인마다 마시기 좋은 적정 온도를 알려 주고 여는 방법까지 자세하게 설명해 주었다.

그런데 그날 저녁, 이 노부부에게서 전화가 걸려왔다. 내용인즉 한 시간이나 실랑이를 벌였지만, 와인을 도저히 열지 못하고 있다면서 여는 방법을 다시 한 번 설명해 달라는 것이었다. 김 매니저는 다시 한 번 이 노부부가 이해할 수 있도록 설명해 주었다. 하지만 이 노부부는 아무리 해도 와인을 열지 못하겠다고 했다. 김 매니저는 고심 끝에 "고객님, 실례가 되지 않는다면 제가 직접 댁에 방문해 와인을 열어드리면 어떨까요?" 라고 물었다.

손님들을 초대하려고 상을 차려놓고 기쁜 마음으로 와인까지 준비했는데, 그것을 대접하지 못할까봐 당황해하고 있을 노부부를 생각하니 모른 체 할 수 없었던 것이다. 이 노부부는 생각지도 못한 호의에 감사를 전했고, 김 매니저는 고객의 집으로 찾아가 익숙한 동작으로 와인을 열어 주었다.

하지만 거기서 끝이 아니었다. 아무래도 마시기에 적당하지 않은 와인의 온도가 마음에 걸렸다. 김 매니저는 얼음을 준비해 달라고 하여 와인의 온도를 맞춰 주었다. 그런데 그때부터 손님들이 하나둘 도착하기 시작했다. 그냥 돌아갈 수도 있었지만, 김 매니저는 손님들이 와인을 더 맛있게 즐길 수 있도록 한 분 한 분께 와인을 디캔팅을 했다. 그리고 와인에 대해 설명을 해주고, 맛있게 마실 수 있는 방법까지 소개했다.

예상치도 못했던 김 매니저의 세심한 서비스에 이 노부부는 너무나 고마워했고, 초대 손님들 역시 와인 전문가에게 직접 설명을 들으며 서비스를 받으니 집이 아니라 최고급 레스토랑에 온 것 같다며 극찬을 아끼지 않았다.

〈출처: 세심한 배려가 고객을 사로잡는다〉

이것은 진정으로 고객을 위하는 마음과 정성으로 고객을 감동시킨 사례이다. 신용카드 업계에도 이와 같은 세심한 배려로 알파고객을 만든 사례가 있다. 직장인 김미경(가명, 당시 28세) 씨는 신용카드를 사용할 때 삼성카드만 사용한다. 다른 카드사에서 아무리 유리한 포인트 제도를 제시해도 끄떡하지 않는다. 삼성그룹에 다니고 있기 때문이 아니다. 김미경 씨가 삼성카드의 열렬한 팬, 알파고객이 된 이유는 다음의 경험 때문이다.

🎵 김미경 씨는 왜 삼성카드의 알파고객이 되었나?

2004년 12월 어느 날, 퇴근해서 깊은 잠에 빠져 있던 김미경 씨는 새벽 두시 경 카드사로부터 전화를 받았다.

"여긴, 삼성카든데요. 김미경씨 본인 맞으시죠?"

"네, 그런데요. 무슨 일로 새벽에 전화를 한 거예요. 별일 아니면 내일 전화해도 될 텐데."

그녀는 단잠을 깨운 새벽 전화에 퉁명스럽게 말했다.

"아, 죄송합니다. 꼭 확인할 일이 좀 있어서요. 혹시 카드 분실하시지 않으셨습니까?"

"네? 카드요?"

그녀는 서둘러 핸드백을 찾았다. 그리고 지갑을 찾았지만, '아뿔사' 지갑이 없었다. '이상하다 지갑이 어디 갔지?' 라는 생각에 그녀는 다시 한 번 핸드백을 샅샅이 뒤졌다. 그러나 어디에도 지갑은 없었다. 전날 입었던 코트 주머니와 방안 어디에도 지갑은 없었다.

"네, 카드를 잃어버린 것 같네요. 삼성카드를 지갑 안에 넣고 다녔는데, 카드가 없네요."

그러자 삼성카드 직원은 본인 여부를 확인한다며 카드 번호와 주민 번호를 묻고 난 후 다음과 같이 말했다.

"지금 고객님 카드로 결제 승인이 올라왔습니다. 그런데 지금까지 한 번도 가시지 않았던 곳, 아니 여자 분이 가기 어려운 곳이어서 본인 확인을 위해 전화를 드린 겁니다.”

“승인 요청 금액이 얼만데요?”

“200만 원입니다. 그렇지만 고객님, 걱정하지 마십시오. 이 건은 승인하지 않겠습니다. 그리고 고객님 카드는 이 시간부터 분실 카드로 처리하겠습니다. 걱정하지 마시고 푹 주무시기 바랍니다.”

그녀는 놀란 가슴을 쓸어내렸다. 그리고 연신 감사하다는 말을 하면서 전화를 끊었다. 이 사건이 있은 후부터 김미경 씨는 삼성카드의 열렬한 팬, 알파고객이 되었다.

중소기업에 다니는 박석진(가명, 당시 34세) 씨도 K사의 ‘○○주유소’에서만 주유를 한다. 휘발유가 떨어질 때가 되면 일부러 그 주유소까지 가서 기름을 넣는다. 고속도로나 먼 거리에서 주유할 상황이 발생해도 소량만 주유하고, 그 주유소까지 가서 넉넉히 주유한다. 그 주유소가 포인트를 많이 적립해 주거나 싸기 때문이 아니다. 그 주유소의 알파고객이기 때문이다. 박 씨가 그 주유소의 알파고객이 된 사연은 이렇다.

✒ 평생 ○○주유소의 알파고객이 된 박석진 씨!

2003년 여름 어느 날, 거래처를 들른 그는 친구들과의 모임이 있어 회사에 들르지 않고 곧바로 퇴근했다. 다음날 아침, 출근 준비를 하던 그는 화들짝 놀랐다. 전날 거래처에서 수금한 돈 6백만 원을 담은 가방이 아무리 찾아도 없었기 때문이다. 회사 공금을 잃어 버린 그는 출근 후, 부장에게 이 사실을 전하고, 전날 자신이 다녔던 곳을 역순으로 돌아다니기 시작했다.

친구들과 같이 갔던 식당, 노래방, 호프집 등을 들렀으나 돈 가방은 어디에도 없었다. 이제 그가 가볼 만한 곳은 ○○주유소뿐이었다. 급히 차를 몰아 달려 간 그에게 주유소 사장이 빙그레 웃으며 물었다.

"검정색 가방을 보지 못했냐고? 보긴 봤지. 젊은이가 그 가방 주인이야?"

"네. 제가 그 가방 주인입니다. 그런데, 그 가방 안에 돈이 들어 있을 텐데요?"

"돈? 그래, 들어 있더군. 그런데 자네가 그 가방 주인인지 아닌지 내가 어떻게 알아?"

○○주유소 사장은 그에게 가방의 크기, 색상, 스타일과 가방 안에 들어 있던 물건들을 확인하고 그 가방 주인이 틀림없다고 판단한 후, 가방을 돌려주었다. 수금한 돈 6백만 원과 함께 말이다. 박씨는 감사하다는 말을 수십 번도 더했다. 그리고 ○○주유소 사장에게 약속을 했다.

"사장님, 앞으로 평생 동안 사장님 주유소에서 기름을 넣겠습니다."

위의 사례들은 자신의 기대를 뛰어넘는 서비스를 제공하면 고객들은 감동하고 그 순간부터 열렬한 팬, 즉 알파고객이 된다는 것을 보여주고 있다. ○○주유소의 사례는 우발적으로 발생한 상황에 고객이 감동을 받은 경우지만, 롯데백화점 와인 매장의 사례나 삼성카드와 같은 사례는 시스템과 역량이 구축되지 않으면 불가능하다.

따라서 기업이든 개인이든 고객들이 감동할 수 있는 역량과 시스템을 구축하는 것이 필요하다. 그리고 그것이 몸에 베어 습관이 되게 만들고, 조직문화로 정착될 수 있도록 해야 한다. 고객 접점별로 '고객 감동 사례 발표 대회' 같은 행사를 여는 것도 좋다. 노하우를 공유하는 것은 물론 고객 접점에서 일하는 임직원들의 동기 부여를 하고, 경쟁심을 유발하는 효과도 얻을 수 있기 때문이다.

두 번째는 이벤트 마케팅이다. 고객들에게 감동을 주기 위한 목적으로 기업들은 갤러리 투어, 뮤지컬이나 음악회 관람, 테마 여행, 야생화 전시, 프로 골퍼와의 라운딩 등의 다양한 이벤트를 경쟁적으로 실시하고 있다. 그러나 문제는 소수의 이벤트를 제외하고는 고객들을 감동시키지 못한다는 데 있다. 나름대로 예산을 투입해 이벤트를 개최해도 고객들의 반응은 그저 그런 경우가 많다. 그렇다고 이벤트를 하지 않으면 오히려 불만을 표출한다.

그렇다면 어떤 이벤트를, 어떻게 진행해야 고객들에 감동을 줄 수 있을까? 시티은행 올림픽 선수촌 지점의 송창민 지점장과 같은 마인드로 이벤트를 개최해야 한다. 송 지점장은 2003년 5월 1일, 31살이라는 젊은 나이에 지점장으로 발령을 받았다. 은행에서는 40대 중반이나 돼야 지점장 발령을 받는 게 일반적인데, 그는 어떻게 31살의 나이에 지점장으로 발탁되었을까?

이유는 간단하다. 본점에 근무하면서 2002년에 소비자 금융 부문 아시아 · 태평양 1위, 기업 금융 부문 세계 3위라는 뛰어난 성과를 올렸기 때문이다. 송 지점장의 고객 감동 이벤트 사례에 대해 알아보자.

고객들이 생일보다 더 행복했다고 말하는 갤러리 투어!

그는 지점장으로 부임한 후, '고객의 삶을 즐겁게 해주는 것이야말로 최고의 마케팅이다' 라는 생각으로 각종 이벤트를 개최했다. 한 주부 고객은 송 지점장이 개최한 갤러리 투어에 참석한 뒤, "내 생일보다 더 즐겁고 행복한 경험을 했다" 라고 말했다. 이 고객은 그후 앞장서서 자신의 지인과 친구들을 은행으로 데리고 왔다. 열렬한 팬, 알파고객이 된 것이다.

12년 동안 시티은행과 거래를 했다는 이 고객은 과거 11년 동안 시티은행과 거래했지만 열렬한 팬, 알파고객은 결코 아니었다. 그저 집에서 가깝기 때문에 시티은행을 습관적으로 이용한, 즉 조건에 충성하는 고객일 뿐이었다. 그런데 11년 동안 잠재돼 있던 이 주부 고객의 충성심이 자신의 생일보다 더 즐겁고 행복한 경험을 한 순간 폭발했고, 열렬한 팬으로 진화한 것이다.

송 지점장이 부임하기 전에도 시티은행 올림픽 선수촌 지점에서는 갤러리 투어 같은 이벤트를 개최했었다. 그러나 경쟁 은행에 비해, 시티은행에서 개최했던 이전의 이벤트들에 비해 그다지 차별화되지 못했었다. 하지만 송 지점장이 개최한 이벤트는 달랐다. 그는 '어떻게 해야 경쟁 은행의 갤러리 투어와 차별화할 수 있을까? 작년에 했던 야생화 전시회는 그냥 밋밋했었는데 어떻게 해야 감동을 줄 수 있을까?' 를 항상 고민하고 새로운 아이디어를 냈다. 그 결과 고객들의 감동을 불러일으키는 이벤트를 개최할 수 있었고, 참여했던 고객들을 알파고객으로 만들 수 있었다.

은행과 백화점을 포함해 많은 기업에서 고객들을 위해 다양한 이벤트를 개최한다. 그런데 문제는 경쟁사와 유사한 이벤트, 전년과 비슷한 이벤트, 이벤트를 위한 이벤트가 많다는 것이다. 이와 같은 붕어빵 이벤트로는 고객을 감동시킬 수 없다. 고객들의 눈높이가 빠르게 진화하고 있기 때문이다.

이제부터는 잉어빵이나 상어빵 또는 고래빵 식으로 지금까지 선보이지 않았던 새로운 이벤트를 고객들에게 제공해야 한다. 같은 붕어빵 이벤트라도 참붕어빵, 떡붕어빵, 월척붕어빵 식으로 진화시키기 위해 고민해야 한다. 고객들의 감성을 자극해 경쟁사보다 월등히 많은 열렬한 팬, 알파고객을 만들 수 있는 지름길이기 때문이다.

세 번째는 불만고객이다. 한 연구 조사에 의하면 불만고객 중 자신의 불만을 제기하는 고객은 5~10% 정도에 지나지 않는다고 한다. 95% 정도의 고객은 아예 불만도 제기하지 않고, 이탈해 버린다고 할 수 있다.

그렇다면 불만을 제기한 고객은 그 이후 어떤 행동을 할까? 다음과 같은 두 가지 행태를 보인다. 첫째, 자신이 제기한 불만이 잘 처리가 됐을 때, 그 고객은 자신의 주변 사람 5~8명 정도에게 긍정적인 구전을 한다. 둘째, 불만이 잘못 처리가 됐을 때. 그 고객은 평균 10~16명에게 부정적인 입소문을 낸다.

불만을 제기하는 사람은 사실 그 회사에 애정이 있는 고객이다. 그렇기 때문에 불만 처리가 잘 됐을 경우에는 재구매율이 54~70%나 돼 아무런 불만을 느끼지 않는 고객의 재구매율 9~37%보다 월등히 높게 나타난다. 고객이 제기한 불만에 어떻게 대응하느냐에 따라 그 고객을 열렬한 팬, 알파고객으로 만들 수도 있고, 불평불만을 주변에 전파시키는 안티슈머로 만들 수도 있는 것이다.

실제로 영업이나 고객 서비스, 콜센터 등 고객 접점 부서의 개인별 고객 응대 능력에 따라 불만고객을 열렬한 팬, 알파고객으로 진화시킨 사례는 무수히 많다. 그러나 다음의 사례처럼 접점 부서의 임직원이 불만고객을 알파고객으로 진화시킬 수 있는 시스템 자체가 구축돼 있지 않은 기업이 더 많은 편이다.

최고급 승용차, 서비스 이래도 되나요?

"7,000만 원짜리 최고급 승용차 E 모델을 구입한지 40일 만에 녹이 슬었어요. 이게 있을 수 있는 일입니까? 차만 팔면 그만이라는 A사의 무성의한 태도에 질려 버렸습니다."

중소기업을 운영하는 김모 씨는 화가 머리끝까지 치밀었다. 그는 "BMW를 살까 고민도 했지만, 애국심 때문에 A사의 E모델을 구입했는데 이건 아니었다" 며

뒤늦게 후회했다. 그가 화가 난 이유는 거금을 주고 산 승용차가 40일 만에 녹이 슬었기 때문이다. 하지만 그를 더욱 화나게 한 것은 A사 측의 무성의한 태도였다. 그가 머리끝까지 화가 난 사연은 이랬다.

"처음 서비스 센터에 갔더니 도장을 새로 해주겠다고 했다. 계속 페인트가 떨어져 나가면 어떻게 하냐고 물었더니 그때마다 도장을 새로 해주겠다고 답했다."

일단 차를 팔고 나서 배짱을 부리는 A사의 안일한 대응해 그는 분노했다. 그의 주장대로 녹슨 부위는 칠한다고 해결되는 것이 아니란다. 한 자동차 정비 전문가는 "햇빛이나 습도에 따라 차량 색깔이 변하기 때문에 부분 도장이 능사는 아니다" 라고 설명했다. 아울러 "만약 페인트가 계속 떨어져 나간다면 완전히 벗겨내고 전체를 새로 도장해야 한다. 그럴 경우 새 차는 거의 중고차가 된다" 라고 덧붙였다.

실제로 김 씨는 녹슨 부분을 도장하고 나서 자신의 염려가 현실이 된 것을 경험했다. 녹이 슨 부위를 도장했는데 5cm가량 옆에 또 다시 페인트칠이 벗겨졌던 것이다. 이렇게 벗겨진 곳을 계속 도색하다 보면 차는 곧 누더기가 될 것이라는 말이 현실이 돼 가고 있었다. 한편 A사의 홍보팀 관계자는 "모든 차량에 불량률은 어느 정도 발생할 수 있다" 면서 "도장 과정에서 공기가 들어가 떠 있는 상태로 있다가 떨어지면서 녹이 슨 것 같다" 고 분석했다.

그리고 이어서 "지금은 차량 고유의 칼라 페인트가 나와 동일한 색깔을 낸다. 이전 색깔이랑 차이가 없다. 도색으로 해결할 수 있다" 고 답했다. 다른 부분에도 페인트가 떨어져 나가면 어떻게 하냐는 질문에는 "너무 확대 해석하는 것 같다. 하지만 재발한다면 그 부분에 대해서는 또 다시 문제가 없도록 도색처리 하겠다" 는 답을 되풀이했다.

김 씨는 다시 도색해 주겠다는 A사 측의 제안을 거절하고 있다. 도색으로 해결될 일이 아니라고 판단했기 때문이다. 그는 현재 A사 측의 무성의한 태도를 규탄

하는 투사로 변신했다. 한 유명 포털 사이트에 녹슨 A사의 최고급 승용차 E 모델에 대한 일지를 올리고 있다. 순식간에 수만 명이 조회하고 수백 명의 댓글이 올라올 정도로 뜨거운 호응을 얻고 있다.

〈출처: 스포츠 서울〉

이와 비슷한 사례로 2012년 2월 12일 SBS 뉴스에서는 신차의 엔진 결함 때문에 1년 동안 18번이나 수리를 받은 고객이 울화통이 터져 차를 차라리 용광로에 쳐넣고 싶다고 말하는 장면이 방영되기도 했다. 한국 소비자원의 규정에는 차를 받고 1년 이내에 같은 문제가 4번 이상 발생하면 교환이나 환불이 가능하다고 돼 있다. 하지만 권고 수준에 그치다 보니 결함이 있는 신차를 산 고객들은 여전히 피해를 보고 있다.

반면 삼성전자는 자사 제품 구매 후 1년 내에 같은 문제로 3회 이상 고장 수리를 받으면 무조건 현금으로 보상해 주고 있다. 다른 모델로 교체해 주는 게 아니라 아예 두말없이 현금으로 환불받은 고객들의 반응은 어떨까? "역시 삼성전자는 다르군"이라는 반응을 보이며 다시 삼성전자의 제품을 구매한다고 한다.

그러나 국내 대부분의 기업들은 삼성전자와 같은 시스템이 구축돼 있지 않다. 다음의 국내 유명 이동전화 회사의 고객 불만과 관련된 사례처럼 말이다.

♪ 고객의 불평불만 처리는 그때뿐이다?

직장인 양근성(49세, 가명) 씨는 2011년 8월에 국내 유명 이동통신 회사인 B사의 콜센터에 불만을 표출했다. 자신이 가입한 요금제와 관련한 내용이었다. 양근성 씨가 가입한 요금제는 지정 번호 할인제였다. 기본료 외에 김근성 씨가 지정하는 이동 전화번호 3개에 대해 통화할 때마다 30% 할인이 되는 요금제였다.

양근성 씨는 음성 통화를 비교적 많이 하는 편이어서 월 평균 5만 원 내외의 전화 요금을 내고 있었다. 참고로 양근성 씨는 아직도 스마트 폰이 아닌 피처 폰을 사용하고 있다. 양근성 씨가 B사의 콜센터에 전화를 한 건 2개월 연속, 전화 요금이 1만 5천 원가량 더 청구됐기 때문이었다.

처음에는 전화 요금이 더 청구된 이유가 음성 통화를 많이 해서인 줄 알았다. 그러나 확인 결과 음성 통화량은 이전과 비슷했다. 부가 서비스를 이용한 것도 아니었다.

'그런데 왜 전화 요금이 갑자기 많이 나왔을까?'

원인을 찾고 있던 양근성 씨는 혹시나 하는 마음이 들어 B사의 콜센터에 전화를 했다. 다음은 양근성 씨와 B사 콜센터 상담원이 나눈 대화이다.

"제가 가입한 요금제는 지정 번호 할인제입니다. 혹시 지정 번호가 번호 이동을 하면 할인 요금 적용을 받게끔 자동으로 변경된 번호로 등록해 주나요?"

"죄송합니다만, 그렇게는 안됩니다."

"그럼, 어떻게 해야 하죠?"

"고객님께서 지정 번호를 직접 변경 신청하셔야 합니다."

"아니, B사 같은 초일류 기업이 그런 시스템도 구축돼 있지 않습니까? 귀사 광고에 보면 고객 행복이니, 감동이니 그런 말이 많이 나오던데. 고객을 감동시키려면 지정 번호가 번호 이동을 하면 그 고객에게 연락해서 바뀐 번호를 지정 번호로 새롭게 등록할 것인지 여부를 확인해 줘야 하는 것 아닌가요?"

"글쎄요. 저로서는 뭐라고 드릴 말씀이 없군요."

"당신의 입장은 이해가 갑니다. 그럼 본사에 건의해 주시겠습니까? 요금 할인 적용 번호로 등록된 고객이 번호 이동을 하더라도 자동으로 할인 적용을 해주는 시스템을 구축해 달라고 말이죠. 고객은 대부분 신경쓰지 않고 있을 테니까요."

"네, 잘 알겠습니다. 건의해 보겠습니다."

그러나 양근성 씨는 그후 자신의 건의 내용이 어떻게 처리됐다는 사실을 통보받지 못했다.

이상은 국내 유명 이동통신 회사의 고객관리를 보여 주는 사례이다. 문의하기 전에 미리 확인해서 알려줬다면 양근성 씨는 아마 감동을 받았을 것이다. 그러나 B사는 그런 조치를 취하지 않았다. 이유는 크게 두 가지일 것이다.

하나는 알고 있었지만, 미리 나서서 자사의 이익을 고객에 돌려 줄 필요까지 있냐는 회사 우선주의이다. 이 회사도 CRM 시스템이 구축돼 있어서 요금 할인제에 등록된 지정 번호가 번호 이동이 됐는지 여부를 확인할 수 있었을 것이다. 그런데도 그렇게 하지 않았으며, 그 결과를 피드백해 주지도 않았다.

다른 하나는 이런 사실을 모르고 있었다는 것이다. 그렇다면 문제라고 할 수 있다. B사는 세계 초일류 기업이 되겠다는 비전을 갖고 있는 회사이기 때문이다. 따라서 전자일 가능성이 더 높다. 하물며 고객 만족과 고객 감동을 부르짖고 있는 국내 기업 뿐 아니라 세계적인 기업들조차도 고객을 봉으로 보는 기업들이 아주 많다.

각 기업별로 위와 같은 사례가 적게는 하루에 한두 건에서 많게는 수십~수백 건씩 발생한다. 두 회사의 사례에서 알 수 있듯이 어떤 제품, 어떤 서비스라도 품질에 불량이 발생할 수는 있다. 문제는 고객 불만이나 클레임이 발생한 이후의 처리 프로세스다. 대부분의 회사는 위의 사례들과 비슷하게 처리한다. 고객 입장이 아니라 회사 입장, 회사 규정을 내세워 고객을 설득하려 한다.

페인트칠이 벗겨지면 다시 도장해 주면 될지도 모른다. 기업 입장에서야 불량이 발생했을 때, 고쳐 주면 된다고 생각할 수도 있다. 고객이 지정 번호 변경 신청을 해야만 요금 할인이 된다고 말할 수도 있다. 그렇다면 고객의 입장은 어떨까? 불량이 있을 수 있으니 수리하면 그만이라고 생각할까? 그렇지 않다. 7,000만 원이든 7,000원이든 금액의 많고 적음이 문제가 아니다. 고객들은 자신이 말하기 전에 기업이 먼저 알아서 챙겨 주기를 원한다.

어떤 기업은 고객 불만이나 클레임이 발생하면 오히려 고객과 더욱 가까워진다. 화가 머리끝까지 났던 고객도 순식간에 열렬한 팬, 알파 고객으로 진화하도록 만든다. 불만이나 클레임 처리 프로세스에서 고객들의 기대를 뛰어넘는 감동을 선물하기 때문이다. 하지만 대부분의 기업들은 이런 역량을 갖추지 못하고 있다. 이런 역량을 갖추기 위해 기업들은 다음의 사례처럼 많은 노력을 기울어여 한다.

♩ 고객 불만 100% 해소에 도전하는 백화점들!

백화점들이 고품격 서비스 확대와 함께 고객 불만 100% 해소를 위한 방안 마련에 나섰다. 롯데 백화점은 서비스 책임자의 이름과 연락처를 각 매장에 붙여 놓고 불만이 있을 때 고객이 직접 연락하고 조치를 받을 수 있는 '서비스 실명제'를 상반기 중 실시할 계획이다.

또한 고객이 제기하는 불만사항을 백화점 운영에 반영하는 '고객 불만 자율관리 시스템' 도 상반기 내 도입한다. 안내 데스크, 주차관리, 사은 행사장, 식당가 등 고객들을 가까이 접하는 곳에서 고객들의 의견을 수렴해 월 1회 이상 반영하는 제도와 개선안이 채택된 직원에겐 포상도 한다. 아울러 결제 오류, 신용카드 보관, 구매 상품이 바뀌었을 때 발생하는 '3대 오류 보상제' 도 실시한다.

갤러리아 백화점은 올해부터 직원이나 백화점 과실로 불만을 제기하는 고객들을 위해 별도의 DM을 보내 상품권 교환권을 증정하는 등 고객 만족 서비스를 한층 강화한다.

〈출처: 서울경제〉

LG전자 역시 고객 불만 '0'에 도전하고 있다.

⚜ LG전자, 고객 불만 관리를 위해 CCMS 시행한다!

LG전자는 2006년 7월부터 고객의 피해나 불만사항을 자율적으로 처리하기 위한 '소비자 불만 자율 관리 시스템(CCMS)' 을 본격 시행, 고객 중시 경영을 강화하고 있다. CCMS(Consumer Complaints Management System)는 기업이 사전에 자율적으로 소비자의 불만사항을 예방하고, 부득이하게 발생하는 소비자의 불만과 피해에 대해 신속한 대응 체제를 구축하는 것을 말한다.

LG전자는 고객 서비스 부문장을 CCMS의 책임자인 자율 관리자로 선정하고, 자율 관리 사무국과 사업부, 마케팅, 품질, 구매, 물류 등으로 전사 운영 위원회를 구성했다. 또 고객 불만 접수, 피해 구제 및 보상, 개선 활동, 사후 관리 및 예방 등 소비자의 불만을 최소화하기 위한 전 과정에 대해 세부 운영 기준 및 실행 가이드를 마련하는 등 자율 관리 실행 시스템을 구축했다.

〈출처: 머니투데이〉

신세계나 현대백화점, 삼성전자 등의 기업들도 이러한 제도를 운영하고 있다. 하지만 제도가 중요한 게 아니다. 제도나 규정에 얽매이다 보면 앞의 A사처럼 대응할 수 있다. 따라서 보다 근본적인 대책이 필요하다. 우선 고객 불만이나 클레임을 고객의 입장에서 생각하는 자세가 필요하다.

"도장해 주면 된다. 페인트칠이 벗겨지면 다시 칠해 주겠다", "고객이 번호 이동을 했어도 고객이 지정 번호 할인 변경 신청을 해야만 됩니다"와 같은 태도는 철저히 기업 입장만을 고려한 자세이다. 한 번 생각해 보라. A사의 서비스 센터나 홍보팀 관계자가 150만 원이라는 거금을 주고 국산 양문형 냉장고를 구입했는데 한 달쯤 지나 페인트칠이 벗겨졌다면 어떻겠는가?

여기서 중요한 것은 고객 불만이나 클레임이 발생했을 때, 고객이 오히려 감동을 받도록 만들어야 한다는 것이다. 그렇다면 화가 머리끝까지 난 고객을 어떻게 하면 감동받게 만들 수 있을까? 고객의 기대를 뛰어넘는 무언가를 주는 것이 유용한 방법이다. 앞선 사례에서 A사가 김 씨에게 초기에 새 차로 교환해 주었다면 어떻게 됐을까? 감동받았을 것이다. 김 씨도 설마 새 차를 주리라고는 생각지 않았을 것이기 때문이다.

B사 또한 양근성 씨가 문의하기 전에 미리 '번호 이동한 새로운 번호를 계속 할인 요금 지정 번호로 등록하시겠습니까?'와 같은 확인 전화를 했거나 문의를 했을 때 번호 이동을 한 시점부터 계산해 더 청구된 요금을 환불해 줬다면 어땠을까? 양근성 씨 역시 감동을 받았을 것이다. 그러면 두 사람 모두 자신의 주변 사람을 만날 때마다 입에 침이 마르도록 두 회사를 칭찬했을 것이다. 열렬한 팬, 알파고객으로 진화했을 것이기 때문이다.

이처럼 접점에서 고객을 감동시키려면 고객별 또는 불만 상황별로 감동을 줄 수 있는 매뉴얼을 만들어 대응하는 것이 필요하다. 하지만 보다 중요한 것은 고객 불만이나 클레임을 처리하는 사람의 태도이다. 기대를 뛰어넘는 감동을 주기 위해서는 문제를 해결하기 위해서 헌신적으로 노력하는 모습을 보이는 것이 중요하다. "회사 규정이 이렇지만 제가 최선을 다해 해결해 보겠습니다"라는 열정을 보여 줘야 한다. 고객 불만이나 클레임을 '0'으로 만들겠다는 제도보다 더 중요한 것이 불만고객을 대하는 사람의 태도와 문제 해결을 위한 열정이란 사실을 명심하기 바란다.

3_ 추억과 향수를 자극하라

감동은 시간이 지나면 약효가 떨어진다. 즉 유효 기간이 있다. 하지만 추억과 향수는 인간의 마음 속에서 영원히 지워지지 않는다. 이 사실을 잘 알고 앞서가는 기업들이 있다. 하나은행도 그런 기업 중 하나다. 하나은행은 매년 봄이 되면 대도시 영업점을 중심으로 40~50대 주부 고객들에게 소녀 시절 추억과 향수를 자극하는 '봄나물 캐러 가기' 이벤트를 실시한다.

최근 미국의 동네 서점들도 추억과 향수를 자극하는 마케팅으로 최근 부활의 조짐을 보이고 있다.

美, 동네 책방들 다시 살아난다!

최근 대형 서점이나 전자책에 밀려 사라져 가던 미국의 동네 책방들이 조용히 부활하고 있다. 워싱턴포스트(WP)는 2011년 8월, 경제난과 전자책 시대를 맞아 퇴출이 예상됐던 소규모 동네 서점들이 활기를 되찾고 있다고 보도했다.

자영업 서점 주인들의 단체인 미국 서점협회에 따르면 협회 소속 동네 서점 매출이 2010년 7% 성장했다. 매출 확대에 힘입어 35개 주(州)에서는 소규모 서점 수도 늘어나는 추세다. 협회 측은 "동네 책방이 사양산업이 아니라 수익성 있고 지속 가능한 비즈니스로 거듭나고 있다" 고 말했다.

독서 수요를 대형 서점과 온라인 서점에 빼앗겼던 동네 서점들이 되살아난 데는 '마을의 지식 사랑방'이자 '친근한 동네 책방 분위기'를 강조한 차별화 마케팅이 주효했다고 WP는 전했다. 서점 주인들이 마을 사람들을 위해 카페처럼 책 읽는 공간을 만들고, 와인과 초콜릿을 제공하고, 동네 주민들을 위한 독서 친목회라 할 수 있는 '북클럽(책읽기 모임)'을 조직해 운영하고 있다.

워싱턴DC 근교 알링턴의 작은 서점 '원 모어 페이지'의 북클럽 회원인 젠 로렌스는 "대형 서점에서 느낄 수 없는 친근한 분위기에 끌려 동네 서점을 자주 찾는다"며 "대형 서점에서도 북클럽 활동을 해봤지만, 서점 직원들이 회원을 알아보지도 못한다"고 말했다.

서점 주인들은 이 틈새를 파고들었다. 동네 서점 주인들은 단골 회원 한 명 한 명과 인사를 나누고, 책에 대한 의견도 나눈다. 단순히 책만 팔던 것에서 벗어나 마을 주민을 위한 독서 가이드 역할을 하는 것이다. 마을의 학교와 도서관, 병원 등과 파트너십을 맺어 책을 제공하며 '우리 동네, 우리 책방'이란 친밀감을 한층 높였다. WP는 혼란스러운 디지털 시대에 동네 책방이 '작은 커뮤니티'의 향수를 자극하는 심리적 기능도 하고 있다고 전했다.

〈출처: 조선일보〉

아마존 같은 온라인 서점, 반즈앤노블 같은 대형 서점에 밀려 퇴출될 것만 같았던 미국의 동네 서점들이 부활하고 있다. 가장 큰 요인은 차별화된 마케팅 방법이 통했기 때문이다. 하지만 고객의 향수를 자극하는 효과도 톡톡히 보고 있다. 얼굴도 모르는 그런 커뮤니티가 아닌 사람 냄새가 나는 친근한 분위기의 옛날 동네 책방의 향수에 알파고객이 늘어나고 있는 것이다.

국내에서도 고객의 추억과 향수를 자극하는 훌륭한 사례가 있다. 바로 현대백화점이다.

♪ 현대백화점 '고객 열차' 달나라까지 닿겠네!

[그림 6-14] 현대백화점의 우수고객 초청 이벤트인 열차 여행에서 고객들이 즉석 콘서트를 즐기고 있는 모습

현대백화점이 우수 고객 서비스 차원에서 시작한 '고객 열차 여행'의 누적 거리가 지구에서 달까지 거리인 38만4,400㎞를 돌파했다. 현대백화점의 열차 여행은 1999년 시작됐다. 일회성 이벤트로 기획됐지만, 열차 여행의 추억을 만끽한 중년 고객들의 반응이 좋아 오히려 2000년부터는 횟수를 늘렸다. 2010년엔 67회, 2011년에는 80회가량 진행했다.

여행지로 선정된 지방자치단체의 반응도 뜨겁다. 구매력을 갖춘 백화점 우수 고객들이 지방 도시를 찾으면서 지자체들은 앉아서 홍보하는 효과를 누리고 있다. 전남 광양의 '홍쌍리 청매실 농원'은 이 열차 여행을 통해 입소문이 나면서 유명 관광지가 됐다. 코레일에서도 '열차 여행의 즐거움을 알린다'는 점을 인정받아 할인 혜택을 받고 있다.

열차 여행은 현대백화점이 대절한 새마을호나 KTX 열차를 이용한다. 우수 고객으로 선정된 이들은 무료로 이용할 수 있다. 열차 안에서는 패션쇼나 콘서트 등이 수시로 열린다. 이 회사 임은우 마케팅 팀장은 "고객 반응이 워낙 좋아 전담 직원을 두고 여행전문 업체의 컨설팅을 받아 그동안 국내 여행 코스만 400여 개를 만들었다"고 소개했다.

〈출처: 중앙일보〉

고객들의 반응이 이처럼 좋은 이유는 무엇일까? 가장 중요한 요인은 중고교 학창 시절의 수학 여행이나 친구들과 여행갔던 추억과 향수를 떠올릴 수 있기 때문이다. 이 사례를 벤치마킹하면 다양한 업종에서 수많은 알파고객을 만들 수 있다. 가령 여행업계의 경우, '추억의 신혼 여행 패키지'를 만들어 20~30년 전에 다녀왔던 신혼 여행지를 다시 방문하는 상품을 선보이는 것도 방법이다. 물론 프로그램은 추억과 향수를 자극할 수 있도록 디자인돼야 할 것이다.

하지만 아쉽게도 추억과 향수를 자극하는 방법은 아직 널리 활용되지 못하고 있는 실정이다. 이제부터라도 '고객에게 감동을 주자'는 콘셉트을 뛰어넘어 추억과 향수를 자극할 수 있는 방법을 찾아야 한다. 그런 기업만이 열렬한 팬, 알파고객 만들기의 선두 주자가 될 것이기 때문이다.

재미와 즐거움, 감동, 추억과 향수가 아닌 흥분과 설렘이라는 특별한 경험을 제공해 열렬한 팬, 알파고객으로 진화시키는 기업도 있다. 현대카드가 바로 그 주인공이다.

🐾 고객들에게 흥분과 설렘을 주는 현대카드의 16번째 수퍼 콘서트!

디바 비욘세와 R&B의 황태자 어셔에 이어 팝의 아이콘이라 불리는 레이디 가가가 우리나라를 방문한다. 레이디 가가의 이번 국내 방문은 올해 전 세계 월드 투어의 첫 무대라는 점에서 팬들의 가슴을 설레게 하고 있다.

레이디 가가는 2008년 첫 싱글 '저스트 댄스'와 두 번째 싱글 '포커 페이스'로 연달아 빌보드 차트 정상에 오르며 데뷔했다. 2009년 발표한 '더 패임 몬스터' 앨범으로는 2010년 MTV 뮤직 어워드 8개 부문이라는 최다 수상 기록을 세웠다. 기세를 몰아 2011년에는 그래미 시상식에서 '최우수 팝 보컬 앨범'을 포함해 3개 부문을 수상했다.

이번 레이디 가가 내한 공연을 유치한 현대카드는 그동안 비욘세와 어셔를 비롯해 스티비 원더, 빌리 조엘, 스팅처럼 팝의 전설로 불리는 스타들을 초청, 수퍼 콘서트를 열어왔다. 팝뿐만이 아니다. 세계 최고의 테너 플라시도 도밍고, 바이올린의 전설 이작 펄먼, 빈 필하모닉 조수미 협연과 같은 무대로 수퍼 콘서트를 문화 마케팅의 대표 브랜드로 자리 잡게 했다.

현대카드 수퍼 콘서트의 아티스트 선정 기준은 의외로 간단하다. 많은 사람들이 듣는 순간, 흥분과 설렘을 느낄 수 있는 아티스트면 된다는 것. 하지만 이러한 아티스트를 무대에 세우는 것은 말처럼 쉬운 일만은 아니었다고 한다. 부쩍 높아진 국내 팬들의 눈높이를 고려했을 때, 그 대상이 세계 최고 수준의 아티스트를 뜻하기 때문이다.

실제 스티비 원더는 '현대 대중음악의 시발점이자 궁극' 이라 불리는 아티스트이며, 비욘세는 자타공인 현존하는 전 세계 최고의 디바다. 또 플라시도 도밍고와 이작 펄먼 역시 최고의 테너와 바이올리니스트로 손꼽힌다. '최고 Legend(전설)' 라는 수식어가 어색하지 않은 아티스트를 섭외한 것이다.

그러나 '최고' 또한 필요조건일 뿐, 충분조건은 아니었다. 공연의 의미가 뒷받침 되야 하기 때문이다. 빌리 조엘은 1970년 데뷔 이래 38년 만의 첫 내한공연이었다. 비욘세 역시 수퍼 콘서트가 국내 관객들과 만나는 첫 무대였다. 이 회사 관계자는 "반대로 플라시도 도밍고와 스티비 원더는 나이를 감안했을 때 현실적으로 마지막 내한공연이 될 거라는 또 다른 의미가 있었다" 며 "이처럼 수퍼 콘서트는 '최고' 와 '첫' , '마지막' 과 같은 희소가치를 만족시키려 했다" 고 말했다.

〈출처 : 중앙일보〉

이상으로 고객에게 특별한 경험을 주는 3가지 방법과 사례를 소개했다. 문제는 대부분의 기업에서 여전히 고객들에게 특별한 경험을 주겠다는 마인드가 부족하고, 전략적이지 못하다는 것이다. 또한 고객 접점 부서에 있는 임직원 개인의 능력에 의존하는 경우가 많고, 지속적이지 못하다는 것도 문제이다. 이런 문제점을 보완하기 위해서는 다음의 2가지를 갖추어야 한다.

첫째, 특별한 경험을 제공하기 위한 기업 문화를 구축해야 한다. 기업 문화의 목표 자체를 고객에게 재미와 즐거움, 감동 같은 특별한 경험을 제공하기 위해 노력하는 것으로 잡아야 한다. 앞서 소개한 사우스웨스트 항공이 미국의 초일류 항공사가 될 수 있었던 원동력은 두 가지이다. 하나는 낮은 가격이라는 조건에 충성하는 고객을 확보하는 역량이었고, 다른 하나는 고객들에게 재미와 즐거움을 주는 기업 문화를 구축해 열렬한 팬, 알파고객을 확보하는 것이었다.

◢ 사우스웨스트항공의 기업 문화는 '펀(Fun)경영'

2004년 4월 5일 발표된 제14차 연례 항공품질평가(AQR) 연구에 따르면 제트블루 항공사가 1위, 사우스웨스트 항공사가 3위를 차지했다. 사우스웨스트 항공은 특히 고객 불만 비율이 10만 명당 0.14명으로 항공업계에서 고객 불만 비율 최저의 자리를 고수했다. 이처럼 가격이 싸면서도 서비스 품질이 좋고 안전한 항공사를 이용하고 싶지 않을 고객이 있을까? 항공료를 싸게 하기 위해서 기내식을 없애고, 인터넷 발권만 할 수 있는 사우스웨스트 항공이 고객들로부터 좋은 서비스 평가를 받는 이유는 무엇일까?

이유는 간단하다. 고객을 즐겁게 해주기 위해 전 임직원이 항상 노력하기 때문이다. 사우스웨스트 항공의 이런 노력은 직원 채용에서부터 출발한다. 이 회사 직원 채용의 제1조건은 유머 감각이다. 고객을 즐겁게 해주기 위해서는 무뚝뚝

한 사람을 교육시키는 것보다 원래 유머러스한 사람을 채용하는 것이 훨씬 효과적이라는 경영 방침에서 비롯된 채용 원칙이다.

유머러스한 직원을 채용하는 것만으로 고객들을 즐겁게 해줄 수 있는 것은 아니다. 개인의 능력이나 감정에 따라 편차가 있기 때문이다. 이런 요인을 고려해서 사우스웨스트 항공이 낸 아이디어는 고객들을 즐겁게 해주는 시스템을 구축하는 것이었다. 이를 위해서 사우스웨스트 항공은 '어떻게 하면 고객들을 즐겁게 해 줄 것인가?'에 대한 다양한 아이디어를 모으고 실행한다.

기내 금연 방송도 이런 고민이 녹아 든 사례라 할 수 있다. 다른 항공사들의 금연 안내 방송은 아주 딱딱하다. 그러나 사우스웨스트 항공의 금연 안내 방송은 다르다.

"저희 비행기 안에서는 금연입니다. 그래도 담배를 피우고 싶으신 분은 비상구 문을 열고 나가셔서 '바람과 함께 사라지다'라는 영화를 관람하시면서 피우시기 바랍니다."

금연 안내 방송일지라도 '어떻게 하면 딱딱하지 않고 유머러스하게 할까?'라는 고민 끝에 나온 아이디어이다. 사우스웨스트 항공은 국경일이나 공휴일에 승무원들이 휴일을 고려한 복장을 하는 것으로도 유명하다. 크리스마스에는 산타 복장을, 추수감사절이나 독립 기념일에는 이에 어울리는 복장으로 고객들에게 즐거움을 선사한다.

고객들에게 즐거움을 주기 위해 깜짝 이벤트 같은 것도 선보인다. 모든 비행기 좌석 위에는 손가방 같은 것을 넣는 선반이 있다. 통상 탑승이 시작되기 전, 승무원들은 선반을 모두 열어 놓는다. 승객들이 탑승하면서 선반에 빈 공간이 채워지면 고객이나 승무원이 닫을 수 있도록 하기 위해서다.

사우스웨스트 항공은 이런 과정도 깜짝 이벤트의 소재로 활용한다. 특정 좌석의 선반을 일부러 닫아 놓은 뒤 자신의 좌석에 온 고객이 가방을 넣으려고 선반을 열면 놀랍게도 그 안에 사람이 웅크리고 있다. 이 광경을 보고 놀라지 않을 사람은 많지 않을 것이다. 특히 여성 고객들의 경우에는 깜짝 놀라 비명을 지를 것이다. 사우스웨스트 항공이 노리는 효과는 바로 이것이다.

화들짝 놀란 비명 소리에 비행기 안에 있던 모든 고객들의 시선이 집중되면 선반 안에 웅크리고 있던 사람이 훌쩍 뛰어내린다. 그 순간 사람들은 선반에서 뛰어내린 사람을 주목하게 될 것이다. 뛰어내린 사람이 우스꽝스런 광대 복장을 한 사람이라는 것도 알게 된다. 모든 일이 눈 깜짝할 사이에 벌어진다. 광대 복장을 한 사람은 짧은 시간을 이용해서 우스꽝스런 제스처와 행동으로 비명을 지른 사람은 물론 주변에 있던 모든 사람들이 한바탕 웃도록 만든다.

두루마리 화장지 돌리기 시합도 한다. 기내 통로 쪽에 앉은 고객들을 대상으로 두루마리 화장지를 뒤로 전달했다가 맨 앞좌석의 고객에게 가장 빨리 전달하는 줄이 승리하는 시합이다. 1등을 한 줄의 고객들에게는 사탕이나 작은 기념품 같은 것을 선물로 주기도 한다.

사우스웨스트 항공은 이처럼 아주 사소한 것이라도 어떻게 하면 고객들을 즐겁게 해줄 수 있을까를 고민한다. 사우스웨스트 항공은 이런 노력들을 결집해서 기업 문화 자체를 고객에 재미와 즐거움, 웃음을 주는 기업으로 승화시키려고 끊임없이 노력하고 있다. 고객 불만 비율이 10만 명당 0.14명으로 미국 전 항공사 중 1위를 차지할 수 있는 비결도 바로 여기에 있다.

둘째, 습관이 되도록 시스템을 구축해야 한다.

습관은 끊임없는 노력의 산물이다. 하나의 습관이 만들어지기 위해서는 1만 시간이 걸린다는 이야기도 있다. 이처럼 습관을 만든다는 것은 오랜 노력과 인고의 시간을 필요로 한다. 다음의 사례는 습관을 시스템으로 만들기 위해 노력했던 한 은행 지점장의 이야기이다.

🔔 미소선으로 웃는 습관을 만들다!

몇 년 전 은행 영업점 CS평가에서 최하위권을 기록했던 K은행의 김영민(가명) 지점장! 그는 일단 최하위권 CS 평가 결과를 가지고 지점 직원들과 워크숍을 열었다. 워크숍 결과, 고객 응대 등 고객 만족도를 높이기 위한 실천 과제를 도출하고 나름 열심히 실천도 했다. 이렇게 노력한 결과, 다음 번 CS 평가에서는 상위권에 속하는 결과를 얻을 수 있었다.

그러나 김영민 지점장은 또 다른 고민을 갖게 됐다. CS 평가 기간이 끝나자 마자 지점 직원들의 업무 패턴, 즉 고객 만족에 영향을 미칠 고객 응대 등의 프로세스가 예전 방식으로 회귀했기 때문이었다. CS 평가 결과표를 좋게 받는 것이 중요한 게 아니란 생각이 들었다. 본점의 CS 평가와 관계없이 실질적으로 고객을 만족시키는 것이 중요하다는 생각이 머리를 떠나지 않았다.

'무슨 좋은 방법이 없을까? 라고 고민하던 김영민 지점장에게 한 직원이 다음과 같은 아이디어를 냈다.

"지점내 직원들 왕래가 가장 많은 지역에 미소선을 긋고, 이 선을 넘어갈 때는 무조건 한 번 웃고 넘어가도록 하시죠. 웃지 않고 넘어가는 직원은 1회에 벌금을 만 원씩 내기로 하구요."

김영민 지점장은 이 아이디어를 흔쾌히 받아들였다. 이 아이디어를 실행한 후 두세 달이 지나자 놀라운 변화가 일어났다. 처음엔 깜빡 잊고 미소선을 넘기도 하고 영 어색하게 웃던 직원들이 시간이 갈수록 밝은 표정으로 웃었기 때문이다. 직원들이 밝은 표정으로 웃자 고객들도 눈에 띄게 많아졌다. 지점 분위기가 바뀌자 실적 또한 덩달아 좋아졌다. 이후 본점 CS 평가에서 줄곧 최상위권을 벗어나지 않았다. 웃는 습관 하나가 가져온 큰 성과였다.

김영민 지점장처럼 고객에게 친절하게 응대하고 감동을 주기 위해 고민하는 기업이나 관리자들은 많다. 이를 실행하기 위해 가장 먼저 시도하는 것이 CS 교육이고, 그다음이 평가이다. 고객에게 최상의 서비스를 제공하는지 평가하는 방법으로 고객 만족도 측정 외에 전화 응대 모니터링이나 현장 암행 감사 등을 활용하기도 한다. 현장 암행 감사란 미션을 부여받은 요원이 암행어사처럼 고객 서비스 수준을 측정하는 방법을 말한다. 백화점, 할인점은 물론 은행, 보험, 이동전화 등 다양한 업종에서 활용되고 있다.

그러나 이런 방법들의 맹점은 김영민 지점장의 경우처럼 평가 기간 중에는 잘하다가도 평가가 끝나고 나면 다시 원위치가 된다는 것이다. 습관으로 자리 잡지 못했기 때문이다. 미국의 커머스 뱅크라는 은행은 이러한 암행 감사 제도를 통해 직원들에게 최고 수준의 고객 서비스를 제공하는 활동이 습관이 되게 만들고 있다.

🍃 1년에 14,000번이나 실시한 커머스 뱅크의 CS 암행 감사

커머스 뱅크는 1973년 미국 뉴저지 주에서 설립된 은행이다. 커머스 뱅크가 후발 은행, 작은 은행이라는 약점을 극복하고 기라성 같은 대형 은행들의 틈바구니에서 생존할 수 있었던 것은 미국에서 '가장 편리한 은행, 고객을 정말 즐겁게 해주는 은행' 이라는 평가를 받기 때문이다.

가장 편리한 은행이 되기 위해 커머스 뱅크는 다양한 아이디어를 도입해 실행했다. 그중 하나가 'Open 7 Days', '7 Day Branch Banking' 개념이다. 주택가에 출점한 지점들은 고객들이 주말에도 이용할 수 있도록 문을 열고, 맨하탄 같은 사무실 밀집 지역의 지점은 샐러리맨들이 퇴근 후에도 은행 업무를 볼 수 있도록 저녁시간까지 문을 여는 방식이다. 은행을 이용하는데 전혀 불편함을 느끼지 않도록 하기 위한 것이다.

고객들에게 즐거움과 감동을 주기 위해서도 다른 은행들과는 근본적으로 다른 접근을 했다. 우선 직원 채용 절차부터 다른 은행들과 조금 달랐다. 커머스 뱅크가 신입 행원 채용 시 가장 중요하게 평가하는 요소가 인성이다. 사우스웨스트 항공이 유머러스한 사람을 채용의 제1조건으로 내거는 것처럼 이들에겐 채용의 명확한 원칙이 인성이다. 왜냐하면 은행이 서비스업이라는 생각 때문이다. 최고의 서비스를 제공하려면 직원들이 따뜻하고 봉사하기 좋아하는 성향을 가지고 있어야 한다는 것이다. 이렇게 채용된 직원들은 커머스 유니버시티(Commerce University)에서 철저히 친절 교육을 받는다.

매주 금요일에는 지점마다 친절 직원을 선정해서 격려하는 이벤트를 개최한다. 물론 이런 이벤트는 국내 기업에서도 많이 실행하고 있다. 그러나 커머스 뱅크가 다른 점은 이벤트에 고객들도 같이 동참하도록 한다는 것이다. 또한 최고의 고객 서비스를 제공하기 위해 암행 감사 제도를 실행하고 있다. 커머스 뱅크는 암행 감사를 대대적으로 실시하는 것으로 유명하다. 2001년에 14,000여 번이나 CS 암행 감사와 모니터링을 실시했다. 2001년에 커머스 뱅크의 미국 내 지점 수는 185개다. 지점별로 평균 75~76 회 정도씩 암행 평가를 실시한 것이다.

국내 기업에서 만약 이렇게 많은 암행 평가를 실시했다면 노조원들이 사생활을 침해와 감시가 심하다며 반발했을지도 모른다. 그렇다면 커머스 뱅크가 이렇게 많은 암행 평가를 실시한 이유는 무엇 때문일까? 최고의 고객 서비스를 제공하기 위해서는 습관이 되어야 한다고 판단했기 때문이다. 국내 K은행의 사례처럼 암행 평가나 모니터링 기간 중에는 긴장해서 잘하다가도 평가가 끝나면 원위치가 되는 시행착오를 반복하지 않기 위함이다.

항상 고객의 기대를 뛰어넘는 경험을 제공하기 위해서 커머스 뱅크는 'Dr. WOW'라는 제도도 운영하고 있다. 커머스 뱅크를 이용하면서 감동적인 서비스를 체험한 고객이 있으면 가상의 Dr. WOW라는 인물에게 감동받은 서비스 내용을 적어 보내는 제도이다. 편지나 우편엽서, 이메일 등 어떤 수단을 이용하든 상관없다. 감동 사연을 적어 보내는 고객에게는 소정의 선물을 준다. WOW라는 의미는 '야~', '와~', '대단하다!'라는 뜻을 지닌 감탄사다. 감동받은 사연을 적은 레터가 한 달 평균 150여 건이나 Dr. WOW에게 전해진다고 하니 정말 대단하지 않은가?

필자가 여러 차례 강조했지만 고객의 기대 수준은 갈수록 높아지고 있다. 전에는 즐거움과 감동을 받았을지라도 다음에는 감동을 받지 않을 수도 있다. 그러므로 항상 즐거움과 감동, 추억과 향수를 줄 수 있는 서비스를 개발하고, 임직원들의 평상시 업무에 습관으로 자리 잡도록 만들어야 한다.

존경받는
브랜드가 돼라

최근 들어 환경 보호, 소외 받은 계층에 대한 지원, 상생경영 등 사회적 책임을 다하기 위해 사회공헌 활동을 활발히 전개하는 기업들이 늘어나고 있다. 왜 이렇게 활발히 전개하는 것일까? 기업 이익을 사회에 환원하기 위해서일까 아니면 기업의 사회적 책임을 다하기 위해서일까? 아마도 대부분의 기업들은 그럴 것이다.

그러나 그렇지 않은 기업들도 있다. 다른 기업들이 하니까 마지못해 따라 하는 곳도 있고, 환경 보호를 명분으로 내세우고는 있지만 정작 속셈은 비용 절감이 더 큰 목적인 기업들도 있다. 동물 실험 금지와 환경 보호 등의 공익 마케팅으로 유명한 영국의 화장품 회사 '더 바디 샵'도 초기엔 화장품 용기 부족을 메우기 위한 수단으로 '용기 재활용 캠페인'을 시작했다고 한다.

동기야 어찌 되었든 환경 보호와 같은 사회공헌 활동은 이제 기업 경쟁력 강화를 위한 필수 요소로 자리 잡아 가고 있다. 고객들 역시 그 가치를 인식하면서 진화하고 있기 때문이다. 앞서 말한 것처럼 기업들이 신기술과 첨단 소재, 디자인 등으로 제품과 브랜드를 진화시키고, 새로운 서비스를 지속적으로 선보이듯이 고객들이 특정 상품이나 브랜드를 선택하는 기준 역시 끊임없이 진화한다. 어쩌면 고객들이 진화하기 때문에 기업들 역시 고객들의 눈높이를 맞추기 위해 제품과 서비스를 진화시키고 있는지도 모른다.

고객들이 특정 브랜드를 선택하는 기준은 다음과 같은 3단계로 진화해 가고 있다. 1단계는 고객이 이성적 가치를 기준으로 특정 브랜드를 선택한다는 것이다. 이 단계에서 고객들의 최우선적 선택 기준은 제품의 본원적인 속성, 즉 품질, 기능, 디자인 등이다.

이 단계에서 기업들은 자사의 브랜드가 본원적 속성에서 최고라는 점을 고객들에게 소구한다. 이를 위해 '최첨단, 최고의, 최고급'이라는 수식어를 항상 전면에 내세운다. 물론 본원적 속성에서 뚜렷한 차이가 있는 경우에는 이 전략이 고객들에게 잘 통한다. 그러나 현재는 생산 기술의 혁신 등으로 품질 등 본원적 속성에서 차이가 거의 나지 않는다. 차이가 나더라도 경쟁자들이 곧바로 비슷한 상품을 출시해 버린다.

2단계가 되면 고객들은 '최첨단, 최고의, 최고급'이라는 가치를 내세우는 상품이나 브랜드에 쉽게 현혹되지 않는다. 이미 우리나라도 2단계에 진입한 상태다. 고객들의 선택 기준이 감성적 가치를 기준으로 진화했거나 진화해 가고 있다. 그래서 기업들은 최근 감성적 가치를 가지고 고객의 마음속에 소구하기 시작했다. 더 예쁘고 멋진 디자인이나 밝고 화려한 칼라 등으로 고객들의 감성을 자극하는 마케팅을 전개하기 시작한 것이다. 이로 인해 바야흐로 국내는 감성 마케팅의 전성기에 접어들었다.

그러나 3단계로 접어들면 고객들은 이성이나 감성적 가치보다 더 특별한 가치를 찾게 된다. 특정 기업이나 브랜드가 얼마나 환경 보호에 적극적인지, 소외 받는 계층을 위해 얼마나 공헌하는지, 지역 사회 발전을 위해 얼마나 노력하는지와 같이 기업의 사회적 책임을 선택의 기준으로 삼게 되는 것이다.

이렇게 되면 고객들은 뛰어난 품질이나 기능, 더 멋진 디자인, 더 낮은 가격, 더 경쟁력 있는 포인트 프로그램 등에 자신의 지갑을 열지 않게 된다. 감성적 프로포즈를 받는다 해도 마찬가지이다. 하지만 환경 보호나 소외 받는 계층을 위한 나눔ㆍ봉사 등의 사회공헌 활동에 적극적인 기업이나 브랜드에 대해서는 기꺼이 지갑을 연다.

그들은 가격이 다소 비싸거나 자신에게 돌아오는 혜택이 적은 것은 물론 줄을 서서 기다리는 불편도 기꺼이 감수한다. 그들이 바로 사회적 가치에 자신의 로열티를 나타내는 고객, 컨슈머도 프로슈머도 아닌 소슈머(Sosumer:Social과 Consumer의 합성어), 즉 사회적 소비자이다. 소슈머는 이성적, 감성적 가치보다 사회적 가치에 충성한다. 머잖아 이런 트렌드가 21세기를 지배하게 될 것이다.

필자는 강의 중 "우리나라에서 환경을 생각하는 가장 기업은 어떤 회사라고 생각하십니까?"라는 질문을 던지곤 한다. 대부분의 응답자들은 유한 킴벌리를 꼽는다. 그들은 왜 유한 킴벌리를 떠올린 것일까? 유한 킴벌리가 비용을 가장 많이 지출하기 때문일까? 아니다. 금액적인 면에서 보자면 대기업에 훨씬 미치지 못한다.

유한 킴벌리는 사회공헌 활동을 전략적으로 전개했다. 유한 킴벌리가 이런 이미지를 갖게 된 것은 1984년부터 우리 산에 나무를 심기 시작하면서 전개한 '우리 강산 푸르게 푸르게'라는 캠페인 때문이다. 유한 킴벌리는 1984년부터 2004년까지 우리 강산에 약 2,500만 그루의 나무를 심었다고 한다. 나무를 심는데 들어간 비용은 약 50억 원 정도라고 한다.

그런데 재미있는 사실은 경쟁사인 A제지도 1966년부터 2004년 까지 우리 강산에 약 4,500만 그루의 나무를 심었다는 것이다. 하지만 사람들은 환경 보호하면 유한 킴벌리를 떠올린다. 2,000만 그루나 더 많은 나무를 심은 A제지를 떠올리는 사람은 그리 많지 않다. 그렇다면 왜 그런 것일까? A제지가 자사의 사회공헌 활동을 일부러 알리지 않았기 때문이다. 제지회사로서 산에 나무를 많이 심는 것이 당연한 일이어서 내세우지 않았을 수도 있다.

그러나 사회공헌 활동도 결과적으로는 기업의 수익 창출과 직·간접적으로 연관되어야 한다. 더 많은 수익을 창출해야 기업이 존속할 수 있을 뿐 아니라 더 많은 돈을 사회에 지속적으로 환원할 수 있기 때문이다.

그럼 열렬한 팬, 알파고객을 만드는 것은 물론 존경받는 브랜드가 되는 방법에는 어떤 것이 있는지 알아보자. 다음의 2가지가 있다.

1. 사회적 책임을 다하는 브랜드가 돼라
2. 문화·예술을 지원하는 브랜드가 돼라

1_ 사회적 책임을 다하는 브랜드가 돼라

기업이 사회적 책임을 다하는 방법에는 여러가지가 있다. 지속적으로 수익을 창출해 세금을 많은 내는 것과 고용을 많이 하는 것, 환경 보호나 소외받은 계층을 위한 봉사와 나눔, 협력업체와의 상생경영, 인류의 삶을 보다 더 편리하고 윤택하게 만드는 신기술 개발 등이 여기에 포함된다.

그러나 열렬한 팬, 알파고객을 만들어 존경받는 브랜드가 되기 위한 방법으로는 사회공헌 활동과 상생경영이 있다. 이에 대해 차례차례 알아보자.

1) 사회공헌 활동

기업이 활발하게 전개하고 있는 사회공헌 활동에는 다음과 같은 3가지가 있다.

1. 자선 단체에 기부
2. 특정 자선 단체와 제휴하여 기부
3. 기업 스스로 사회공헌 활동 전개

과거에는 아름다운 재단 같은 자선단체에 돈이나 물품을 직접 기부하거나 제휴를 통해서 기부하는 비중이 높았다. 하지만 최근에는 기업 스스로 재단을 만들어 사회공헌 활동을 직접 전개하는 비중이 높아지고 있다.

그렇다면 사회공헌 활동의 성과를 높이고, 고객들로부터 존경받으려면 어떻게 해야 할까? 다음의 5가지 요인을 고려해야 한다.

1. 전략적이고 장기적으로 접근하라
2. 상품이나 브랜드와 고객이 연관되는 분야에 집중하라

3. 사회적 리더십과 연계하라

4. 고객을 사회공헌 활동에 참여시켜라

5. 고객과 양방향으로 커뮤니케이션하라

첫째, 전략적이고 장기적으로 접근하라. 일반적인 마케팅 캠페인들은 단기간에 효과를 볼 수 있지만, 사회공헌 활동은 그렇지 않다. 특정 상품이나 서비스를 직접 팔기 위한 것이 아니기 때문이다. 하지만 국내 기업들의 사회공헌 활동은 노력에 비해 아직은 성과가 적은 편이다. 불우 이웃 돕기나 수재민 돕기와 같이 사회적 분위기에 의해 참여하는 경우가 많기 때문이다.

이런 결과는 국민들의 생각에도 그대로 나타나고 있다. 매일경제신문이 2012년 2월, 20~50대 성인 500명을 대상으로 한 조사를 보면, 국내 대기업들이 '사회적 약자층을 잘 지원하지 않는다'는 응답이(60.8%) '잘 지원한다'는 응답(6.8%)보다 무려 10배 가까이 많았다. 대기업들이 나름대로 사회공헌 활동을 하는데도 왜 이런 결과가 나왔을까? 사회공헌 활동을 전략적으로 추진하지 못했다는 것이 가장 큰 요인이다.

전략적이고 장기적인 사회공헌 활동의 성공 사례라고 할 수 있는 피부 · 모발 보호 화장품으로 유명한 영국의 '더 바디 샵'의 사례를 한 번 보자.

▲ 환경 보호 캠페인으로 큰 성공을 거둔 '더 바디 샵'!

'더 바디 샵'은 회사 창립 직후인 1976년부터 환경 · 동물 보호 · 인권 · 여성 문제 등 각종 사회 문제들을 이슈로 한 캠페인을 전개해왔다. 영국은 물론 아프리카의 나이지리아와 가나, 아시아의 인도와 네팔, 남미의 멕시코와 브라질 등 전

세계 어느 지역이든 가리지 않았다.

이 기업의 대표적인 공익 마케팅 활동 중 하나인 환경과 동물 보호 캠페인에 대해 알아보자. 더 바디 샵은 1976년 회사 설립 때부터 환경 보호 캠페인, 즉 용기 재활용 캠페인을 시행했다. 초기에는 부족한 용기를 충당할 목적으로 시작했지만, 이후에 환경 보호 운동과 관련된 캠페인들을 지속적으로 전개함으로써 '환경을 생각하는 작지만, 큰 실천을 하는 브랜드' 라는 이미지를 심어 주었다.

용기 재활용 캠페인 이후, 지속적으로 전개된 환경 보호 캠페인은 다음과 같은 것들이다. 1986년 그린피스와 공동으로 고래 살리기 운동 캠페인, 1987년 산성비에 대한 경각심 캠페인, 1989년 브라질 열대 우림 보호운동 캠페인, 1994년 가정용 에너지와 쓰레기 줄이기 운동, 1995년 프랑스의 태평양 핵실험 반대 운동, 1990년대 화장품 업계의 동물 실험 반대 캠페인 등이 그것이다.

더 바디 샵이 이와 같은 캠페인을 전개하자 수많은 기업들이 동참했다. 그리고 1997년에는 영국, 네덜란드, 독일에서 동물 실험 금지 법안을 통과시키는 성과를 올렸다. 더 바디 샵은 이를 통해 환경 보호 캠페인에서 가장 큰 성공을 거둔 기업이 되었다. 다른 기업들도 많이 동참했지만, 환경 보호하면 더 바디 샵을 떠올리는 고객들이 대부분이다.

무엇보다도 가장 큰 성과는 환경 문제와 같은 캠페인에 지지를 보내는 고객의 수가 지속적으로 증가했다는 것이다. 이들 고객의 상당수는 물론 더 바디 샵의 열렬한 지지자, 즉 알파고객이 되었다. 이들은 더 바디 샵의 제품을 구입하기 위해 줄을 서서 기다리는 불편함이나 조금 비싼 것쯤은 기꺼이 감수한다. 포인트나 마일리지가 경쟁 브랜드보다 적게 적립되는 것 역시 크게 신경 쓰지 않는다.

이들에게 더 바디 샵은 존경받는 브랜드이다. 그렇기 때문에 더 바디 샵의 제품을 재구매하고 주변 사람들에게 추천해 주는 것이 환경 보호 캠페인을 적극 지원하는 것이라 생각한다. 반면 사회공헌 활동에서 노력에 비해 성과를 얻지 못하는 기업들은 대부분 단기적인 캠페인에 머무르는 경향이 있다. 캠페인의 주제도 일관성이 결여된 경우가 많다. 전략적이지 않고, 장기적인 안목도 없는 상태에서 사회적 분위기나 오너 또는 경영자의 일방적 지시에 의해 실행되기 때문에 성과가 낮은 것이다.

둘째, 상품이나 브랜드와 고객이 연관되는 분야에 집중하라. 여성 의류업체인 '리즈 클레이본'이 '여성 폭력 예방 캠페인'을, '에이본 화장품'이 '여성 유방암 예방 캠페인'을 전개해 좋은 성과를 올린 경우가 이에 해당된다. 앞서 소개한 더 바디 샵의 한국 법인도 국내에서 가정 폭력 반대 캠페인, 미혼모 시설 돕기 등 주요 고객인 여성을 위한 사회공헌 활동을 전개하고 있다. 따라서 학생들을 대상으로 상품과 서비스를 판매하는 회사라면 '학교 폭력 예방 캠페인', 대기 오염과 관련된 자동차나 정유사들은 '대기 오염 방지 캠페인'과 같은 사회공헌 활동을 전개하는 것이 효과적이다.

셋째, 사회적 리더쉽과 연계하라. 2006년 삼성과 현대자동차 그룹은 각각 8,000억 원과 1조 원을 사회에 기부하겠다고 발표했다. 그러나 대부분의 국민들은 순수성을 의심했다. 바른사회공헌포럼이 2006년 5월, 성인 남녀 705명을 대상으로 '기업의 사회공헌 활동에 대한 시민의식'을 조사해서 발표한 결과에 의하면, 응답자의 7.7%만이 기업들이 사회공헌 활동을 잘 하고 있다고 답했다.

삼성과 현대자동차 그룹 등 대기업의 기부금 출연에 대해 '법적 처벌을 면제받기 위해서(34.7%)', '사회적 비난을 누그러뜨리기 위해서(29.9%)'라고 답하는 등 응답자의 65%가 순수성에 의문을 제기했다.

반면 기업의 이익을 사회에 돌려주기 위해 기부한 것이라는 응답은 6.5%에 불과했다.

6년이 경과한 지금 두 사람은 약속을 얼마나 이행했을까? 현대자동차 그룹은 '현대자동차 정몽구 재단'의 이름으로 저소득층 인재 지원 활동을 펼치고 있다. 2012년부터 5년간 저소득층 학생과 창업 준비자 등 8만 4천 명을 지원할 예정이다. 이 중 가장 큰 비중을 차지하는 것이 저소득층 대학생에게 0~3%로 저금리 학자금 대출을 한다는 것이다. 정몽구 회장이 '현대자동차 정몽구 재단'에 출연한 돈은 2011년 기준으로 약 6천 5백억 원이라고 한다.

그러나 삼성 이건희 회장의 차명 재산 환원 약속은 현재까지도 오리무중이다. 삼성그룹 관계자에 따르면 이건희 회장이 여러 가지로 진지하게 고민하고 있으며, 여러 경로를 통해 의견을 듣고 있다고 한다. 사회공헌 활동을 위해 거의 4년을 허비하고 있다는 사실에 국민들은 의아해할 수밖에 없다. 재벌 총수들의 사재 출연 약속이 법원에서 양형을 유리하게 받기 위한 목적으로 발표한 것 아니냐는 생각을 가질 수밖에 없는 이유이다.

2007년 상반기에 한화그룹 김승연 회장의 폭력 사태가 연일 이슈가 된 적이 있었다. 법원에서는 김승연 회장에게 200시간의 사회봉사 명령을 내렸다. 그러나 몇 년의 시간이 지난 후 이를 기억하는 사람들은 극소수에 불과하다. 법원의 명령을 이행한 것일 뿐 사회적 리더십과 연계되지 못했기 때문이다.

그렇다면 김승연 회장이 국민들로부터 신뢰와 사회적 리더십을 회복하려면 어떻게 해야 했을까? 지속적으로 '폭력 예방 캠페인'을 활발하게 전개했어야 하지 않을까? 2011년부터 이슈가 된 학교 폭력, 가정

폭력 등을 예방하기 위해 노력하는 모습을 보였어야 하지 않을까?

넷째 고객을 사회공헌 활동에 참여시켜라. 기업들이 불우이웃을 돕거나 수재의연금을 출연해도 국민들은 당연하다는 반응을 보이고 있다. 연말에 무의탁 노인이나 저소득층을 대상으로 사랑의 연탄이나 쌀을 배달해도 마찬가지이다. 그렇다면 이처럼 강 건너 불구경하는 사람들의 마음을 열려면 어떻게 해야 할까? 고객을 기업의 사회공헌 활동에 참여시켜야 한다.

인간은 소외 받은 이웃이나 환경을 보호하기 위해 땀을 흘리고 나면 뿌듯한 느낌을 받고, 그 기회를 제공한 기업이나 브랜드를 긍정적으로 생각하게 된다. 따라서 환경 보호를 위한 캠페인에 동참시키는 것도 좋고, 무의탁 노인 분들을 위한 봉사 활동이나 소년 소녀 가장들과의 축구 시합에 동참시키는 것도 좋다.

이런 사회공헌 활동에 참여를 꺼리는 고객들도 물론 있을 것이다. 그러나 앞서 소개했던 부산의 50대 주부처럼 삶의 보람 자체를 남을 돕고 봉사하는 것에서 찾는 사람들도 제법 많다. 따라서 이런 고객들을 대상으로 사회공헌 관련 커뮤니티를 구성해 운영하는 것도 하나의 방법일 수 있다.

다섯째, 고객과 양방향으로 커뮤니케이션하라. 인터넷에서 각종 커뮤니티가 활성화되는 이유는 커뮤니케이션이 활발하기 때문이다. 오프라인 커뮤니티들도 마찬가지이다. 어떤 커뮤니티든 총무나 회장을 맡은 사람들이 전화나 문자, 이메일 등으로 자주 커뮤니케이션하는 곳은 활성화되게 마련이다. 사회공헌 활동 역시 마찬가지이다.

카드사들의 상품 중 기부 카드라는 게 있다. 이런 기부 카드들이 성공하기 위한 핵심 요인 중 하나는 기부 참여자들과 양방향 커뮤니케이

선을 활성화하는 것이다. "개인별, 월별 기부한 포인트를 어느 곳, 누구에게 어떻게 사용했다"라는 식으로 지속적으로 알려 주어야 한다. 이처럼 개인별로 1:1로 커뮤니케이션을 할 수 있다면 금상첨화가 될 것이다.

연말 불우 이웃 돕기나 수재민 돕기 성금 모금, 헌혈 캠페인 등도 마찬가지이다. 성금을 낸 사람이나 헌혈한 사람에게 성금의 사용처나 수혈한 사람 등을 일일이 알려주고, 감사의 인사를 전하는 커뮤니케이션만 제대로 해도 그 효과는 대단히 크다.

2) 상생경영

애플에도 안티슈머가 있다. 애플빠보다는 그 수가 훨씬 적지만, 애플이 협력업체와의 상생경영은 물론 열악한 근로환경 개선 같은 사회적 책임을 소홀히 한다고 생각하는 사람들도 많다.

2011년 애플의 영업 이익율은 30.8%였다. 그러나 협력업체 대부분은 2~3%이거나 마이너스를 기록했다. 애플의 가장 큰 협력업체인 대만 폭스콘의 2011년 3분기 영업 이익율도 1.5%에 불과하다. 이는 상생경영이라는 관점에서 보면 착취와 다름없는 수준이다.

최근 미국의 서머브어스라는 시민단체는 홈페이지를 통해 중국의 나이 어린 소녀들이 유독 가스를 마시면서 애플의 제품을 만들고 있다고 고발했다. 온라인을 중심으로 이와 같은 열악한 근로 조건을 개선해 '아이폰5를 최초의 윤리적인 아이폰으로 만들자'는 온라인 서명 운동이 확산되고 있다.

국내 대기업들도 상생경영에 소홀한 편이다. 대통령이 재벌 그룹 총수들을 청와대로 초청해 상생경영을 강조해도 시늉만 내는 곳이 많다.

안철수 전 서울대 융합과학기술 대학원장은 "신생업체는 대기업에 납품하기 위해 불공정 계약을 울며 겨자 먹기로 맺는데, 그 순간 삼성동물원, LG동물원, SK동물원에 갇히게 된다. 결국 동물원에서 말라 죽어 미라가 된다"라는 말을 했다. 2011년 7월 청춘 콘서트에선 오죽했으면 "대기업을 도우면 그 혜택이 국민과 중소기업에 돌아가지 않는다"라고 말했겠는가?

반면 건설기계 부문 세계 2위의 제조사인 일본 고마쓰 제작소는 협력업체와의 상생경영을 통해 존경받는 브랜드로 거듭나고 있다.

▲ 협력업체의 납품 이윤 10%를 보장하는 고마쓰 제작소!

고마쓰 제작소는 2010년 매출 1조 8,431억 엔(약 26조 6,000억 원), 영업 이익 2,229억 엔(약 3조 2,000억 원), 영업 이익율 12%를 기록한 세계 초일류 기업이다. 이 회사에는 '고마쓰 웨이' 라고 불리는 몇 가지 경영 원칙이 있다. '덤핑 구매 금지' 도 이 중 하나다.

최고 품질의 제품을 가장 싸게 구입하는 것은 모든 기업 구매 담당자의 바람이다. 하지만 고마쓰는 회사 경영 방침으로 덤핑 구매를 엄격하게 금지하고 있다. 자체 산정한 적정 납품 단가보다 5% 이상 낮은 가격을 제시하는 업체는 덤핑으로 간주해 거래하지 않는다. 덤핑 구매를 하면 부품을 만드는 중소 협력업체가 이익을 낼 수 없다는 이유에서다. 같은 이유로 고마쓰에는 최저가 입찰 관행도 없다.

고마쓰의 납품단가 선정방식은 이와 같은 인식을 잘 보여 준다. 제조원가에 적정 이윤을 덧붙여 납품단가를 산정하는데, 직접 부품을 제조하면 10% 안팎의 영업 이익을 보장한다. 원자재 가격에 변동이 있을 때는 이를 납품단가에 즉각 반영한다. 가혹한 납품단가 인하를 요구하는 국내 대기업들과는 여러모로 대비된다.

고마쓰는 적정 이윤 보장 외에도 협력업체들에게 각종 지원을 아끼지 않고 있다. 단적인 예가 2008년 리먼 브러더스 사태로 인한 글로벌 금융 위기 당시 협력 업체 모임인 '미도리회' 소속 업체들을 대상으로 실시했던 각종 조치들이다. 당시 고마쓰는 글로벌 금융 위기로 미도리회 회원사들이 어려움을 겪자 유동성을 지원하기 위해 재고를 구입하는가 하면 일거리를 만들어 주기 위해 자체적으로 해결해 오던 업무의 상당 부분을 아웃소싱했다. 회원사들이 정부 보조금을 받을 수 있도록 교육도 실시했다.

고마쓰는 이 과정에서 소요된 비용을 모두 책임졌다. 그 결과 고마쓰의 연간 영업 이익률은 리먼 브러더스 사태 이전 14.8%에서 -5.9%로 크게 떨어진 반면 미도리회 회원사들의 영업 이익률은 13.7%에서 -2.2%로 하락폭이 더 적었다.

〈출처 : 매일경제〉

소니, 샤프, 파나소닉 등 한때 일본 제조업을 대표하는 기업들이 적자로 허덕일 때, 고마쓰 제작소가 지속적인 성장을 이룰 수 있었던 가장 중요한 원천 중 하나는 바로 협력업체와 상생경영을 실천했기 때문이다. 품질 등 본원적 속성의 경쟁력이 오히려 높아져 고객들의 전폭적인 신뢰와 열렬한 지지를 받았던 것이다.

국내에서도 상생경영에 선도적인 기업들이 있다. 대구은행이 모범적인 사례라 할 수 있다.

대구은행의 대구 · 경북지역 점유율 70%의 비결!

대구은행은 전국의 지점 수가 240개다. 대형 시중은행들에 비하면 비교할 수 없을 정도로 적다. 고객 수 역시 전국구 은행들에 비하면 턱없이 적은 수준이다. 하지만 대구 · 경북 지역에서는 70%의 점유율을 자랑한다. 2011년 4월엔 대형 은행들을 제치고 국내 은행권에서 유일하게 민원 발생 평가 4년 연속 최우수 등급인 1등급으로 선정됐다.

대구은행이 지역민들의 사랑을 받으며 이렇게 커나갈 수 있었던 비결은 무엇일까? 지역과의 연계를 중시하는 사회적 책임 경영 때문이다. 대구은행은 150억 원의 재원을 출연해 금융권 최초로 출범한 종합 사회복지재단인 'DGB 사회공헌 재단'을 설립했다. DGB 사회공헌 재단은 DGB 금융 장학재단, DGB 봉사단 등 6개 분야의 종합적인 사회공헌 사업으로 구성돼 있다.

특히 임직원들의 자발적인 참여로 이뤄지는 DGB 봉사단은 2002년 2월, 금융권 최초로 240명의 멤버로 구성된 후 불과 1년 만인 2003년 단원 수가 1,325명으로 늘어났다. 제3기 이후부터는 단원 수가 2,000명을 넘어서는 지역 최대 규모의 봉사단으로 성장했고, 현재 전 임직원 중 무려 96.5%가 참여해 근로 봉사, 환경 보호, 사회·문화 기부와 기증 등 다양한 분야에서 활동 중이다.

대구은행은 2012년에도 지역민과의 유대감을 늘릴 수 있는 여러 운동을 펼쳤다. 이 중 대표적인 것이 '대중교통 친구 Day' 다. 이는 대중교통을 친한 친구처럼 생활화하자는 의미로 임직원 및 지역민의 대중교통 이용을 장려하기 위한 운동이다. 각종 행사 참석 및 시내 출장시 대중교통을 이용하도록 해 지역 대중교통 활성화에 공헌하겠다는 목적에서 실행됐다.

지역민들의 택시 카드 사용을 장려하기 위해 '대중교통 친구Day' 실시일인 1월 9일부터 3월 31일까지 선불 및 후불 카드 매출 우수 택시기사 30명을 선정해 선물을 전달했다. 1월 말 진행된 워크샵에 참석한 임원 및 부점장 300명도 본점 회의 참석 시 택시를 이용하고, 택시기사에게 선물을 전달했다. 또 직원이 직접 추천해 선정된 버스 및 택시 친절 기사에게는 따로 기프트 카드와 감사장을 전달하는 행사를 갖는 등 임직원 모두가 적극적으로 대중교통 이용 활성화에 나서고 있다.

지역 전통시장을 활성화하기 위한 행사도 활발히 진행 중이다. 2012년 설을 맞이해 지역 전통시장 활성화를 위해 전통시장 상품권인 온누리 상품권을 5,000만

원 가량 구매해 소외된 이웃들에게 전달했고, DGB 봉사단 300여 명이 설맞이 제수용품을 지역 10여 개 전통시장에서 구매해 전통시장 활성화와 지역경제 살리기에 솔선수범 나서기도 했다.

이와 같은 내용을 바탕으로 2012년 1월엔 사회책임투자 전문 리서치 회사인 서스틴 베스트로부터 국내 400개 상장기업의 환경 · 사회 · 지배구조 부문 성과를 평가한 결과 최고 등급인 'AA 등급' 을 받았다. 지역민들과 함께 하며 지역 경제를 활성화시켜야 지역 은행도 잘 될 수 있다는 상생경영의 철학이 성과로 나타난 것이다.

대구은행 하춘수 은행장은 "지역민과 함께 하는 따뜻한 금융으로 기업의 사회적 책임을 다하고, 그룹의 전 임직원이 참여하는 지역사랑을 실천하기 위해 사회공헌 재단을 출범하게 됐다" 며 "DGB 사회공헌 재단의 운영을 통해 지역과 함께 하는 지역 밀착형 금융그룹의 사명을 다하겠다" 라고 밝혔다.

〈출처 : 파이내셜 뉴스〉

대구은행 외에도 협력업체, 고객, 더 나아가 잠재고객까지 아우르는 상생경영을 실천하는 기업들은 많다. 하지만 아직은 양적, 질적인 면에서 미흡한 편이다. 상생경영을 통해 존경받는 브랜드로 거듭나는 기업이 더 많이 나올 수 있기를 기대해 본다.

2_ 문화 · 예술을 지원하는 브랜드가 돼라

메세나 활동도 고객의 로열티를 높여 열렬한 팬, 알파고객을 만들고, 더 나아가 존경받는 브랜드로 만들 수 있는 훌륭한 방법이다. 메세나란 기업의 문화 · 예술을 지원하는 활동을 말한다. 앞서 소개한 뮤지컬 관람이나 음악회 초대, 갤러리 투어 등 고객의 문화 · 예술적 소양을 충족시키기 위한 문화 마케팅과는 조금 다른 개념이다.

메세나 활동을 체계적으로 시작한 나라는 미국으로 1967년 시작되어 183개 문화 · 예술 단체와 53개 대기업이 참여하고 있고, 80개 지역에 독립된 협회가 운영되고 있다. 1976년부터 시작된 영국에서는 167개 문화 · 예술 단체, 344개 기업이 참여하고 있고, 프랑스는 1979년, 일본은 1990년부터 메세나 활동을 시작했다. 최근 들어서는 국내에서도 기업들의 메세나 활동이 점차 활발해지고 있는 추세이다.

문화 마케팅이라면 몰라도 메세나 활동이라고 하면 비용만 많이 들 뿐 '과연 고객 로열티를 높여 열렬한 팬, 알파고객을 만들 수 있을까? 존경받는 브랜드가 될 수 있을까?', '기업의 사회적 책임 입장에서 해야 할 의무이지 않을까?'라고 생각하는 사람들이 많다. 이런 의문을 갖는 사람들을 위해 미국과 국내 은행의 사례를 비교해 보자.

🔖 체이스, 예술을 사랑하고 예술의 발전을 지원한 은행!

1996년에 미국의 케미컬 은행은 체이스 맨해튼 은행을 흡수 합병하면서 미국 최대 은행이 되었다. 두 은행의 합병이 발표된 후 많은 사람들이 은행명은 캐미컬 은행이 될 거라고 생각했다. 하지만 새롭게 탄생한 은행의 상호는 흡수당하는 쪽의 이름을 딴 '체이스 맨해튼 은행'으로 결정되었다.

왜 그런 결정이 내려졌던 것일까? 체이스 맨해튼 은행이 미국인들에게 '예술을 진정으로 사랑하는 기업'이라는 브랜드를 갖고 있기 때문이었다. 전임 회장이었던 데이비드 록펠러가 1959년부터 시작한 체이스 맨해튼 은행의 '예술품 컬렉션'은 양적 · 질적인 면에서 당시 세계 최고 수준을 자랑하고 있었다. 현재도 이 은행의 전 세계 지점과 사무실 곳곳에는 전도유망한 그 나라 미술가들의 예술 작품 15,000여 점이 전시되어 있다.

이 은행에서는 세계적인 작가의 작품은 일부러 배제한다. 비용 문제도 있겠지만, 세계적인 작가의 작품보다는 그 나라의 예술 작품을 전시함으로서 글로벌 금융자본이라는 각 나라의 배타적인 정서를 극복하기 위한 고도의 마케팅 전략에서 나온 아이디어였다.

그런데 두 은행의 합병이 있은 지 4년 후인 2000년에, 체이스 맨해튼 은행은 JP모건&컴퍼니와 다시 합병을 한다. 합병한 후 은행명은 어떻게 됐을까? 'JP모건 체이스 은행' 으로 변경되어 체이스라는 브랜드를 유지했다. 예술을 사랑하고 예술의 발전을 진정으로 지원하는 은행, '체이스' 라는 브랜드를 버릴 수 없었던 것이다.

2006년 2월, 국내에서는 신한은행과 조흥은행의 합병이 마무리되었다. 합병 과정에서 신한과 조흥, 두 은행 간에 여러 가지 쟁점들이 문제가 되었다. 이 중에서 조흥은행과 조흥은행 노조에서 강력히 주장한 것이 통합 은행의 브랜드로 조흥은행을 사용해야 한다는 것이었다. 조흥은행과 조흥은행 노조 측에서는 '한국에서 가장 오랜 전통을 가진 최고(最古)의 은행'이라는 브랜드 이미지와 가치를 살려야 한다고 주장했다.

그러나 신한은행이라는 브랜드를 사용하는 것으로 결론이 내려졌다. 조흥은행과 조흥은행 노조는 강력하게 반발했지만, 결과를 뒤집을 수는 없었다. 만약 조흥은행이라는 브랜드가 국내에서 가장 오랜 전통을 가진 은행이라는 브랜드 가치 외에 '대한민국의 문화ㆍ예술 발전을 지원하는 최고의 은행'이라는 가치를 가지고 있었다면 어땠을까?

국내에서 메세나 활동에 가장 활발한 기업 중 하나가 삼성전자다. 삼성전자의 메세나 활동은 국내외의 문화ㆍ예술계 전반에 걸쳐 광범위하게 추진되고 있다. 2004년 3월에는 문화ㆍ예술의 메카라 할 수 있는 세종문화회관 무대 제작 지원과 공연장 필수 영상장비를 현물로 협찬했다. 또한 1984년부터 시작한 초록 동요제, 시각장애인을 위한 영화 보기 행사, 금난새 유라시안 오케스트라 연간 협찬, 경주 세계 문화 엑스포와 세계 박물관 대회 협찬, 서울 팝스오케스트라 미주 투어 공연, 크리스마스 뮤지컬, 뮤지컬 둘리 텐트 공연, 커먼 그라운드 재즈 공연 등의 분야를 지원하면서 다른 기업들의 모범이 되고 있다.

그리고 삼성전자의 메세나 활동은 국내보다는 해외에서 큰 효과를 보고 있다. 1992년 이후 약 10여 년 동안 '백조의 호수'라는 발레 공연으로 유명한 러시아 볼쇼이 극장에 200만 달러가 넘는 돈을 후원해 전자 제품과 재정, 기술적 지원을 해오고 있다. 또한 2003년부터는 톨스토이 문학상도 제정하여 시상하고 있다.

매년 70만 명 이상의 관객이 방문하는 볼쇼이 극장과 톨스토이 문학상 등을 후원함으로서 문화·예술에 대한 자부심이 남달리 강한 러시아 국민들에게 '삼성=러시아 문화·예술 발전을 진정으로 지원하는 브랜드'라는 이미지를 심어주고 있다. 그 결과, 모스크바 등의 지역에서 '삼성=최고의 프리미엄 브랜드'로 인식되고 있다. 조금만 더 노력하면 러시아에서 '삼성=가장 존경하는 브랜드'라고 생각하는 사람들이 많아지지 않을까?

LG전자도 프리미엄 브랜드 출시와 더불어 브랜드 고급화 전략의 일환으로 난타 공연, 장한나 콘서트, 호두까기 인형 등의 각종 공연과 음악회를 후원하고 있다. 하나은행도 한국 페스티벌 앙상블에 매년 일정 금액을 지원할 뿐 아니라 VIP 고객을 대상으로 '클래식 아카데미'를 열고 있다. 메세나는 이처럼 기업 이윤의 사회 환원이라는 개념을 이미 뛰어넘고 있다. 문화와 예술을 통해 기업과 브랜드의 가치를 높이고,

고객 로열티를 얻기 위한 전략적인 마케팅 활동으로 확고히 자리를 잡고 있는 것이다.

귀족 신분이 공식적으로 소멸된 영국, 프랑스 등 유럽 국가에서는 아직도 보이지 않는 상류사회가 존재한다. 재미있는 사실은 이들 나라에서 상류사회에 발을 들여 놓기 위해서는 문화 · 예술에 대한 소양을 갖추어야 한다는 것이다. 경제적으로 부를 형성한 사람들도 문화와 예술에 높은 관심을 가질 수밖에 없는 이유가 여기에 있다. 뮤지컬이면 뮤지컬, 미술품이면 미술품에 대해 상대방과 적어도 1시간 이상 이야기할 수 있어야 한다.

부유층일수록 문화 · 예술에 더 많은 관심을 갖는 것은 어느 나라나 일반적인 현상이다. 특히 소득 수준이 높은 나라일수록 이런 현상이 강하다. 우리나라도 1인당 국민 소득이 2만 달러를 돌파했다. 머지않아 국민 1인당 소득 3만 달러에 진입할 것이다.

소득 수준이 높아지면 구매력이 높은 소비자들이 탄생하게 마련이다. 이는 기업들에게 기회의 장을 마련해 준다. 하지만 무엇으로 경쟁자들을 앞설 것인가? 어떤 전략으로 이들을 열렬한 팬, 알파고객으로 만들 것인가? 매세나 활동을 전략적으로 활용한다면 알파고객을 만드는 것은 물론 존경받는 브랜드라라는 인식을 심어주지 않을까?

고객과
마음을 나누는 친구,
인생의 동반자 관계를 구축하라

기존고객 관리에 가장 적극적인 경영자를 꼽으라면 교보생명 신창재 회장을 들 수 있다. 신 회장은 2012년, 전 임직원을 대상으로 한 경영 현황 설명회에서 "기존고객 대상의 서비스를 강화한다니까 1~2년쯤 하다 말 것으로 생각하면 착각이다. 회사가 존재하는 한 평생 추진하 겠다"라고 강조했다.

신 회장이 말한 기존고객 대상 서비스는 교보생명이 2011년 6월에 도입한 '평생든든 서비스'이다. 보험 설계사가 기존 가입자를 정기적으 로 찾아가 보장 내용을 다시 설명해 주고, 혹시 못 받은 보험금은 없는 지 챙겨 주는 것이 핵심이다. 말 그대로 한 번 교보생명의 고객이 되면 평생 관리를 해주겠다는 취지의 서비스다.

그렇다면 고객이 평생 동안 든든하다는 생각을 갖게 만들려면 어떻 게 해야 할까? 영업인이나 상담원이 기존 가입자를 정기적으로 찾아가

거나 전화나 이메일 등을 통해 커뮤니케이션하는 것만으로는 부족하다. 고객과 마음을 나누는 친구, 자신과 평생을 함께 할 인생의 동반자 관계를 구축해야 한다.

지금까지 소개했던 5가지 전략과 방법들은 주로 본사의 마케팅이나 디자인, 품질, CS, CRM, 고객 서비스 등의 부서에서 해야 할 내용들이 많았다. 그러나 고객과 마음을 나누는 친구, 인생의 동반자 관계를 구축하는 것은 영업인이나 고객 서비스 담당자, 콜센터 상담사 등과 같이 고객 접점에서 매일, 매시간 고객들을 만나는 사람들의 역할이 매우 크다.

수백 억대 재산을 가진 슈퍼 리치들이 주요 고객인 금융사나 명품업체, 백화점 등에게는 특히 더 중요하다. 자산이나 가문관리 서비스업체들은 슈퍼 리치들에게 펀드나 주식을 권했다가 "내가 더 잘 아는데 그 얘기는 이제 그만하지"라는 질책을 듣곤 한다. 그래서 상담은 보통 "며느리와 관계는 어떻게 되셨습니까?", "아드님이 유학을 간 학교에서 잘 적응하나요?" 등과 같이 개인적인 고민이나 가족과 관련된 사안으로 시작한다. 재산을 불려 주는 사람이 아니라 문제를 해결해 주는 해결사나 인생의 동반자가 되지 않고서는 그들의 마음을 얻을 수 없다고 생각하는 것이다.

상위 1%에 해당하는 고액 자산가를 관리하는 은행, 보험, 증권 같은 금융사나 명품업체들만 그렇게 해야 하는 것은 아니다. 자동차, 정수기, 학습지, 화장품 같은 업종은 물론 B2B 비즈니스 역시 마찬가지여야 한다. 접점에서 고객들을 자주 만나다 보면 아주 절친한 관계로 발전하는 경우가 많다. 이렇게 되면 고객들은 품질이나 브랜드 파워가 다소 떨어지거나 가격 조건이 다소 불리하더라도 특정 영업 담당자나 서비스 매니저만을 찾게 된다. 그들의 열렬한 팬이 됐기 때문이다.

그러나 어느 기업, 어느 개인에게나 이런 고객이 소수라는 것이 문제다. 보다 심각한 문제는 고객들과 친구, 동반자 관계를 구축하기 위한 마케팅 활동을 회사에서 전략적으로 하지 않는다는 것이다. 영업 담당자나 서비스 매너저들의 개인 역량에 맡기는 자유 방임식 관리를 하는 곳이 대부분이다.

그렇다면 고객들과 마음을 나누는 친구, 인생의 동반자 관계를 구축하려면 어떻게 해야 할까? 다음의 2가지 방법이 있다..

1. 열정적으로 어울리도록 만들어라
2. 도움을 주고, 문제를 해결해 줘라

1_ 열정적으로 어울리도록 만들어라

열정적으로 어울리도록 만들라는 것은 2가지 의미가 있다. 하나는 고객끼리 열정적으로 어울리도록 만드는 것이고, 다른 하나는 기업 임직원이 고객과 열정적으로 어울리는 것을 말한다.

먼저 고객끼리 열정적으로 어울리도록 만드는 방법에 대해 알아보자. 가장 효과적인 방법은 다양한 커뮤니티에 고객들을 참여시키는 것이다. 고객 커뮤니티를 전략적으로 잘 활용해 그들을 알파고객으로 만든 회사가 앞서 소개했던 할리 데이비슨이다. 할리 데이비슨이 고객 커뮤니티인 HOG(Harley Owner's Group)를 어떻게 활용해 고객들끼리 서로 열정적으로 어울리도록 만들었는지 좀 더 상세히 알아보자

HOG란 고객 커뮤니티를 통해 알파고객을 창출한 할리 데이비슨!

국내에서도 BMW나 할리 데이비슨 애호가들이 동호회를 만들어 전국 곳곳을 여

행하는 것을 볼 수 있다. 뿐만 아니라 디카 동호회, 인라인 동호회, 코란도 동호회 등 다양한 형태의 고객 커뮤니티들이 구성되어 활발히 활동하고 있다. 이들 동호회 멤버들이 다 그런 것은 아니지만, 대부분은 해당 제품이나 브랜드에 열정적인 지지를 나타내는 마니아들이다.

그러나 국내 대부분의 기업들은 고객 커뮤니티를 전략적으로 활용하지 못하고 있다. 자발적으로 동호회를 결성하여 자기들끼리 모이고 즐기는 것을 강 건너 불구경하듯 바라보는 편이다. 오히려 압력단체가 돼 이것저것을 요구하지 않을까 걱정하기도 한다.

그러나 할리 데이비슨은 달랐다. 그들은 알파고객을 만들기 위해 HOG(Harley Owner' s Group)라는 고객 커뮤니티를 전략적으로 활용했다. 대부분의 동호회가 그렇듯 초기의 할리 데이비슨 모터사이클 동호회도 고객들만의 순수한 커뮤니티로 시작했다. 그들은 할리 데이비슨 모터사이클을 타는 사람들끼리 자발적인 모임을 결성하여 야유회 등 모임을 갖곤 했다.

할리 데이비슨의 경영자들은 이런 고객 커뮤니티를 주목했다. '그들은 왜 스스로 커뮤니티를 결성하여 경주 대회도 열고 야유회도 가는 것일까?' 라는 의문을 가졌던 것이다. 그리고 그들을 인터뷰하면서 할리 데이비슨의 경영자들은 전략적 의사 결정을 내렸다. 1989년 CEO로 취임한 리치 티어링크는 고객들의 커뮤니티를 지원하기 위하여 HOG란 프로그램을 만들었다. 할리 데이비슨의 모터사이클을 사면 오토바이란 상품만을 사는 게 아니라, 할리 데이비슨의 문화를 즐길 수 있고, 커뮤니티를 통해 편익을 얻을 수 있게 한 것이다.

할리 데이비슨의 판매점들도 본사의 지원을 받아 지역별로 HOG를 구성하고, 각종 경주 대회와 여행, 파티 등을 정기적으로 개최하도록 했다. 지금은 2011년 기준으로 전 세계 130개 국에 100만 여명이 넘는 바이커가 1,420여 HOG 커뮤니티에 가입해 있다. HOG란 고객 커뮤니티를 통해 할리 바이커들은 단순히 오토바이만 타는 것이 아니라 일상에서 벗어나 자유를 만끽한다.

그렇다면 개인의 가치를 최우선시하는 미국사회에서 무엇이 이들을 타인이 지닌 가치를 인정하는 커뮤니티에 참여하게 만든 것일까? 아무런 이해관계가 없는 순수한 인간 대 인간이 만나 할리란 오토바이를 타면서 일상에서 벗어나 자유를 만끽할 수 있었기 때문일 것이다. 직업도 빈부의 차이도 피부색의 차이도 느끼지 않는 그런 사람들끼리 말이다.

그들은 직장에서 받은 스트레스나 가족, 사회 구성원으로서 가진 책임 등을 훌훌 벗어 던지고 오직 자신을 찾기 위해 달린다. 할리의 오토바이를 타면서 잠시나마 일상에서 벗어난다. 이런 일탈의 기쁨, 자아실현의 성취감 때문에 그들은 일종의 동료애나 형제애를 느낀다.

이런 커뮤니티에 자발적으로 참여하는 바이커들을 위해서 할리 데이비슨은 미국 전역에서 매주 또는 매월 오토바이 랠리나 야유회, 파티 등을 개최한다. 그리고 뉴스레터도 보낸다. 또한 할리 데이비슨의 경영자들은 정기적으로 HOG 행사에 참석해 바이커들을 위해 빵과 음식을 준비하고 오토바이의 흙받이를 닦아 준다. 아울러 개조된 오토바이를 보며 왜 그렇게 했는지를 묻고 새로운 모델을 개발하는데 반영한다.

할리 데이비슨은 2006년 매출 6조 2,600억 원과 순이익 1조 1,264억 원을 기록했다. 2006년 영업 이익율이 18%나 되고, 2006년 이전까지의 10여 년간 이익 증가율도 연평균 18%나 된다. 이와 같은 고성장, 고수익의 원동력이 바로 HOG에 가입한 회원들, 즉 알파고객을 확보할 수 있었기 때문이다.

할리 데이비슨도 글로벌 금융 위기의 충격으로 2008년에 매출이 6조 480억 원으로 소폭 줄더니 2009년에는 4조 6,440억 원으로 대폭 줄었다. 금융 위기의 여파로 인한 소득 감소로 신규 구매가 급감했기 때문이다. 하지만 2011년부터 회복돼 2011년 2/4분기 실적은 2009년 2/4분기 대비 36.8%나 상승해 최고 실적을 기록했던 2006년 수준을 다시금 회복했다.

또한 이 회사엔 영업사원이 없다. 전 세계의 100만 HOG 회원들이 할리의 홍보맨이자 무보수 영업사원이다. 판매는 100만 회원들이 친구나 친지에게 권유해 주로 이루어진다. 판매를 주선했다고 해서 수당을 주지도 않는다. 하지만 할리 고객들의 고객 추천 의향은 80%가 넘는다. 참으로 대단한 알파고객들이라 할 수 있지 않은가?

할리 데이비슨의 사례처럼 고객 커뮤니티를 구성하고 지원해 주는 마케팅은 알파고객을 만드는 데 아주 유용한 전략적 수단이 된다. 고객들끼리 열정적으로 어울릴 수 있는 장을 만들어 줌으로써 마음을 나누는 친구, 동반자 관계를 만들기 때문이다.

그러나 국내 기업들은 이런 커뮤니티 마케팅에 소극적인 편이다. 최근에는 HOG처럼 국내에서도 고객들이 자발적으로 디카 동호회부터 인라인, 스노보드, 스킨 스쿠버 다이빙, 산악 자전거, 살사 동호회, 코란도, 뉴아반떼, 수입차 오너 동호회 등 다양한 커뮤니티를 만들어 활발히 어울리고 있다.

어떤 제품이나 브랜드, 기업은 고객들의 온·오프라인 동호회가 수백여 개나 결성돼 있기도 하다. 일부 수입차나 명품업체, 백화점에서는 골프 동호회 등과 같은 커뮤니티에 정성을 기울이기도 한다. 하지만 아직도 대부분은 이들 커뮤니티를 친목 도모나 품질·디자인 등에 대한 불만사항 해결, 그들의 요구사항을 제품 개발에 반영하는 수준에 머무르고 있는 실정이다.

대부분의 국내 커뮤니티들은 고객들이 자발적으로 결성한 경우가 많다. 자신들이 특정 제품, 브랜드가 좋아 커뮤니티를 만들고 가입하고 교류하는 형태이다. 이들은 그물 안에 들어온 물고기와 같다. 조금만 더 신경 써서 그들끼리 열정적으로 어울리도록 만들어 주면 HOG 못지않은 열렬한 팬으로 만들 수 있다.

그럼에도 불구하고 대부분의 기업들은 이들을 알파고객으로 만들기 위한 시도를 거의 하지 않지 않고 있다. 그나마 수입차나 명품 브랜드, 은행, 백화점 등 VIP 마케팅에 적극적인 기업들이 가장 활발하게 활용하는 커뮤니티 마케팅 수단이 골프 대회다. 고객들 중 상당수가 골프를 취미로 하고 있기 때문이다.

그런 기업들은 국내 프로 골프 투어에 스폰서로 참여해 고객들을 초청하기도 하고, 유명 프로 골퍼와 라운딩할 수 있는 기회를 제공하기도 한다. 하지만 이런 콘셉트로는 고객들을 열렬한 팬, 알파고객으로 만드는 데 한계가 있다. 매년 1~2회 정도 개최하는 이벤트로 끝나는 경우가 많고, 고객들에게 사은행사 정도로 진행하는 경우가 대부분이다.

반면 이 부분에 있어서 기업보다 개인들의 활동이 훨씬 활발한 편이다. 금융권의 PB나 자동차 영업인, 부동산 중개인 등이 다양한 커뮤니티를 통해 고객들끼리 어울리도록 만들어 성과를 높이는 경우가 많다. BMW 코리아의 딜러인 코오롱 모터스 강남지점에 근무하는 구승회 주임이 대표적이다.

코오롱 모터스의 판매왕 구승회 주임의 비결은 커뮤니티 활성화!

구 주임은 2004년에 급부상한 주인공이다. 2004년에 64대를 팔아 판매왕이 됐다. 2002년 3대를 판매하는 데 그쳤던 그는 2003년에 38대를 팔아 판매왕이 될 가능성을 비치더니 드디어 2004년에는 판매왕이 되었다. 불과 2년 전만 해도 3대밖에 팔지 못했던 그가 2004년에 판매왕이 된 비결은 무엇일까?

다음은 구 주임이 소개하는 몇 가지 세일즈 노하우, 아니 알파고객 만들기의 노하우다. BMW 7 시리즈 고객 중에는 법률, 금융, 병원 쪽에 종사하는 전문직들이 많아 이들만의 커뮤니티를 형성해 준 것이 세일즈에 가장 큰 도움이 됐다고 한다. 골프 등의 동호회를 구성해 주고, 이들이 즐길 수 있도록 해준 것이다. 물론 VIP 고객의 눈높이에 맞춰 금융, 보험, 부동산 등에 대한 지식을 갖추기 위해 꾸준히 공부한 것도 보탬이 됐다.

그리고 생일, 결혼기념일 등 사적인 것부터 비즈니스에 이르기까지 고객들의 대소사를 발벗고 나서서 챙겨주는 정성도 고객들의 마음을 사로잡는 데 큰 도움이 됐다. 하지만 역시 가장 큰 노하우는 커뮤니티를 만들어 고객들이 인생을 맡기고 싶을 만큼 즐거움과 신뢰를 주는 것이었다고 한다.

〈출처: 헤럴드 경제〉

보험업계에서도 커뮤니티를 활용해 고객들끼리 열정적으로 어울리도록 만들어 성과를 높인 영업인이 있다. 대한생명에서 2007년과 2008년 판매왕을 차지한 정미경 씨가 그 주인공이다.

♪ 대한생명 보험왕 정미경 씨의 비결은 커뮤니티의 관계 강화!

대한생명 창립 60년 이래 최연소 보험왕이 등장했다. 주인공은 대한생명 울산지점의 정미경(32) 씨. 2006년까지 대한생명의 보험왕은 37세가 최연소였으나 정 씨가 5년을 앞당긴 것이다. 정 씨는 연간 매출(수입보험료) 60억 원에 13회차 계약 유지율 99%로 판매 실적과 고객 만족 부문 모두 역대 최고 기록을 세웠다. 매출 60억 원은 웬만한 설계사 20~30명의 지점 실적과 맞먹는다.

2000년 25세의 나이에 보험설계사 생활을 시작한 그녀는 첫 해부터 두각을 나타냈다. 2001년 연도대상 동상을 수상한 뒤 시상식에서 매년 한 계단씩 올라갔다. 2006년에는 2위인 준 여왕상을 수상했다. 정 씨는 역시 의사·약사 등 전문직을 주요 공략 대상으로 삼았다. 그녀의 고객 700명 가운데 200여 명이 의사·약사·학원장 등 전문직 종사자다.

정 씨의 고객관리 방식은 독특하다. VIP 고객 5명을 1팀으로 묶어 서로 친목을 도모하고 정보를 교환할 수 있도록 소모임을 만들었다. 다른 분야의 전문가를 만날 수 있는 기회를 제공한 것. 이를 통해 재테크 세미나도 주최하고 골프 모임도 주선하며 고객과 관계를 강화했다.

〈출처: 중앙일보〉

정미경 씨는 VIP 고객 5명을 하나의 커뮤니티로 구성하고, 그들이 정보를 교류하는 것은 물론 취미활동을 하면서 어울리도록 만들었다. 그녀의 이런 헌신적인 노력에 고객들은 알파고객이 되는 것으로 화답했다. 위의 사례에서 볼 수 있듯이 기업들보다는 개인 마케터들이 커뮤니티를 활용해 알파고객을 만들고 있음을 알 수 있다.

구승회 씨, 정미경 씨와는 달리 영업인 스스로 고객과 열정적으로 어울리는 방법으로 성과를 올리는 이들도 있다. 부산의 한 보험 영업인은 요트 동호회를 적극 활용하고 있다. 그는 요트 동호회를 결성해 요트를 타고 낚시도 하는 등 고객들과 열정적으로 어울렸다. 시간이 지나자 고객이 아닌 사람들도 요트 동호회에 가입하게 되었다. 그리고 일정 시간이 지나자 이들도 자연스럽게 자신의 고객이 되었다고 한다.

그러므로 이제부터는 기업도 커뮤니티 마케팅을 통해서 고객들과 또는 고객들끼리 열정적으로 어울릴 수 있도록 만들어야 한다. 이를 위해서는 우선 당신 회사의 고객들이 자발적으로 만든 커뮤니티부터 활용할 필요가 있다. 당신 회사가 만든 상품이나 브랜드에 애착을 갖고 자발적으로 참여한 고객들부터 말이다.

특정 상품이나 브랜드에 관심이 많은 고객들은 자발적으로 커뮤니티를 만들어 모임을 가지거나 정보를 주고받는다. 최근에 커뮤니티는 인터넷의 대중화로 더욱 활성화되고 있는 추세다. 커뮤니티 회원들 사이에 커뮤니케이션과 정보 공유가 원활해져 공감대를 형성하기에 보다 유리한 여건이 만들어진 것이다.

2003년부터 3,300원, 초저가 화장품 '미샤'로 저가 화장품 시장을 개척한 에이블씨엔씨도 마찬가지이다. 이 회사는 뷰티넷이라는 온라인 커뮤니티를 만들어 품질 평가 및 사용 후기를 올리도록 유도해 싸면서도 괜찮은 제품이라는 이미지가 전파되도록 유도했다.

롯데백화점이 외부 포털 사이트에 만든 온라인 커뮤니티 '오피스닷컴'도 이와 같은 사례에 해당된다. 오피스닷컴 커뮤니티에 가입하면 상품을 구입하기 전에 다른 사람의 의견도 참조하고, 콘서트나 맛집 정보 등의 생활 정보도 얻을 수 있다. 또한 백화점별 주요 타깃 고객과 관련해 직장인 관련 정보, 육아 관련 정보를 특화시켰다.

대부분의 기업들은 이처럼 고객들끼리 열정적으로 어울리도록 만들기보다는 제품을 개선하거나 쇼핑 관련 정보를 제공하는 수준에 머무르고 있다. 다음에 소개할 자동차 회사의 사례도 이런 현실을 반영한다.

뉴아반떼 온라인 커뮤니티, 무상 점검을 이끌어내다!

현대자동차는 최근 뉴아반떼가 차체 떨림이 있다는 소비자들의 지적을 받고 곧바로 자체 점검에 나섰다. 그리고 구동축과 바퀴를 이어주는 등속 조인트의 윤활

유(그리스)가 부족해 진동이 발생한다는 것을 발견했다고 이달 초순 일반에 공개

했다. 2006년 8월까지 팔린 1만 6,192대의 뉴아반떼 전량을 무상 점검해 주기로

한 것은 물론이다.

이것은 회원이 1만 3,000여 명에 달하는 '뉴아반떼 동호회(www.newavante.

com)' 가 만들어낸 혁명이라고 할 수 있다. 이곳 회원 수백 명은 최근 "시속

50~100km로 주행할 때 떨림 현상이 있다" 고 끈질기게 주장해 왔다. 동호회 관

계자는 "수년 전만 해도 정부의 리콜 명령이 나오기 전엔 꿈적도 하지 않던 자동

차업체들이 동호회의 지적에 부쩍 귀를 기울이고 있다" 고 전했다.

〈출처 : 중앙일보〉

국내 기업들은 이처럼 자발적으로 만들어진 고객 커뮤니티를 전략

적으로 활용하지 못하고 있다. 그나마 기아자동차는 조금 앞선 마케팅

을 하고 있다. 기아자동차는 2006년 5월20일, 21일 이틀간 충북 괴산에

위치한 '보람원'에서 열린 '스포티지 연합 동호회' 전국 모임에 차량 정

비 및 판촉 지원 등을 실시했다.

▲ 스포티지 연합 동호회를 지원한 기아자동차!

스포티지 클럽, 클럽 스포티지, 티지 클럽, 다음카페 스포티존 등 스포티지 인터

넷 동호회가 연합체를 구성해 실시한 연합 동호회에는 스포티지 350대와 600여

명의 회원이 참가했다. 이날 전국 각지에서 모인 스포티지 연합 동호회원들은 고

속도로 로드쇼, 장기 자랑 및 캠프 파이어, 체육대회 등 친목 도모와 정보 교환의

시간을 가졌다.

기아자동차는 모임 참가자들을 대상으로 무상점검 서비스, 일부 소모품 무상

교체와 엔진오일, 항균 필터 등의 기념품을 제공했다. 또한 새롭게 선보인 스포

티지 VGT와 스포티지 가솔린 모델을 시승차로 운영해 달라진 성능을 직접 체험
해 보도록 했다.

〈출처: 이데일리〉

기아자동차의 스포티지 연합 동호회 지원 이벤트는 지금까지 기업
들이 선보인 커뮤니티 마케팅보다는 한 단계 더 진화했다고 할 수 있
다. 커뮤니티 마케팅 1.0이 품질 평가 및 사용 후기 · 제품 개선 시 반
영할 사항에 대해 피드백을 받는 것이었다면 기아 자동차는 커뮤니티
마케팅 2.0에 도달했다고 할 수 있다.

그러나 이것만으로 알파고객을 만드는 것은 역부족이다. 어느 정도
로열티를 갖도록 만들 수는 있어도 그들을 열렬한 지지자로 만드는 것
은 어렵기 때문이다. 할리 데이비슨처럼 국내 기업들도 커뮤니티 마케
팅 3.0으로 한 단계 더 진화해야 한다. 커뮤니티 마케팅 3.0이란 고객
커뮤니티 회원들이 열정적으로 어울리면서 즐거움과 감동, 삶의 보람
등을 느끼도록 만드는 것을 말한다.

예를 들면 장기 자랑이나 캠프 파이어 같은 행사를 통해 스포티지 연
합 동호회 회원들에게 '평생 잊지 못할 추억을 만들어 준 이벤트였다'.
'너무 즐거웠고 감동적이었다'. '기아자동차라는 회사를 다시 보게 됐
다'. '진정한 동반자처럼 느껴진다'와 같은 찬사를 들어야 한다. '커뮤니
티에 가입한 고객 수가 몇 천 명에서 몇 만 명이 되는데 그들을 도대체
어떻게 어울리도록 만들지?'라고 생각할 수도 있다. 그러나 할리 데이
비슨의 HOG 멤버는 100만 명이다. 그에 비하면 당신 회사의 고객 수
는 아주 작은 규모이지 않을까?

'우리 회사는 고객들이 자발적으로 만든 커뮤니티가 없는데 어떡하

란 말이냐?'라고 생각하는 사람도 있을 것이다. 은행, 증권, 보험 등의 금융사와 B2B 분야의 고객들은 실제로 커뮤니티를 잘 만들지 않는다. 그렇다고 해서 불가능한 것은 아니다. 고객별, 취미별로 다양한 커뮤니티를 새로 만들고, 열정적으로 어울릴 수 있도록 멍석을 깔아주면 된다.

그리고 이제부턴 기업이 의도적으로 새로운 고객 커뮤니티를 만들어 활성화시켜야 한다. 고객들이 자발적으로 만든 커뮤니티만으로는 경쟁사를 앞설 수 없다. 경쟁사, 경쟁 브랜드에도 비슷한 커뮤니티들이 만들어질 것이기 때문이다. 다음의 G백화점과 H마트의 경우를 살펴보자.

G백화점과 H마트는 VIP 고객과의 관계를 강화하기 위해 많은 노력을 기울이고 있다. 그중에서도 대표적인 활동이 전 임직원별로 10명 내외의 VIP 고객을 할당하여 생일이나 각종 기념일에 케이크, 과일, 농축산물 같은 선물을 직접 전달하는 것이다. 과연 이렇게 해서 VIP 고객들의 로열티가 높아졌을까? 열렬한 팬, 알파고객이 됐을까?

두 회사의 관계자들에 의하면 기대만큼의 효과가 나지는 않았다고 한다. H마트의 경우, 어떤 고객들은 필요 없다며 선물을 거부하기까지 했다고 한다. 두 기업 모두, VIP 고객을 열렬한 팬으로 만드는 것은 물론 로열티를 높이는 것조차 별 효과를 보지 못한 것이다. 비용과 시간, 노력을 하고 있음에도 말이다.

그렇다면 이렇게 해보면 어떨까? VIP 고객들의 취미와 선호를 고려해 커뮤니티를 만들고 정기적으로 참여를 유도하는 방법 말이다. 예를 들면 골프, 테니스, 요트, 등산 같은 스포츠 · 레저 관련 동호회와 와인, 뮤지컬, 연극, 골동품 같은 문화 · 예술 관련 동호회를 만들어 VIP 고객들을 참여시키는 것이다.

　그리고 임직원들을 자신이 좋아하는 분야의 커뮤니티에 1~2명 정도 가입시켜 동호회 총무를 맡도록 한다. '임직원 1인 1동호회 갖기 캠페인' 정도라 할 수 있다. 그리고 동호회별로 한두 달에 한 번 정도 정기적으로 모임을 갖도록 해보자. 동호회 활동에 필요한 예산은 회사가 전액 또는 일부를 지원해야 한다. 이렇게 되면 G백화점과 H마트는 고객들과 함께하는 동호회를 적어도 수십~수백여 개 만들 수 있을 것이다.

　일정 기간이 지나면 자연스레 활성화된 동호회와 그렇지 못한 동호회가 나타날 것이다. 그러면 활성화된 동호회를 벤치마킹해서 그렇지 못한 동호회를 활성화시켜 나가야 한다. 이렇게 되면 고객들은 사무적으로 생일날 케이크와 선물을 전달한 것보다 훨씬 즐거운 생일을 맞이할 것이다. 기업에서는 이런 커뮤니티 마케팅을 통해서 '어떻게 하면 고객들끼리 정말 즐겁고 재미있게 어울리도록 만들 수 있을까?'만 생각하고 지원해 주면 된다.

　그런데 고객 커뮤니티를 활용할 때 반드시 고려해야 할 요소가 있다. '고객을 정말 즐겁고 행복하게 해 준다', '좋은 사람들과 열정적으로 어울릴 수 있게 해 준다', '환경 보호 모임이나 봉사 관련 모임 등을 위해 헌신적으로 노력하며 공헌한다'는 모습을 보여 줘야 한다는 것이다. 그리고 판매 증가를 위한 마케팅 활동을 너무 강조해서도 안된다. 거부감을 불러일으켜 오히려 역효과가 발생할 수 있기 때문이다.

2_ 도움을 주고, 문제를 해결해 줘라

'즐거움과 감동을 받은 고객이라면 몰라도 자신의 문제를 해결해 주거나 도움을 준다고 해서 과연 열렬한 팬, 알파고객으로 진화할 수 있을까?'라고 생각하는 사람도 있을 것이다. '모든 상품과 서비스가 근본적

으로 고객이 안고 있는 문제를 해결해 주거나 도움을 주지 않느냐?'라
고 생각할 수도 있다. 배고픈 것을 해결해 주기 위해 식품을, 추운 것을
해결해 주기 위해 따뜻한 옷을, 더위를 해결해 주기 위해 선풍기와 에
어컨을 제공하는 것처럼 말이다.

물론 맞는 말이다. 고객의 니즈와 선호를 고려해서 그들의 근본적인
문제를 보다 더 잘 해결해 주는 상품과 서비스를 제공하지 못하는 기
업은 생존을 보장받기 어렵다. 그렇기 때문에 모든 기업들은 고객이
안고 있는 문제를 경쟁자들에 비해 더 잘 해결해 주기 위해 노력하는
것이다.

그러나 어떤 기업들은 상품의 본원적인 가치로 고객의 문제를 해결
해 주고 도움을 주는 것은 물론 개인적인 문제를 해결해 주거나 도움
을 주는 데 있어서도 탁월함을 발휘한다. 한걸음 더 나아가 그들을 빚
진 상태로 만들기도 한다. 대가를 지불하고 자신들의 본원적 문제를
해결한 고객들에게 아직도 무언가 더 지불할 것이 남아 있다는 생각을
갖게 만드는 것이다.

인간은 이처럼 누구나 자신의 문제에 대해 도움을 받으면 심리적으
로 빚진 상태가 된다. 그리고 이런 생각을 갖게 만들면 상대방과 마음
을 나누는 친구, 인생의 동반자 관계를 만들 수 있다.

그렇다면 어떻게 해야 고객을 그런 상태로 만들 수 있을까? 다음의 3
가지가 있다.

1. 도우미가 돼라

2. 집사가 돼라

3. 해결사가 돼라

첫 번째, 도우미가 돼라. 은행, 증권, 보험, 화장품, 정수기 회사의 마케터 중엔 고객과 쇼핑을 같이 가거나 결혼식장에서 축의금을 받아 주는 이도 있고, 고객의 집을 방문할 때마다 냉장고, 주방, 침대를 청소해 주거나 김치를 담가주는 이도 있다.

마케터뿐 아니라 기업도 마찬가지이다. 은행, 증권 등의 금융회사에서는 고객의 건강 도우미를 자처하는 곳도 있다. 금융회사에서는 건강에 관심이 많은 VIP 고객들의 로열티를 얻기 위해 다양한 의료 서비스를 제공하고 있다. 국내 유명 병원과 제휴하여 종합 검진을 제공하는 것은 물론 당뇨병이나 고혈압과 같은 주요 성인병 전문의의 건강 강좌를 정기적으로 개최하기도 한다. 또한 존스 홉킨스나 메사추세츠 종합병원, UCLA 메디컬 센터, MD엔더슨, 듀크대 메디컬 센터와 같은 미국의 유명 병원과 제휴해 건강 검진 등의 의료 서비스를 제공하기도 한다.

그리고 고객 자녀들에게도 다양한 형태로 도움을 주기 위해 노력하고 있다. 자녀를 유학 보내려는 고객들을 대상으로 유학 설명회를 개최하는 것은 기본이고, 명문대나 특목고 합격생을 초청해 간담회를 열기도 한다. 결혼 적령기의 자녀들을 위해 맞선인 커플 매칭 이벤트를 정기적으로 개최하는 은행도 있고, 아예 커플 매니저를 두고 있는 은행도 있다.

결혼 정보 회사도 아닌 은행에서 이렇게까지 하는 이유는 간단하다. 미래의 고객인 VIP 고객의 자녀들과 관계를 맺는다는 목적도 있지만, 고객 로열티를 높여 열렬한 팬, 알파고객으로 진화시키려는 목적이 크다고 할 수 있다.

최근 서울시에서는 관광 안내 도우미를 활용해 관광객들로부터 좋은 반응을 얻고 있다. 다음은 서울시의 움직이는 관광 안내 도우미 사례다.

관광 안내 도우미 때문에 한국을 다시 찾고 싶다!

서울 중구 명동 거리에 가면 빨간 외투를 입은 여성들을 볼 수 있다. 서울시에서 운영하는 외국인 관광객들에게 영어, 중국어, 일본어로 관광 안내를 하는 '움직이는 관광 안내 도우미'다. 관광 안내 도우미 하면 흔히 관광 안내소에 있는 사람을 생각하지만, 이들은 관광객의 편의를 위해 스스로 찾아 움직이는 안내인들이다.

예를 들면 일본 관광객이 "장근석이 광고한 화장품 가게가 어디죠?" 라고 물으면, 빨간 외투를 입은 움직이는 관광 안내 도우미가 "앞 골목으로 들어가면 큰 구두가게가 나오는데 바로 그 옆에 있습니다" 라고 설명해 준다. 현재 서울에는 72명의 움직이는 관광 안내 도우미가 명동, 이태원, 동대문 등 8개 지역에서 활동 중이며, 일본어가 32명으로 가장 많고, 중국어가 24명, 영어가 16명이다.

1:1로 길거리 안내를 해주는 움직이는 관광 안내 도우미에 특히 일본인 관광객들은 열광한다. 2009년부터 3년째 이 일을 하고 있다는 김현숙 명동지점 팀장은 "한국을 여러 번 찾은 일본인들은 빨간색 유니폼만 보고도 '아카이 히토(일본어로 빨간 사람)' 라고 부르며 반갑게 인사하고 한류스타라도 만난 것처럼 사진 촬영을 요청한다" 고 말했다.

이 서비스는 관광 안내를 처음 시작한 2009년에는 17만 명, 2010년에는 58만 2,183명, 2011년에는 95만 8,994명의 외국 관광객에게 안내를 해줬고, 내국인까지 합치면 130만 명이 이 서비스를 이용했다. 움직이는 관광 안내 도우미는 2011년 일본 NHK와 아사히신문에 소개되기도 했다. 2011년 7월에는 동대문 관광안내소로 중국인 관광객의 감사 편지가 오기도 했다.

송유진 서울시 관광과 주무관은 "당시 한 중국인 여성이 동대문에서 쇼핑을 하다가 70대 아버지를 잃어버렸는데 한 관광 안내 도우미가 찾아줘 극적으로 만날 수 있었다" 고 말했다. 인사동을 찾은 일본인 호리이 아키코(72)씨는 "이런 서

비스는 일본에도 없다” 며 “관광 안내 도우미들의 친절 덕분에 다시 한국을 찾고
싶다” 고 말했다.

〈출처 : 조선일보〉

이와 같은 관광 안내 도우미들의 친절이 외국 관광객들로 하여금 우
리나라를 다시 찾게 만들 수 있으리라 기대한다. 그리고 이 서비스를
더욱 진화시켜 나간다면 ‘투어 시티 서울’이나 ‘투어 코리아’에 열렬한
지지를 보내는 알파고객을 많이 만들 수 있을 것이다.

고객에게 정보를 주는 것, 즉 정보 도우미가 되는 것도 고객과 친구,
동반자 관계를 형성하는 데 아주 유용한 방법이다. 제약 영업인들이
자신의 고객인 의사들에게 최신 의학정보나 임상실험에 관한 최신 논
문을 보내는 것이 가장 전형적인 사례라 할 수 있다.

ING생명의 보험 영업인 박준배 FC도 하루 4~5시간 동안 자신이 공
부한 내용을 정리해 자신의 의사 고객은 물론 가망 의사 고객 1,000여
명에게 매주 제공한다. 이렇게 정보를 지속적으로 제공하면 가망고객
들을 빚진 상태로 만들 수 있다. 게다가 이 방법은 전혀 돈이 들지 않거
나 다른 방법에 비해 훨씬 적게 든다.

그렇다면 어떤 정보를 어떻게 보내는 것이 효과적일까? 먼저 가망고
객의 업무적인 문제를 해결하거나 도움이 되는 정보를 보내는 것이 좋
다. 가령 은행이나 증권사에 근무하는 마케터는 자산관리, 절세, 투자
관련 정보를 보내는 것이 좋다. 물론 이미 그렇게 하고 있는 마케터도
많겠지만, 대부분 일시적이고 단편적인 경우가 많다. 따라서 정보를
보내려면 주기적이고, 지속적이며, 체계적이어야 한다.

그리고 업무적인 것은 물론 개인적인 관심사에 대한 정보를 보내는

것도 좋다. 모든 사람의 공통 관심사인 재테크나 자산관리, 노후설계, 자기계발, 건강관리, 자녀교육, 행복과 성공 관련 정보 등이 그것이다. 하지만 정보를 제공해 가망고객을 빚진 상태로 만들라고 하면 이렇게 말하는 영업인들도 있다.

"그 방법은 은행 등의 금융권, 부동산, 제약이나 IT 등 B2B 영업인들에게나 적합한 방식 아닙니까? 자동차나 화장품, 정수기를 파는 영업인들은 상대적으로 효과가 적지 않나요?"

그렇지 않다. 예를 들면 수익형 부동산에 관한 재테크 정보나 건강 등은 누구나 관심을 갖는 것들이다. 자기계발이나 인맥관리와 처세술, 재테크, 건강, 자녀교육 등과 같이 거의 모든 고객들에게 공통적인 관심사는 문제될 게 없다. 하지만 개별적인 관심사에 대한 정보를 보낼 때는 취미와 관심사별로 분류한 후, 철저히 맞춤형으로 보내야 한다. 골프를 좋아하는 고객에게는 골프 관련 정보를, 뮤지컬에 관심이 많은 고객에게는 뮤지컬 관련 정보를 보내야 효과적이다.

두 번째, 집사가 돼라. 도움을 주는 정도라면 모를까 집사가 돼라는 것에는 반론을 제기하는 사람도 있을 것이다. 앞에서 소개했던 컨시어즈나 GAO 같은 일을 맡은 사람들이야 직무 자체가 그러니 어쩔 수 없다 해도 이건 차원이 다른 얘기라면서 말이다. 그리고 아마 이런 얘기를 할지도 모른다.

"우리도 감정이 있는 사람이다. 고객들을 만나고 응대하다 보면 모욕을 당할 때도 있다. 고객은 왕이니 무조건 참아야 한다거나 집사처럼 고객의 집안 일까지 해줘야 한다는 것은 결코 바람직하지 않다."

물론 맞는 말이다. 여기서 집사가 돼라는 말은 우량한 VIP 고객들부터 시작해 점차 그 범위를 넓혀 나가라는 의미이다. 전세계 부자들을 고객으로 확보하고 있는 스위스 PB은행의 경우, PB 서비스의 핵심은 5가지이다. 절대 비밀 보장, 낮은 세율, 스위스 프랑화의 가치를 높게 가져 가는 고환율 정책, 철저한 자산 포트폴리오 구성, 고객과의 긴밀한 관계가 그것이다.

스위스 PB은행들은 고객과 PB의 관계를 강조한다. 고객이 PB랑 같이 휴가를 가고 싶다고 은행에 얘기하면 허락을 해준다. 고객이 부재중일 때는 담당 PB를 자신의 대리인으로 지정해 자녀들의 학교에 통보해 준다. 그리고 고객이 윔블던 테니스 대회 결승전 티켓을 구해 달라거나 자녀의 결혼식을 유럽의 멋진 고성에서 치르고 싶다면 티켓을 구하고, 장소를 섭외한다. 금융 전문가로서 뿐만 아니라 고객의 집사처럼 일하겠다는 마인드 없이는 불가능한 일들이다. 이런 서비스가 전 국토의 3/4이 산악지대이며, 내로라할 산업이 없던 스위스를 금융 강국으로 만든 요인 중 하나다.

국내 마케터들 중에도 집사와 같은 이들이 있다. 여름 휴가 시즌에 고객들의 가족과 마케터의 가족이 휴가를 같이 가기도 하고, 자신의 담당자를 휴대폰 단축번호 1번으로 입력해 둔 고객들도 있다. 연로한 고객들 중에는 몸이 아프면 자녀들 대신 마케터에게 먼저 연락하는 이들도 있다. 고객과 마케터로 인연을 맺었지만 마음을 나누는 친구, 인생의 동반자가 되지 않으면 불가능한 일들이다.

당신은 어떤가? 이런 고객이 몇이나 되는가? 당신 회사는 어떤가? 이런 영업인, 서비스 담당자가 많은 편인가?

세 번째, 해결사가 돼라. 금융회사들은 자산관리 외에도 고객을 위해 신경을 쓰는 것이 3가지가 있다. 건강, 세금, 자녀 문제이다. 건강과 자녀의 문제는 도움을 주는 부분에서 언급했으므로 여기서는 세금 문제를 해결해 준 사례에 대해 소개한다.

세금 문제를 해결해 알파고객을 만들다!

1999년 서울 잠실에 있는 단독주택을 5억 원에 매입한 K씨. 2002년 그는 새로 분양받은 아파트로 집을 옮기고, 단독주택은 세를 놨다. 그러던 중 상가 시행업자가 단독주택 자리에 상가를 짓고 싶다며 11억 원에 팔 것을 제안했다. K씨는 흔쾌히 매도를 결정했다.

하지만 세금이 문제였다. K씨의 경우 현재 1가구 2주택자여서 양도소득세의 중과세 대상에 포함되었다. 팔려는 집이 6억 원을 초과하는 고급 주택이었기 때문에 실거래가를 기준으로 양도세를 내야 했다. 6억 원이라는 막대한 시세 차익을 올릴 수 있었지만, 1억 7천만 원이라는 거액의 양도세를 납부해야 했던 것이다.

고민하던 K씨는 자신의 담당 PB L씨에게 양도세를 줄일 방법에 대해 자문을 구했다. 이런 퍼즐은 어떻게 풀어야 하는 걸까? 양도세를 줄이는 방법을 찾지 못해 며칠을 고민하던 L씨는 단독주택을 밀어버리고 나대지 상태로 매도하면 된다는 기발한 방법을 생각해 냈다.

나대지로 기준 시가를 적용해 세금을 계산해 보자. 현재 이 땅의 공시 지가는 매입 당시(4억 원)보다 4천 2백만 원 정도 오른 4억 4천 2백만 원이다. 따라서 기준 시가를 적용해 계산해 보면 3백 50만 원의 양도세만 내면 된다는 결론이 나온다. 건물을 헐고 상가를 지을 계획인 매수자는 철거 비용(약 2천만 원)을 절약해서 좋고, 집주인인 K씨는 세금을 절약할 수 있어 일석이조의 거래가 성사된 것이다. 1억 4천만 원 이상의 세금을 절약할 수 있게 된 K씨는 그후 담당 PB의 말이라면 팥으로 메주를 쑨다고 해도 믿게 됐다. 알파고객이 된 것이다.

〈출처: 한국경제신문〉

이는 은행이나 금융권에서 흔히 발생할 수 있는 사례이다. 절세에 대한 고민은 국내의 부자들만 갖고 있는 것이 아니다. 영국의 회계사, 세무사들도 부자들의 절세를 위해 기발한 아이디어를 생각해 낸다고 한다. 이들이 부자들에게 제안하는 절세 방법도 가지가지이다. 대표적인 방법이 부자 자신이나 가족을 세금이 적은 나라로 이주시키는 방법이다. 모나코나 스위스 등으로 말이다.

스위스 최고 부자는 스웨덴 가구업체 '이케아(IKEA)'의 설립자인 잉그바르 캄프라드이고, 2위는 포장 생산업체 테트라 팩(Tetra-Pak)의 소유주인 라우징 가문이다. 스위스 부자 순위 10위를 보면 스위스인이 5명이고, 나머지 5명은 스위스로 이주한 외국의 부자들이다. 또한 스위스의 300대 부자 중 절반이 외국인이다. 이들이 스위스에 사는 가장 큰 이유는 세금이 적기 때문이다. OECD 조사에 따르면, 2002년 기준 스위스 국내 총생산(GDP) 대비 세수 비율은 31.3%로, 주변국인 프랑스(44.2%), 오스트리아(44.1%), 이탈리아(41.1%), 독일(36.2%)에 비해 훨씬 낮았다.

이처럼 세계 어느 나라의 부자들이든 세금을 적게 내고 싶은 것은 어쩔 수 없는 모양이다. 하기야 오죽했으면 아무리 부자라도 절대로 피해갈 수 없는 것 두 가지가 죽음과 세금이라고 했을까? 이처럼 고객, 특히 부유층들이 안고 있는 최대의 고민 중 하나가 세금 문제이다. 그리고 자산 규모가 큰 고객일수록 세금 문제에 관한 정보를 더 원하게 마련이다.

그러므로 은행, 증권, 보험 등 금융회사의 마케터는 자신의 고객이 안고 있는 세금 문제에 대한 솔루션을 제공해 줄 수 있는 해결사가 돼야 한다. 그렇지 않으면 그들의 신뢰를 얻지 못할 뿐만 아니라 알파고객도 만들 수 없다. 이것은 비단 금융회사 마케터들만의 문제는 아니다. 백화점, 자동차, 제약, 부동산 등 어떤 업종의 마케터라도 자신의 고객이 안고 있는 세금 문제에 대해 솔루션을 제공해 줄 수 있어야 한다. 업종을 불문하고 알파고객을 만들 수 있는 아주 유용한 방법이기 때문이다.

예를 들면, 부동산 중개소를 운영하는 사람들은 부동산 관련 절세 방법에 대해 도움을 줄 수 있어야 한다. 세무사를 소개해 주는 것으로 끝나서는 고객의 마음을 붙잡을 수 없다. 상속과 증여 등 절세 전략 전반에 대해 도움을 줄 수 있다면 금상첨화이다. 이는 보험이나 자동차, 가전, 정수기 등을 판매하는 사람들 역시 마찬가지이다.

절세 문제 외에도 고객이 안고 있는 문제를 해결해 줘 최고의 성과를 올린 사례는 무수히 많다. 대표적인 사례가 신한은행과 통합되기 전 조흥은행에서 최고의 기업고객 지점장으로 명성을 날린 공윤석 지점장이다. 공 지점장의 닉네임은 '해결사'다. 고객이 어떤 부탁을 해도 일단 "노력해 보겠습니다"라고 말한 후, 솔루션을 찾아 해결해 주기 때문이다.

그는 대출 금리 등 업무적인 문제는 개인적인 문제도 자신의 인맥을 총동원해 해결해 준다. 공 지점장의 이와 같은 해결사적 태도는 그의 고객들로부터 업무를 떠나 인간적으로 마음을 나눌 수 있는 친구, 인생의 동반자란 생각을 갖게 만들었다. 성과가 좋을 수밖에 없다.

50대 이상의 고객을 만나는 지점장들 중에는 자신의 고객들에게 비아그라같은 성기능 강화제를 선물하는 이들도 있다. 물론 대부분 고객들로부터 고맙다는 인사를 받는다. 자신의 개인적인 고민이나 문제를 알아서 챙겨주기 때문이다. 이런 관점에서 본다면 당신은 고객이 안고 있는 문제를 해결해 주고 도움을 주기 위해서 지금보다 몇 배는 더 노력해야 한다. 고객의 업무적인 일이든 개인적인 일이든 어떤 분야를 가리지 않고 말이다.

그러기 위해서는 고객이 안고 있는 문제를 파악해야 한다. 그렇지 않으면 경쟁사보다 더 좋은 솔루션을 제공할 수 없다. 따라서 고객이 안고 있는 고민이나 문제, 도움을 줄 수 있는 것들을 지금부터라도 파악해야 한다. 그리고 고객 DNA 파일에 입력하고, 매일 매일 업데이트해야 한다. 아울러 아주 작은 것부터라도 실행하라. 고객 로열티를 높여 어떤 유혹에도 흔들리지 않을 열렬한 팬, 알파고객을 만들 수 있는 블루오션이 될 것이다.

7장

열렬한 팬,
알파고객 만들기
로드맵

1. 충성고객의 유형을 파악하라

2. 알파고객 지수를 측정하라

3. 알파고객 만들기 목표와 실행안을 도출하라

4. 재무적 목표를 설정하고 측정하라

5. CEO부터 사원까지 전사적으로 실행하라

충성고객의 유형을 파악하라

수가 많고 적음을 떠나 어느 기업이든 충성고객은 반드시 존재한다. 품질과 디자인이 뛰어나기 때문이거나 가격이 싸거나 이용하기 편리하다는 등의 이유로 특정 상품이나 서비스, 매장, 기업을 찾는 고객들이 있기 때문이다. 여기서 간과해서는 안될 것이 있다. 충성도가 높은 고객들이 많다고 해서 만족해서는 안된다는 것이다.

일반적으로 기업 경영자들이나 마케터들은 자사의 재구매율이나 유지율이 높으면 만족한다. 그러나 무턱대고 만족해서는 안된다. 중요한 것은 자사의 고객이 어떤 이유 때문에 재구매하고 지속적으로 이용하는지 알아야 한다. 이를 위해서는 충성고객의 유형을 파악하는 것이 필요하다. 조건에 충성하는 고객이라도 많이 확보하는 것이 필요하지만, 궁극적으로는 열렬한 팬, 알파고객의 수를 증가시키는 것이 기업의 수익 창출은 물론 지속적 성장을 위해서도 매우 중요하다.

충성고객의 유형은 다음과 같다.

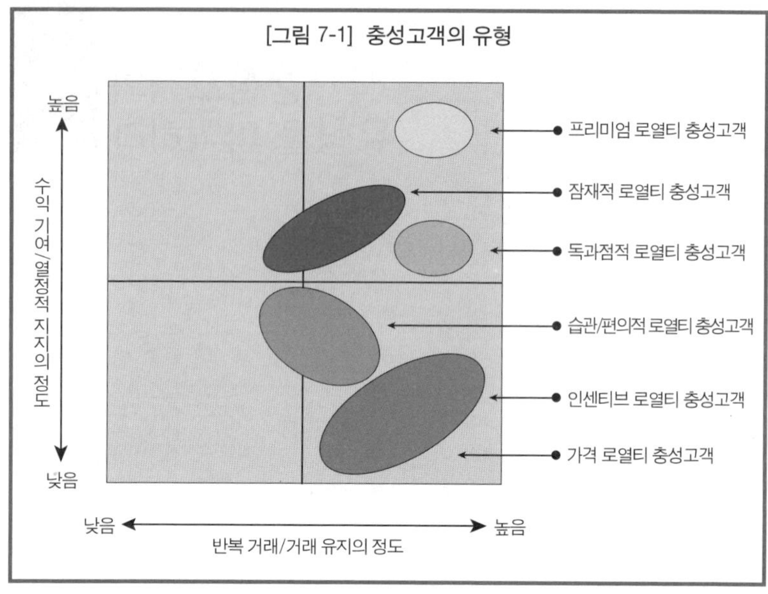

가격에 충성하는 고객, 포인트·마일리지, 우대 금리 등 로열티 프로
그램에 충성하는 고객, 입지나 예전부터 이용한 것과 같이 이용 편의
성 및 구매 습관에 충성하는 고객, 독과점 환경에 충성하는 고객, 연고
나 어쩔 수 없는 상황적 요인에 충성하는 고객, 열정적 지지를 보내는
고객 등이다.

이와 같은 6가지 유형별로 고객은 특정 상품이나 서비스, 매장, 사람,
기업에 충성한다. 따라서 자신과 자사의 고객 중 몇 명, 몇 %가 열정적
지지를 보내는 알파고객인지, 어떤 조건에 충성하는 고객인지, 즉 충
성의 유형별로 고객을 파악하는 것이 중요하다. 조건에 충성하는 고객
들은 경쟁사가 자신에게 더 유리한 조건을 제시하면 미련없이 이탈할
가능성이 높다. 이는 고객 가치를 기준으로 A, B, C 등 5단계로 고객을

분류하는 것이나 매우 만족, 만족, 또는 불만족 등의 비율이 얼마가 되는지를 아는 것보다 훨씬 중요하다.

그렇다면 고객이 충성하는 유형은 어떻게 파악할 수 있을까? 정성적인 방법과 정량적인 방법이 있다. 정성적인 방법은 영업인이나 서비스 담당자 등 고객 접점에 있는 인력이 판단하는 것을 말한다. 가령 A라는 고객은 가격에, B라는 고객은 편의성에, C라는 고객은 우리 회사의 열렬한 팬이라는 식으로 말이다. 그러나 이 방법은 개인의 주관적 판단이라 실제와 다른 결과가 나올 수 있다. 또한 고객 접점에 있는 인력들이 고객과 직접 만나지 않는 기업이나 고객 수가 수백~수천만 명이 넘는 기업들은 측정이 불가능하다.

이런 단점을 보완할 수 있는 것이 정량적 조사 방법이다. 고객을 대상으로 충성고객의 유형 6가지를 측정하기 위해 다음과 같이 설문 조사를 하는 방법이라고 할 수 있다.

· 귀하께서 저희 회사의 AAA 상품(또는 BBB 매장)을 지속적으로 재구매(재방문)하시는 이유에 해당되는 것을 모두 선택해 주십시오.

1. 가격이 저렴해서 (　　　)

2. 포인트, 마일리지, 캐시백 등의 로열티 프로그램이 좋아서 (　　　)

3. 집이나 사무실에서 가깝고 이용하기도 편리해서 (　　　)

4. 독과점적인 상품이기 때문에 (　　　)

5. 연고 관계인, 급여 이체, 그룹사 소속 등 어쩔 수 없는 상황 때문에 (　　　)

6. 상품의 품질, 기능, 디자인, 내구성이 뛰어나서 (　　　)

7. 직원들이 매우 친절하게 대해줘서 (　　　)

8. 담당 직원이 전문성이 뛰어 나고 열정이 넘쳐서 (　　　)

9. 자긍심을 높여 주는 브랜드라서 (   )

10. 성취감과 만족감을 주고 삶의 보람을 느끼게 만들어서 (   )

11. 즐거움과 감동, 추억과 향수와 같은 특별한 경험을 하게 해줘서 (   )

12. 기타 (   )

여기서 1~5번 항목에 체크하는 고객들은 조건에 충성하는 고객이다. 반면 6~11번 항목에 체크하는 고객들은 열렬한 팬, 알파고객이라 할 수 있다. 그런데 주목할 것은 한 명의 고객이 꼭 하나의 속성에만 충성하는 것은 아니라는 것이다. 이용하기 편리함과 가격 등 복수의 속성 때문에 특정 상품이나 매장을 찾는 고객도 있다.

이와 같은 방법으로 설문 조사를 하고 나면 자사의 고객 중 몇 명, 몇 %가 열렬한 팬, 알파고객인지 파악할 수 있다.

알파고객 지수를 측정하라

충성고객의 유형 파악을 통해서도 열렬한 팬, 알파고객이 전체 고객 중 몇 %인지 파악할 수 있다. 하지만 열렬한 팬, 알파고객을 창출하고 증가시키기 위해 보다 중요한 것은 알파고객 지수(ACI:Alfa Customer Index)를 정기적으로 측정하는 것이다.

그렇다면 알파고객 지수는 어떻게 측정할 수 있을까? 이전의 고객 만족 지수로 알파고객 지수를 측정하는 것은 불가능하다. 고객 충성도를 측정하는 지표인 재구매율이나 고객 유지율 만으로 알파고객 지수를 측정하는 것 역시 어렵다. 이들 지표에는 가격이나 포인트·마일리지, 입지, 연고관계나 특별한 상황 등 조건에 충성하는 속성들이 포함돼 있기 때문이다.

영국의 할인점인 테스코는 아주 단순한 방법으로 고객 충성도와 알파고객 지수를 측정한다. "기회가 되면 테스코가 아닌 다른 곳에서 쇼핑을 하시겠습니까?"라는 단 하나의 측정 항목을 가지고 "예"와 "아니오"로 응답하게 한다. "기회가 되면~" 이라는 의미는 경쟁사에서 더 낮은 가격이나 할인 쿠폰, 더 유리한 포인트 적립 등의 조건을 말한다. 자신에게 유리한 조건을 제시하더라도 테스코를 계속 이용하겠다는 고객을 진정한 알파고객으로 판단하는 것이다.

허츠를 제치고 1996년부터 미국 렌터카 시장에서 1위가 된 엔터프라이즈 렌터카 역시 비교적 심플한 방법으로 알파고객의 비율을 측정한다. 엔터프라이즈 서비스 품질 지수(ESQi:Enterprise Service Quality Index)가 바로 그것이다. ESQi는 "최근 엔터프라이즈 렌터카에서 자동차를 빌린 것에 대해 얼마나 만족하십니까?"라는 단 하나의 질문으로 측정한다. 고객들은 이 질문에 대해 매우 만족, 만족, 보통, 불만족, 매우 불만족과 같은 5개의 답변 중 하나만 선택하면 된다.

ESQi는 얼핏 보면 고객 만족도를 측정하는 방법과 비슷하다. 그러나 고객 만족도와 전혀 다르다. 우선 측정하는 설문이 하나라는 점이 다르다. 또한 고객 만족도는 매우 만족과 만족에 응답한 고객을 기준으로 지수를 산출하지만, ESQi는 매우 만족한 고객의 비율만 측정한다.

그런데 ESQi를 측정하면서 엔터프라이즈 렌터카는 아주 중요한 사실을 발견했다. 매우 만족한 고객은 그렇지 않은 고객에 비해 재구매 가능성이 세 배나 높으며, 회사에 긍정적인 입소문을 내는 고객의 90%가 이들이라는 사실이었다. 매출과 수익성 향상에 도움을 주는 것은 고객 만족도가 아니라 매우 만족한 고객의 비율, 즉 ESQi가 높아야 한다는 사실을 발견한 것이다.

1994년 첫 번째 측정 시 ESQi는 60%를 기록했다. 반면 매우 만족과 만족한 고객의 비율은 86%였다. 이후 엔터프라이즈 렌터카의 전국 지점은 ESQi를 높이기 위해 노력했다. 전국 지점장 회의 시에는 지점장 명찰 밑에 자기 지점의 ESQi 점수를 적기까지 했다. 이런 노력 덕분에 2004년 엔터프라이즈 렌터카의 ESQi는 80% 수준에 다다를 수 있었다.

당신 기업의 고객은 어떤가? 매우 만족한 고객의 비율이 80%를 넘는가? "그렇다"라고 응답할 수 있는 기업이나 개인들은 아마도 자신의 업계에서 최고의 위치에 올라 있을 것이다.

1994년 20억 달러 수준이었던 엔터프라이즈 렌터카의 매출은 2004년 70억 달러 이상으로 350%가량 증가했다. 동시에 미국 내 렌터카 시장에서 1위로 올라설 수 있었다. 이런 원동력이 바로 ESQi를 측정하고, 그 점수를 높이기 위한 노력 때문이었다. 이처럼 간단한 ESQi 지표 하나만 제대로 관리해도 알파고객을 지속적으로 증가시킬 수 있다. 물론 매우 만족한 고객 전부를 알파고객으로 보기는 어렵다. 그러나 그들 대부분을 알파고객이라고 간주해도 큰 무리는 없다.

알파고객을 측정하는 또 다른 모델은 NPS(Net Promoter Score)다. 로열티 경영의 대부라 불리는 프레드 라이켈트와 베인&컴퍼니에 근무하던 그의 동료들이 아주 간단하게 고객 로열티를 측정할 수 있는 모델을 개발했는데, 그것이 바로 NPS, 즉 추천 고객 스코어라는 개념이다.

NPS는 다음과 같이 측정한다. 고객들에게 "현재 거래하고 있는 회사나 브랜드를 친구나 동료에게 추천할 의향이 있습니까?"라는 단 하나의 질문으로 매우 높으면 10, 전혀 없으면 0에 응답하도록 한다. 자신의 추천 의향에 따라서 0~10점을 매기는 방식이다. 이렇게 응답한 고객들 중 10과 9에 응답한 경우를 '추천 고객', 8과 7에 응답한 경우를 '중립 고객', 6과 0 사이에 응답한 경우는 '비추천 고객'으로 정의한다.

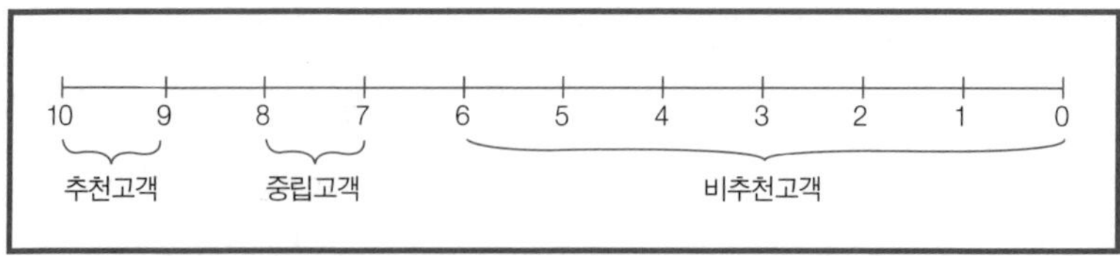

NPS는 다음과 같이 추천 고객 수에서 비추천 고객 수를 뺀 다음 전체 응답자 수로 나누어 산출한다.

$$NPS = (추천\ 고객\ 수 - 비추천\ 고객\ 수) \div 응답자\ 수$$

이와 같은 방식으로 NPS를 산출한 결과, 미국 기업들의 평균 NPS는 5~10% 수준이었다고 한다. 물론 마이너스가 나올 수도 있다. 참고로 NPS가 아주 높은 기업들은 USAA라는 보험사(82%), 할리 데이비슨(81%), 코스트코(79%), 아마존닷(73%), 사우스웨스트 항공(51%), 커머스 뱅크(50%), 델 컴퓨터(50%) 등이다. 이들 기업의 공통점들은 한결같이 수익성과 성장성에서 순항하고 있는 기업들이라는 것이다.

베인&컴퍼니는 2006년 8월에 금융, 유통, 이동통신 등 국내 11개 산업 63개 기업의 총 4,715명의 소비자를 대상으로 NPS를 측정했다. 그 결과는 다음과 같았다.

🔖 베인&컴퍼니의 국내 기업 NPS 측정 지수

조사 대상 전 업종을 망라해 르노 삼성(고급 차종)이 NPS 51%를 기록해 1위를 차지했다. 이밖에 한국 씨티은행(16%), 현대카드(15%), 키움증권(11%), 푸르덴셜 생명(4%), 현대화재(3%)가 각각 업종별 1위에 올랐다. 할인점, 백화점, 편의점 등의 업종에서는 0% 이상의 NPS를 받은 업체가 없어서 1위를 따로 선정하지 않았다.

베인&컴퍼니의 프레드릭 라이켈트 대표(고객 로열티 부문)는 "한국의 11개 전체 산업의 평균 NPS는 -11%로 고객들의 로열티가 매우 떨어진다" 며 "미국의 경우, 애플, 코스트코, 이베이 등의 기업은 보통 50~80% 사이의 NPS를 받는다" 고 말했다. 이번 조사에서 우리나라는 이동통신(-27%), 편의점(-29%), 생명보험(-23%) 업종이 낮은 평가를 받았다.

〈출처: 조선일보〉

국내 기업들의 알파고객 비율이 미국 기업들에 비해 낮은 이유는 무엇일까? 미국인과 한국인의 성향 등 여러 가지 이유가 있겠지만, 가장 중요한 이유는 일관되게 강조한 것처럼 국내 기업들이 아직까지도 고객 만족과 감동에 머물러 있기 때문이다.

앞서 설명한 것처럼 알파고객 만들기를 적극 도입한 미국 기업들은 CS와 마케팅 관련 조직을 Customer Loyalty Team이나 Customer Loyalty Management Team으로 바꾸고 Customer Loyalty Manager라는 직제도 두고 있다고 소개한 바 있다. 할리 데이비슨이나 애플처럼 열렬한 팬, 알파고객 만들기를 전략적이고 체계적으로 실천하기 때문에 국내 기업들에 비해 NPS가 높게 나올 수밖에 없다.

그러나 NPS는 미래의 고객 추천 의향만을 나타내고 있다는 단점이 있다. 열렬한 팬, 알파고객이라면 자신의 주변 사람들에게 적극적으로 추천하는 것은 물론 자신도 헌신적으로 재구매하거나 지속적으로 이용하면서 지갑 점유율도 높고 지갑 점유율 제고 의향도 높아야 한다. 따라서 알파고객을 측정하기 위해서는 구매 행동 결과 지표인 재구매율이나 고객 유지율은 물론 고객 지갑 점유율과 미래 구매 태도 지표인 재구매나 거래 지속 의향, 지갑 점유율 제고 의향 및 고객 추천 의향 등이 반영되어야 한다.

그래서 필자는 이런 내용을 토대로 알파고객 지수를 측정하는 새로운 방법을 제시하고자 한다.

알파고객 지수 (ACI:Alfa Customer Index) 측정 방법

고객에게 다음의 설문에 대해 자신이 해당되는 곳 하나에만 응답하도록 한다. (단, 10~0 사이에 하나만 선택)

1. 향후에도 현재 사용하고 있는 상품이나 서비스를 재구매(계속 이용)할 의향이 있는가?

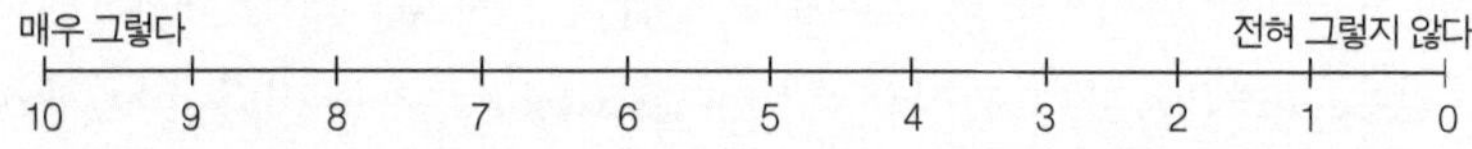

2. 현재 사용하고 있는 상품이나 서비스를 주변 사람들에게 추천할 의향이 있는가?

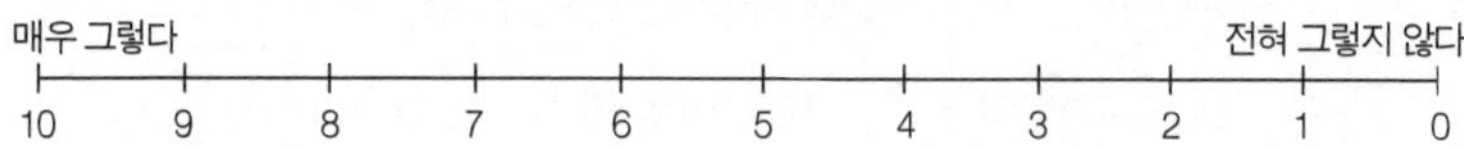

3. 현재 사용하고 있는 상품이나 서비스를 추가 구매하거나 해당 회사의 다른 상품이나 서비스를 교차 구매할 의향이 있는가?

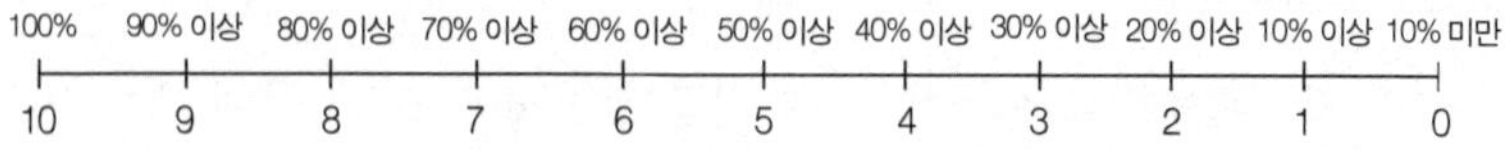

교차 구매가 중요하지 않은 업종의 ACI는 위와 같은 세 개의 설문 중에서 1번과 2번의 설문에 응답한 고객 중 10과 9에 응답한 고객의 비율을 50%씩 반영하여 산출하면 된다.

> ACI=(설문 1항의 10, 9에 응답한 고객 비율+설문 2항의 10, 9에 응답한 고객 비율)÷2

그러나 비즈니스의 성향에 따라 재구매나 계속 이용 의향보다는 추가/교차 구매 의향이 알파고객 지수를 측정하는 데 더 유용한 분야도 있다. 이런 경우에는 재구매나 계속 이용 의향 대신 추가 구매 의향이나 교차 구매를 통한 지갑 점유율 의향 등을 측정해야 한다. 은행, 증권, 보험 등 금융회사나 가전회사 등의 경우에는 설문 1번과 2번에 설문 3을 추가시킬 수도 있다. 예를 들면 다음과 같이 말이다.

> ACI = (설문 1의 10, 9에 응답한 고객 비율+설문 2의 10, 9에 응답한 고객 비율+설문 3의 10,9에 응답한 고객 비율)÷3

이와 같은 ACI 측정 모델에 의거해 한국경영인협회에서는 2011년 국내 38개 산업 부문의 기업들을 대상으로 알파고객 지수를 측정하였다. 그 결과는 다음과 같다.

🔖 열렬한 팬, 알파고객이 가장 많은 국내 기업은 에이스 침대

한국경영인협회가 CSA 컨설팅에 의뢰해 2011년 1월부터 3월까지 자체 개발한 ACI(Alfa Customer Index) 측정 모델에 의거해 국내 38개 산업 분야, 109개 브랜드와 기업의 알파고객 지수를 측정했다. 서울, 부산, 대구, 광주, 대전 등 5대 도시 18세 이상 성인 남녀 22,361명을 대상으로 측정한 결과 에이스 침대가 열렬한 팬, 알파고객이 가장 많은 것으로 조사됐다.

에이스 침대는 ACI 측정 3대 항목 중 재구매/지속 이용 의향에서 응답자의 50%가 반드시 재구매하겠다고 응답해 국내 주요 산업 38개 부문의 기업들 중 1위를 차지했다. 이는 2위를 차지한 S침대의 36.2% 보다도 13.8%, 즉 100명 중 14명 정도나 더 많은 고객이 반드시 재구매하겠다는 알파고객들을 확보하고 있다는 것을 의미한다.

국내 38개 부문 조사 대상 기업들의 재구매/지속 이용 의향 평균은 26.5%이다. 이는 자신이 구매했던 상품이나 브랜드를 반드시 재구매하거나 지속적으로 이용하겠다는 의미의 10 또는 9에 응답한 고객이 100명 중 26.5명임을 나타낸다. 또한 에이스 침대는 고객 추천 의향에서도 33.2%의 응답자가 반드시 추천하겠다는 10 또는 9점에 응답해 38개 부문 조사 대상 기업들의 평균치인 16.5%에 비해 거의 2배나 높았다.

한편 은행, 증권, 보험, 신용카드, 전자 회사 등의 추가/교차 구매 의향은 삼성전자의 하우젠 세탁기가 26.5%를 기록해 가장 높았고, L사의 세탁기 브랜드 T는 22.4%로 2위를 차지했다. 이 비율이 의미하는 바는 TV나 에어컨, 냉장고 등 다른 가전 제품을 살 때 삼성전자 브랜드를 반드시 구매하겠다는 고객이 L사에 비해 100당 4명 정도가 많다는 것을 의미한다.

이번 한국경영인협회의 알파고객 지수 측정 결과를 보면 침대 부문을 제외한 나머지 37개 부문에서 1위를 차지한 대부분의 브랜드와 기업의 알파고객 지수가 2, 3위를 차지한 기업이나 브랜드와 비교해 그 차이가 5% 이내라는 것이다. 이는 국내 거의 대부분의 업종에서 아직은 열렬한 팬, 알파고객의 비율이 압도적으로 높은 기업이 없다는 것을 반증한다고 볼 수 있다. 에이스 침대를 빼곤 말이다.

지금까지 알파고객을 측정할 수 있는 여러 가지 방법과 측정 결과들을 소개했다. 어떤 방법이 가장 좋은 방법이라고 단언할 수는 없다. 중요한 것은 알파고객은 어떤 경우에도 이탈하지 않고, 헌신적으로 재구매하며 지갑 점유율도 높고, 다른 사람들도 적극 추천하는 고객들이라는 사실이다.

국내 기업들도 이제부터 정기적으로 알파고객 지수를 측정해야 한다. 엔터프라이즈 렌터카 역시 이를 꾸준하게 실천했기 때문에 성공할 수 있었다. 앞서 소개했던 것처럼 엔터프라이즈 렌트카는 1994년부터 매년 정기적으로 ESQi를 측정했다. 물론 ESQi 측정이 순조로웠던 것은 아니다.

초기에는 강한 거부 반응을 보였다. 측정 방법과 질문 내용, 표본 추출 방법부터 지점의 규모나 지역 특성이 반영되지 않았다며 문제를 제기하기도 했다. 심지어는 ESQi가 회사의 성장이나 지점의 성과와 무슨 관계가 있느냐고 반박하기도 했다. 하지만 엔터프라이즈 렌터카는 이런 반대를 모두 물리치고 지점별 ESQi를 매년 측정하고 평가했다.

알파고객 지수 측정도 마찬가지이다. 1년에 한두 번 측정하는 것만으로는 안 된다. 최소한 분기 또는 월간 단위로 측정하는 것이 좋다. 그리고 알파고객 지수와 알파고객의 비율을 비교해야 한다. 회사 내 브랜드별, 지점과 영업점별, 개인별 알파고객의 비율이 얼마인지, 전월에 비해서는 어떤 변화가 있었는지, 경쟁 브랜드나 경쟁사의 지점, 영업점에 비해서는 어떤지 등을 말이다. 단순한 방법이지만 꾸준히 측정하고 그에 따른 개선안을 내고 실천하면 아주 강력한 결과를 얻을 것이다.

알파고객 만들기 목표와 실행안을 도출하라

알파고객 지수를 측정했으면, 그 결과를 토대로 이제는 알파고객을 늘릴 수 있는 목표를 설정하고, 실천 방법을 찾아야 한다. 알파고객 만들기 목표를 설정하는 것은 간단하다.

첫 번째는 알파고객 지수 측정 항목별로 목표를 설정하는 것이다. 예를 들면 재구매/지속 이용 의향 25%, 고객 추천 의향 20%, 추가/교차 구매 의향 15%가 나왔다면, 각각의 목표를 50%, 40%, 30%로 잡으면 된다.

두 번째는 전체 알파고객 지수(100점 만점 기준)를 목표로 설정하는 것이다. 위의 알파고객 지수를 산출하면 20%이므로 목표를 40% 또는 50%와 같이 설정하면 된다. 개선안을 도출하는 것 역시 간단하다. 먼저 세 개의 설문에 응답한 유형을 셋으로 분류해 자신이 해당되는 설문에 응답하도록 하면 된다. 재구매나 지속 이용 의향에 응답한 경우를 예를 들면 다음과 같다.

1-1. (10 또는 9 에 응답한 고객들에게) 그렇게 응답한 이유에 해당되는

것을 다음의 보기 중에서 모두 다 선택하라고 한다.

1. 품질이 뛰어나서

2. 디자인이 좋아서

3. 가격이 합리적이어서

4. 서비스가 뛰어나서

5. 최고의 전문가가 있기 때문에

6. 자긍심을 충족시켜주는 브랜드라서

7. 나의 성취감과 행복감, 삶의 보람을 느끼게 해줘서

8. (   )

9. (   )

10. 기타 (   )

1-2. (8 또는 7 에 응답한 고객들에게) 그렇게 응답한 이유에 해당되는

것을 다음의 보기 중에서 모두 다 선택하라고 한다.

1. 품질이 그저 그래서

2. 디자인이 별로여서

3. 가격이 비싸서

4. 서비스가 별로여서

5. 다른 곳에 비해 전문성이 떨어지는 것 같아서

6. 환경 보호 등 사회적 책임을 소홀히 하기 때문에

7. 너무 불쾌한 경험을 했기 때문에

8. (   )

9. (   )

10. 기타 (   )

1-3. (6~0 에 응답한 고객들에게) 그렇게 응답한 이유에 해당되는 것을
다음의 보기 중에서 모두 다 선택하라고 한다.

1. 품질이 그저 그래서

2. 디자인이 별로여서

3. 가격이 비싸서

4. 서비스가 별로여서

5. 다른 곳에 비해 전문성이 떨어지는 것 같아서

6. 환경 보호 등 사회적 책임을 소홀히 하기 때문에

7. 너무 불쾌한 경험을 했기 때문에

8. (   )

9. (   )

10. 기타 (   )

선택할 수 있는 항목이 물론 10개 이상일 수도 있다. 이런 방법으로
1-2와 1-3의 설문 결과를 분석하면 이들을 열렬한 팬, 알파고객으로 만
들기 위해 무엇을 개선하고, 실행해야 할 것인지도 파악할 수 있다. 가
장 많은 응답이 나온 순서로 전략적 대안을 만들고, 전사적 역량을 동
원해 실행할 수 있도록 전사, 부서별 실행안을 만들어야 한다. 열렬한
팬, 알파고객 만들기가 고객 접점 부서의 역량만으로는 불가능한 경우
가 대부분이기 때문이다. 실행안에는 누가, 무엇을, 어떻게, 언제까지

하겠다는 것을 명확히 해야 한다. 고객추천 의향과 추가/교차 구매 의향에 대해서도 같은 방법으로 실행 항목과 실행안, 실행 부서를 결정하면 된다.

재무적 목표를
설정하고 측정하라

국내 기업들 대부분이 고객 만족 경영의 울타리를 벗어나지 못하는 이유 중의 하나가 고객 충성도를 높이면 정말 재무적 성과도 높아질 것인지에 대한 확신이 없기 때문이다.

어떤 기업이든 매출과 수익은 신규고객과 기존고객에 의해 발생한다. 신규고객에 의한 비중이 높은 기업도 있고, 그 반대인 경우도 있다. 그러나 신설 회사나 신규 사업으로 시장에 진입한 회사를 제외한 대부분의 기업들은 기존고객이 매출과 수익의 공헌 비중이 높은 편이다. 그럼에도 불구하고 기업의 마케팅 활동과 광고 예산은 대개 불특정 신규고객을 유치하기 위해 사용된다.

CRM 활동도 마찬가지이다. 대부분 기업들은 CRM의 목표가 명확치 않다. 신규고객을 유치하기 위한 마케팅 캠페인 같은 활동을 자주 실행하고 있다. CRM 부서 입장에서 보면 스스로 무덤을 파고 있다고 봐야 한다. 이렇다 보니 "CRM 부서는 뭐하는 곳이냐. 돈 많이 들여 시스템을 구축해 줬는데 뭔가 아웃풋을 내놓아야 하는 것 아니냐. CRM이 잘해서가 아니라 우리가 잘해서 성과가 난거다"라는 비판을 받는 것이다.

CRM의 궁극적인 목표는 기존고객의 로열티를 높여 재무적 성과를 높이는 것이어야 한다. 따라서 "현재 기존고객의 재구매율, 유지율, 지갑 점유율, 추천 의향 등이 어느 수준인데 내년에는 어느 수준까지 높이겠다"와 같은 목표를 설정해야 한다. 아울러 "고객 충성도와 알파고객 지수 제고 목표를 달성해서 기존고객에 의해 매출과 수익이 얼마만큼 증가했다"라고 입증해야 한다.

그러기 위해서는 "알파고객 지수 또는 재구매율이나 고객 유지율을 어느 수준까지 높이기 위해서 CRM 부서에서는 어떤 마케팅 활동을 언제까지, 어떻게 하며 예산은 얼마를 사용할 것이다"라고 자신 있게 말할 수 있어야 한다. 고객 유지율이나 NPS, ACI 등 어떤 지표를 사용하든 상관없다. 로열티를 높이면 재무적 성과가 높아진다는 사실을 증명해야 하는 것이다.

백화점의 예를 들어 보자. A백화점의 2010년 매출액을 6,000억 원, 영업 이익을 1,200억 원이라고 가정하자. A백화점의 2011년 매출액 6,000억 원은 신규고객과 기존고객에 의해 실현됐을 것이다. 예를 들면 신규고객에 의한 비율이 20%, 기존고객이 80%와 같이 말이다. 최근 5년간 A백화점의 매출 구성비를 보면 신규고객의 비율과 신규고객의 수, 객단가 등도 산출할 수 있을 것이다.

이와 같은 데이터를 근거로 하면 2012년에도 신규고객 몇 명이 얼마의 매출을 올릴 수 있을 것이라는 것을 예측할 수 있다. 예를 들면 신규고객 20만 명×80만 원=1,600억 원(1)과 같이 말이다. 기존고객에 대해서도 최근 5년간 유지율과 객단가를 산출할 수 있을 것이다. 이와 같은 데이터를 근거로 하면 기존고객에 의한 2012년 매출을 예측할 수 있을 것이다. 예를 들면 기존고객 80만 명×2012년 예상 고객 유지율 80%×2012년 예상 객단가 100만 원=6,400억 원(2)과 같이 말이다. 따라서 2008년 예상 매출은 (1)+(2)=8,000억 원이 된다.

여기서 기존고객 유지율을 6%로 높이면 이탈할 고객 160,000 명 중 48,000명을 유지할 수 있다. 이렇게 되면 48,000명×100만 원=480억 원의 추가 매출을 올릴 수 있다. 2012년 예상 매출 8,000억 원의 6%에 해당한다. 여기에 기존고객들의 지갑 점유율을 10%로 높이면 688,000×110만 원=7,568억 원이 된다.

이 매출은 최근 5년간의 평균 고객 유지율과 예상 객단가를 적용했을 때 예상되는 6,400억 원 대비 1,168억 원(18%)이나 증가된 수치이다. 이렇게 고객 유지율이나 지갑 점유율을 얼마 높이면 재무적 성과가 어떻게 증가하는지를 산출해야 한다. 그리고 고객 유지율 6%, 지갑 점유율 10%를 높이기 위해, 즉 고객 충성도를 높이기 위해서 어떤 마케팅을 어떻게 실행할 것인지, 이에 따른 예산은 얼마나 소요될 것인지 등의 구체적 데이터를 가지고 보고한다면 반신반의할 CEO는 별로 없을 것이다.

백화점의 고객 충성도나 알파고객 지수와 재무적 성과와의 상관관계를 그렇게 간단하게 산출할 수 없다고 생각하는 사람들도 물론 있을 것이다. 이런 생각을 하는 사람들은 우선 매출부터 문제가 된다고 말한다. 이들은 자사 매출을 신규고객과 기존고객으로 구분하는 것이 거의 불가능하다고 말한다. 알파고객에 의한 매출은 더더욱 힘들다고 말한다. 백화점 카드가 아닌 다른 신용카드나 상품권, 현금 등으로 구매한 경우는 분류가 불가능하기 때문이다.

　그러나 필자가 알기로 어떤 백화점은 고객들이 어떤 형태의 지불 수단을 사용하더라도 매출을 구분하고 있다. 이와 같은 고민을 하는 백화점이나 기업들은 매출을 분류하는 시스템부터 구축해야 할 것이다. 시스템이 구축되기 전까지는 분류가 가능한 고객 매출분만 가지고 적용하는 것도 방법이다. 예를 들어 백화점 카드 사용분이 전체 매출액 중 70%라면 이 70%를 100으로 해서 산출하는 것도 방법이다.

　백화점의 예를 들었지만 다른 기업들도 마찬가지이다. 재구매율든 고객 유지율이든 알파고객 지수든 고객 충성도와 관련 있는 속성을 얼마 높이면 매출, 수익 등의 재무적 성과를 얼마까지 높일 수 있다는 것을 명확히 설득할 수 있어야 한다.

CEO부터 사원까지 전사적으로 실행하라

재무적 목표와 실행안을 도출했으면 이제는 실행하는 일만 남았다. 실행하는 것이 쉽다고 판단할 수도 있겠지만, 실제로는 그렇지 않다. 기존에 고객 만족, CRM, 식스 시그마와 같은 경영 혁신을 했는데 또 뭔가를 해야 한다고 하면 반발부터 하는 사람들이 많을 것이기 때문이다. 해야 할 혁신 과제도 많은데 또 새로운 것을 해야 하느냐고 말이다.

또한 '기존에 하던 고객 만족 경영이나 제대로 하지'라고 생각하는 사람도 많을 것이다. 어떤 사람들은 그건 마케팅이나 CS, 고객 서비스, 영업 등의 고객 접점 부서에서 하면 되는데 왜 품질부서나 생산부서, 구매부서가 참여해야 되느냐며 반발할 수도 있다.

그러나 이런 사고를 가진 사람들은 보다 근본적인 문제들을 생각해 봐야 한다. '기업은 왜 존재하는가?', '자신은 조직에서 왜 존재하는가?'라는 것부터 다시 생각해야 한다. 기업은 수익을 창출하기 위해 존재한다. 그리고 이를 위해서는 우량고객을 지속적으로 확보하고 유지해야 한다.

현존하는 최고의 마케팅 대가로 불리는 필립 코틀러가 내린 마케팅의 정의도 이와 다르지 않다. 그는 마케팅을 '우량고객을 확보하며, 이들을 이탈시키지 않고 유지하기 위해 조직 내에서 행하는 모든 활동'이라고 정의했다.

우리는 지금까지 우량고객을 확보하는 일에만 몰두해 왔다. 지속적으로 고수익을 창출하기 위해서는 아주 중요한 역량이라 할 수 있다. 하지만 우량고객을 유지하는 것도 매우 중요하다. 오히려 우량고객을 확보하는 것보다 이탈시키지 않고 유지시키는 것이 5배는 더 효율적이다. 지금까지 고객을 유지시키기 위한 기업들 대부분의 솔루션은 고객 만족과 CRM이었다.

그러나 이제는 한 단계 더 높은 비전과 목표를 설정해야 한다. '알파고객 만들기'가 그것이다. 알파고객을 만들기 위해서는 CEO부터 앞장서야 한다. 지금부터 십수 년 전, 고객 만족 경영을 도입할 때처럼 말이다.

그리고 단지 CEO가 나서는 것으로 끝나서는 안 된다. 구호로만 끝날 수 있기 때문이다. 고객 접점에 있는 최일선의 사원부터 구매 · 생산 등 지원부서의 사원까지 전사원이 동참하지 않으면 안 된다. 열렬한 팬, 알파고객을 만들기 위해 마케팅, 영업, CS, CRM, 고객 서비스와 같이 고객 접점 부서에서는 아무리 노력해도 역부족인 속성들이 있기 때문이다.

필자는 2006년 한 참석자로부터 다음과 같은 질문을 받은 적이 있었다. L전자 평택공장의 품질부서에서 온 P대리였다.

"소장님, 저희 그룹 경제연구소에서 NPS를 전 사업장에 적용하라고 합니다. 그런데 NPS는 고객 추천 의향 지수이므로 저희 품질 부서와는 관계가 없지 않나요? 마케팅이나 CS 관련 부서에서 해야 할 미션인 것 같은데요."

그래서 필자는 다음과 같이 반문했다. "추천하고 싶지 않은 이유를 조사했더니 '제품 품질이 그다지 뛰어나지 않아서'라는 항목이 상위 순위로 나왔다면 품질부서에서는 어떻게 해야 할까요?"라고 말이다. 모든 부서가 전사적 역량을 결집해 알파고객 만들기에 동참해야 하는 이유가 여기에 있다.

CEO부터 전사원으로도 부족할 수 있다. 대리점이나 딜러, 협력업체 등도 이에 동참해야 한다. 이들이 참여하지 않으면 고객을 만족시킬 수 없고, 알파고객 창출은 요원한 과제가 될 것이기 때문이다. 그런데 알파고객 창출의 비전을 세우고 CEO부터 사원까지 전임직원이 동참하겠다는 목표를 세운 다음에 꼭 실천해야 할 두 가지가 있다. 교육과 훈련을 통해서 전 임직원을 알파고객 만들기 달인으로 만드는 것이 첫 번째이고, 동기 부여와 평가를 명확히 하는 것이 두 번째 과제이다.

월드컵 우승의 비전으로
알파고객을 만들자!

이제 주사위를 던질 준비가 끝났는가? 아니다. 아직 부족한 게 있을 것이다. 열렬한 팬, 알파고객의 비중을 전체 고객 대비 얼마로 가져가야 할지, 즉 알파고객 만들기 목표를 어떻게 설정했는가이다. 대부분의 기업에서는 알파고객 만들기 목표를 낮게 잡았을 것이다. 예를 들면 "재구매 의향 알파고객 지수를 25%에서 40%까지 높이자"라는 식으로 말이다.

필자는 목표를 언급할 때마다 국내 축구 대표팀을 예로 든다. 그리고 다음과 같은 질문을 던진다.

"국내 축구 대표팀이 월드컵에서 우승하기 위해 가장 시급한 과제가 무엇이라고 생각합니까?"

당신은 어떻게 답하겠는가? 어떤 사람들은 골 결정력과 수비를 강화해야 한다고 말할 것이다. 어떤 이들은 유망주 육성, 체력과 개인 전술 및 팀워크 향상, 정신력 강화, 유능한 감독 선임을 말할 것이다. 축구 인프라 구축과 축구협회의 변화를 말하는 사람도 있을 것이다. 모두 맞는 말이다.

그러나 필자가 생각하기는 월드컵에서 우승하겠다는 목표를 갖는 것이다. 우리나라가 월드컵에서 우승하지 못한 가장 중요한 이유라고 생각하기 때문이다. 너무 무모한 목표라고 생각하는가? 그렇지않다. 우리나라가 전 세계에서 1등을 하는 종목이 얼마나 많은가? 골프, 유도, 탁구, 수영, 마라톤, 야구 등은 이미 세계에서 1등을 했거나 1등을 하고 있는 종목들이다.

스포츠만 그런가? 산업 분야도 마찬가지이다. 그중에서도 대표적인 것이 조선과 반도체다. 이 두 산업을 처음 시작한 것은 불과 40여 년 전이다. 1970년대 초반 고 정주영 회장이 배의 설계 도면만 들고 영국으로 수주하러 간 것이 국내 조선 산업의 시작이었다. 메모리 반도체 역시 마찬가지이다. 다들 불가능하다며 반대했지만, 지금은 세계 1등으로 우뚝 섰다.

축구는 어떤가. 축구는 국내에 도입된 지 100년도 넘었다. 그런데도 월드컵에서 우승하지 못하는 가장 큰 이유는 우승하겠다는 목표를 갖지 않았기 때문이다.

생각해 보자. 1980년대 초반까지만 해도 국내 축구 대표팀의 목표는 월드컵 본선 진출이었다. 1954년 스위스 월드컵에 처음 출전한 후 30여 년 동안 한 번도 월드컵 본선에 진출하지 못했기 때문이다. 이 목표는 1986년 멕시코 월드컵에 출전함으로서 달성되었다. 그후 국내 축구 대표팀의 목표는 16강 진출이었다. 그러다가 결국 2002년 한일 월드컵에서 4강 신화를 이뤄냈다.

그렇다면 어떻게 4강까지 갈 수 있었을까? 홈그라운드의 이점 때문에 운 좋게 4강까지 올랐을까? 일부는 맞는 말이다. 하지만 보다 더 중요한 이유가 있었다. 16강 이상의 목표를 갖고 있었기 때문이다.

　2002년 한일월드컵 당시 재미있는 일화 하나를 소개한다. 국내 축구 대표팀 감독을 맡은 히딩크는 2002년 한일 월드컵에서 4강 이상의 성적을 올리겠다는 야심찬 목표를 갖고 있었다. 히딩크와 같은 세계적인 축구 감독들은 기본적으로 3가지 목표를 갖는다. 첫 번째는 자국 리그에서 우승하는 것이고, 두 번째는 '챔피언스 리그'에서 우승하는 것, 세 번째는 월드컵에서 우승하는 것이다.

　당시 히딩크 감독은 대한민국 대표팀을 맡아 4강 이상이라는 목표를 가지고 있었다. 월드컵 개최 직전, 언론과의 인터뷰에서부터 그는 자신의 속내를 서서히 드러냈다. 그 첫 번째가 2002년 5월 1일, 월드컵 개최 D-30 기자 회견에서 "선수들이 상당한 수준에 도달했다. 우리는 전 세계를 깜짝 놀라게 할 것이다!"라고 말한 것이다.

　2002년 당시 대한민국이 월드컵에서 16강에 올랐다고 해서 전 세계가 깜짝 놀랐을까? 아니다. 그 정도는 개최국의 이점으로 충분히 가능하다고 여겼을 것이다. 오히려 16강에 오르지 못하고 탈락했다면 놀랐을지도 모른다. 2010년 남아공 월드컵까지 개최국이 16강에 오르지 못한 경우는 단 한 번도 없었다. "전 세계를 깜짝 놀라게 할 것이다!"라는 히딩크의 인터뷰에는 "한국이 이번 월드컵에서 4강 이상의 성적을 올리겠다"라는 말이 생략되어 있었던 것이다.

　이탈리아와의 16강전을 앞두고 히딩크는 언론과의 인터뷰에서 자신의 두 번째 속내를 드러낸다. 그 유명한 "나는 아직도 배가 고프다!"라는 말이 그것이다. 8강, 4강은 물론 결승전까지 가서 우승하기 전에는 축배를 들 수 없다는 의중이 담겨 있다. 그리고 이탈리아와의 16강전에서 승리한 뒤 그는 "역사를 만들어 보자!"라는 말을 남긴다. 월드컵 4강 이상에 대한 목표를 드러내는 히딩크의 세 번째 어록이다.

반면 필립 트루시에는 월드컵 개최를 한 달여 앞두고 언론과의 인터뷰에서 다음과 같은 말로 일본 열도를 발칵 뒤집어 놓는다.

"일본이 이번 월드컵에서 16강 이상을 하는 것은 바람직하지 않다."

당시 일본 축구계는 대진운이 좋아 예선에서 1위를 기대하고 있었다. 예선 1위를 차지하면 상대 조의 2위팀과 16강전에서 붙으면 이길 승산이 높다고 보고 내심 8강 이상까지 바라보는 분위기였다. 하지만 트루시에 감독의 발언이 완전히 초를 쳤다. 트루시에의 논리는 이랬다.

"월드컵에서 8강 이상을 하는 국가들은 하루아침에 그 수준에 오른 것이 아니다. 각 국가별로 프로 축구팀들과 리그의 수준, 축구팬, 유소년 축구 인프라 등이 16강 이상을 할 수 있는 수준이 되어야 한다. 일본은 아직 아니다. 일본 축구의 바람직한 발전을 위해서는 수준에 걸맞는 성적이 필요하다."

맞는 말이다. 적어도 축구 칼럼니스트가 얘기했다면 말이다. 그러나 한 국가의 대표팀 감독의 입에서 나온 말로는 바람직하지 못했다. 일본 열도의 높은 기대에 부담을 느꼈을 수도 있지만, 목표라는 관점에서 보면 0점을 받을 수밖에 없는 발언이었다.

2002년 한일 월드컵에서 결국 한국은 4위, 일본은 16강에 올랐다. 히딩크 감독이 4강 이상이라는 목표를 갖고 있었기에 우리는 4강을 했고, 트루시에 감독은 그렇지 못해서 일본이 16강에서 끝난 것은 물론 아닐 것이다. 그 외에도 여러 변수들이 복합적으로 작용하여 결과로 나타났을 것이다.

하지만 이 일화는 목표란 항상 크고 원대하게 가져야 한다는 것을 다시 한 번 일깨워 준다. 일단 목표를 정하면, 그 목표에 도달하기 위한 전략과 방법을 생각하고 실행하기 때문이다.

열렬한 팬, 알파고객 만들기도 마찬가지이다. 그렇다면 알파고객 만들기에서 원대한 목표는 무엇을 말할까? 그것은 바로 '수익을 주는 고객 전부를 가문 대대로 알파고객으로 만들자!'이다. 이상은 좋지만 현실과는 너무 동떨어진 목표라고 생각하는가?

원대한 목표를 위해 전략 과제별로 솔루션을 찾아 하나하나 단계적으로 실천하면 불가능한 일도 아니다. 국내 축구 대표팀이 월드컵에서 우승하겠다는 목표를 정하고, 전략 과제별로 솔루션을 찾아가는 프로세스와 다를 바 없다. 마산의 변두리 약국에 불과했던 육일약국도 '어떻게 하면 고객을 다시 오게 만들까?', '어떻게 하면 고객들이 다른 고객을 데려오도록 만들까?'란 목표를 정하고 나서 큰 도약을 할 수 있었다.

실제 유럽이나 미국의 PB은행들 중에는 '특정 가문과 거래 100주년 기념행사' 같은 이벤트를 열곤 한다. 명품 브랜드 역시 10~20년이라는 짧은 기간이 아니라 세대를 거쳐야만이 만들어진다는 생각을 가지고 비즈니스를 한다. 이제 당신의 기업은 물론 당신도 목표를 새로 정해야 한다. '수익을 주는 고객 전부를 가문 대대로 열렬한 팬, 알파고객으로 만들자!'로 말이다.

처음에는 실현 불가능해 보일 수도 있다. 하지만 당신이 기억해야 할 것은 세계에서 가장 긴 강인 나일강도 작은 계곡의 골짜기에서 시작된다는 사실이다. 원대한 목표를 정하고, 그 목표를 달성하기 위해 당신과 당신 회사의 전 구성원이 끊임없이 노력한다면 나일강보다 훨씬 더 큰 성취를 이룰 수 있을 것이다.

알파고객을 잡아라

초판1쇄 인쇄 | 2013년 8월 1일
초판1쇄 발행 | 2013년 8월 5일

지은이 | 이성동
펴낸이 | 김진성
펴낸곳 | 헤이데북스

편집 | 이선영
디자인 | 장재승
마케팅 | 원종필
관리 | 정보해

출판등록 | 2005년 2월21일 제313–2005–000034호
주소 | 서울시 구로구 개봉동 359–18 한일코지세상 102동 201호
전화 | 02-323-4421
팩스 | 02-323-7753
이메일 | kjs9653@hotmail.com

ⓒ 이성동, 2013
값 15,000원
ISBN 978–89–93132–27–4 13320

* 잘못된 책은 서점에서 바꾸어 드립니다.